大学生职业发展教程

王全利 王亚丹 高 静 主编

中国纺织出版社有限公司

内 容 提 要

本书针对大一新生的身心特点，围绕知己知彼、决策行动的生涯步骤，从"生涯启迪""生涯探索"二个部分，通过对自我的认知、对工作世界的认识，帮助大学生制订适于自身发展的职业生涯规划，并通过职业核心能力的培养，帮助大学生适应社会的需求，完善职业生涯规划。

图书在版编目（CIP）数据

大学生职业发展教程 / 王全利，王亚丹，高静主编 . --北京：中国纺织出版社有限公司，2023.4
　ISBN 978-7-5229-0385-9

Ⅰ. ①大… Ⅱ. ①王… ②王… ③高… Ⅲ. ①大学生—职业选择—高等学校—教材 Ⅳ. ①G647.38

中国国家版本馆 CIP 数据核字（2023）第 037815 号

责任编辑：王　慧　　责任校对：高　涵　　责任印刷：储志伟

中国纺织出版社有限公司出版发行
地址：北京市朝阳区百子湾东里 A407 号楼　邮政编码：100124
销售电话：010—67004422　传真：010—87155801
http://www.c-textilep.com
中国纺织出版社天猫旗舰店
官方微博 http://weibo.com/2119887771
天津千鹤文化传播有限公司印刷　各地新华书店经销
2023 年 4 月第 1 版第 1 次印刷
开本：787×1092　1/16　印张：13.5
字数：260 千字　定价：88.00 元

凡购本书，如有缺页、倒页、脱页，由本社图书营销中心调换

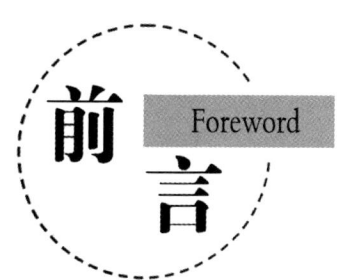

对于大学生职业生涯规划教育，全国各大高校都在进行探索。很多大学生也对自身的职业生涯规划表示期待，希望可以将当前的学业和未来的职业紧密结合起来，真正探索出一条适合自己的职业生涯规划之路。作为育人的主阵地，高校也希望通过课堂讲授、咨询辅导、实习实践等环节助力学生成长、科学规划职业，帮助学生顺利完成从"校园人"到"职场人"的人生转变。但从实际状况来看，学生们时常会感到迷茫，上课时发现自我，下课后无所适从；课堂上好像无所不能，遇见实际问题又不知所措；等到真的找工作时，又无从下手。所以如何引导学生树立正确的就业观、成才观，拒绝"躺平""啃老"思想，合理调整就业预期，做好自身的职业生涯规划，是本书希望传达给同学们的基本思想。

本书是在高校多年职业生涯教育课程实践的基础上，从课程学习目标、基础知识、课程体系、教学方式，还有延伸阅读、课堂活动、课后思考等方面着手，以满足当代大学生学习需要出发来进行教材的设计与思考。本书大胆进行创新，主要体现在以下几点：

1. 系统性

本书包含了生涯启迪和生涯探索。以清晰系统的方式介绍了职业生涯规划课程的理论、实践与决策，使学生形成较为系统的规划思维。

— 1 —

2. 实践性

本书各章节中用具体案例、趣味测评、延伸阅读、技能实训、课堂活动与课后练习来说明相应的概念、原理与方法，学生通过案例分析、实训演练来提高动手能力，通过测评来进行自我分析与探索，让学生融入生涯规划教育的课程中去，体现该课程学以致用的教学目的，也增加了学生学习该课程的知识性与趣味性。

本书由王全利负责编写教材大纲，王亚丹负责统稿和定稿，高静负责协调编写任务，本校学生刘钰、邓晨负责文字校正。在编写过程中，参考、借鉴了部分国内外职业生涯规划方面的文献资料，以及一些专家学者的理论和观点，在此一并表此感谢！

由于时间和编者水平有限，书中难免有疏漏和不妥之处，恳请广大读者提出宝贵的建议和意见。

编者

2022 年 7 月

第一篇 生涯启迪

第一章 职业生涯规划与人生发展

第一节 职业与职业生涯概述 ········· 5
第二节 职业生涯规划的原则、分类与意义 ········· 12
第三节 大学生涯与职业发展 ········· 18

第二章 职业生涯思想的演变

第一节 职业选择理论 ········· 36
第二节 生涯发展理论 ········· 41
第三节 认知信息加工理论 ········· 53
第四节 社会学习理论 ········· 57

第二篇　生涯探索

第三章　职业世界认知

第一节　大学专业与职业的关系 …… 66

第二节　职业世界概况 …… 72

第三节　探索工作世界的方法与途径 …… 79

第四章　职业兴趣

第一节　职业兴趣认知 …… 89

第二节　霍兰德职业兴趣理论 …… 99

第三节　职业兴趣探索的方法 …… 106

第四节　兴趣与生涯发展的关系 …… 116

第五章　职业性格

第一节　性格概述 …… 124

第二节　探索性格密码 …… 132

第三节　性格与职业的匹配 …… 142

第六章　职业能力

第一节　能力的概念和分类 …… 151

第二节　职业能力与职业的匹配 …… 163

第三节　职业能力培养与提升 …… 169

第七章　职业价值观

第一节　价值观与职业价值观 …… 182

第二节　价值观理论 …… 187

第三节　职业价值观探索的方法 …… 191

第四节　大学生与社会主义核心价值观 …… 199

第一篇　生涯启迪

第一章

职业生涯规划与人生发展

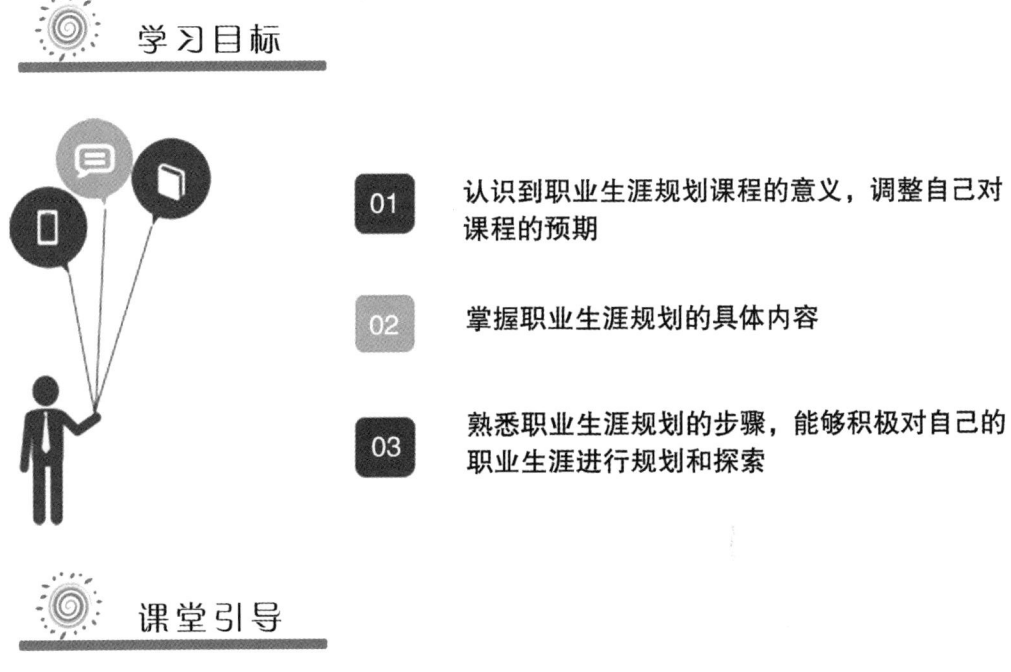

学习目标

01 认识到职业生涯规划课程的意义，调整自己对课程的预期

02 掌握职业生涯规划的具体内容

03 熟悉职业生涯规划的步骤，能够积极对自己的职业生涯进行规划和探索

课堂引导

跨越 8 年的"时空来信"

2021年11月7日，武汉商学院体育学院国际马术学院的曹鹏老师在办公室整理资料时，一份沉甸甸的蓝色文件夹吸引了他的注意。翻开文件夹，里面分门别类地放好了他在2013年第一次当辅导员时，让新入校的同学们写的"给毕业后自己的一封信"。

"看到里面有116个学生给自己规划的大学四年，8年前和他们相处的点点滴滴立马涌入脑海。"回到办公室后，曹鹏老师老师便一边翻看每一份"来信"，一边拍下留存至今的"古董"照片上传到朋友圈。2013年，刚从安徽师范大学毕业的曹鹏来到武汉商学院工商管理学院当辅导员，这一年正值学校升格成为本科院校，学校进入高速发展时期。25岁的曹鹏老师一进校就带了2013级物流管理和2013级电子商务2个专业的学生，成为全校首届本科专业学生的辅导员。

当时为了让学生能少走弯路，在2013年9月28日，曹鹏老师引导学生们写下对大学四年的规划。在这些"来信"中，"一定考过四六级""在大学谈一场不分手的恋爱""考上研究生"成为当时学生中提及最多的目标。武汉大学2020级企业管理专业博士研究生朱韵（武汉商学院2013级物流管理专业校友）说："谢谢曹导，我很幸运在大学遇到这么好的辅导员，让我有了更加清晰的人生目标。"回顾在学校的四年大学时光，她坦言最感谢的人就是辅导员曹鹏老师。"当时我给自己最大的心愿就是看完自己的读书清单。"而在朱韵近1000字的规划里，当初她给自己设立的目标都已基本实现，并且凭借实现目标时养成的好习惯，从考上中国地质大学（武汉）就读硕士再到成为武汉大学博士研究生，朱韵人生中新的目标也在一步一步实现。

目前在阿里巴巴从事生态营销工作的杨康君，是武汉商学院2013级电子商务专业校友。在她的四年目标中，只有简单的几行字：考入香港大学或者考上外国名校。"我刚刚来到学校的时候，辅导员曹鹏老师就跟我们每个人进行谈话，他问我对以后的规划是什么，我脱口而出'考上美国哈佛大学研究生'。"杨康君笑着说道。"当时我都笑了，但是曹老师却一本正经地说：'你别笑，我已经记下来了。'这件事情对我影响特别大，当时特别感动，于是大学四年我一刻也没有放松自己。"大学四年，杨康君是一名名副其实的学霸，期末考试成绩几乎每次都是班上前三，并连续三年拿到武汉市政府奖学金。除此之外，杨康君还担任许多职务，包括工商管理学院团总支副书记、班团支书等，也参加过全国大学生英语竞赛等比赛，获得了优异的成绩。正是这样的打磨，才练就杨康君一副"好打拼"的性格。通过雅思考试、练习口语、确定外国名校目标、了解当地风土人情……大学期间，杨康君一直按照自己订立的目标脚踏实地地前进，最终顺利进入了软科世界大学学术排名27名的纽约大学就读研究生，用实际行动完成对自己的承诺。

毕业后，曹鹏老师的大多数学生完成了自己当初设立的梦想。现如今，曹鹏老师这些来自8年前的"来信",都被收藏在了武汉商学院的校史馆,成为学校三全育人的"历史见证"。

这个真实的故事告诉我们,每个人的人生都是独一无二和丰富多彩的。无论你选择过什么样的生活,走哪一条人生道路,做好生涯规划对每个人来说都是十分重要的,它关乎个人的前途与命运。对于大学生来说,选定职业方向、规划职业生涯,有助于其更加顺利地开始新的生活。越早确定确切的目标、做出科学的规划,就越容易接近和实现自己的人生理想。

第一节 职业与职业生涯概述

在我们的一生中,职业很重要,它不但是获取报酬、维持生活的手段,而且是我们发展自己、实现自我的机会。人生是短暂的,但在人的一生中,职业生涯却是最漫长、最重要的阶段。从咿呀学语开始,直到现在进入大学,都是在为自己的职业生涯做准备、打基础;年老退休之后,也依靠从业阶段得到的积蓄和养老保险颐养天年。可以说,人人都离不开职业,成功的职业生涯是美好人生的开始。每个人都企盼职业生涯取得成功,但是天上不会掉馅饼,成功没有偶然,许多高校毕业生因为没有接受过比较系统的职业规划培训,不了解自身特点,在选择职业时动机模糊,不能够很好地将社会资源为己所用,职业生涯规划意识淡薄,从而导致大学生在求职过程中及步入工作岗位后产生一系列的问题,如就业难、离职率高等。大学阶段需要规划,人生同样也需要规划。下面我们一起来看看职业生涯的相关知识。

 基础知识

一、职业

职业的产生与发展是社会化大分工的直接结果。社会分工是职业划分的基础与依据。工作、职位、专业、事业与职业等概念我们并不陌生,但是我们很少去反思这些概念的真正内涵,准确地区分这几个概念。为了更好地理解职业的内涵,我们首先有必要澄清职业与工作、专业、事业等相关概念之间的关系。

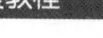

（一）工作

工作是与职业最为相关的概念。工作（job，work）的概念是劳动生产，主要是指劳动。生产可以创造价值，而劳动可以创造价值也可以不创造价值，如无用功。工作具有不确定性，我们可以根据自己的需要随时随地更换另一份工作。工作具有经济性，是我们谋生的手段。对个人来说，工作是实现人生价值的途径，能够满足人生需求。对社会来说，社会的发展进步，与每个社会组成成员的选择倾向是有密切关系的，工作没有高低贵贱之分，只有社会分工不同。

（二）职业

1. 职业的概念

关于职业的概念，不同的人有不同的说法。"职业"，是指一个人长期从事的稳定的工作，或一个人所从事的行业或专业。在英文中，关于"职业"的词汇有两个：Vocation 和 Occupation。两者的含义并不完全相同。Occupation 强调的是外在社会制度的安排，是客观职业；Vocation 强调的是内在的、心理上的使命感。

从词义学的角度分析，"职业"一词是由两个字"职"和"业"二字构成，"职"即职责、权利和工作中担当的任务等意思；"业"即业务、行业、事业等意思。它揭示了个人与社会的关系，从这个角度看，职业可以理解为承担了某种责任、义务的行业性、专门化的活动

从社会学的视角来看，职业是一个人的社会角色之一，是认识一个人的社会身份、社会地位、个人才能的重要参照系。

"职业"的科学涵义是指人们为了谋生和发展而从事的相对稳定的、有收入的、专门类别的社会劳动，它要求劳动者具备一定的生活素质和专业技能。它是对人们的社会方式、经济状况、文化水平、行为模式、思想情操等方面的综合反映，也是一个人的权利、义务、职责的具体体现，是一个人社会地位的一般性表征。

这个定义有两层含义。第一，不是任何工作都能成为职业，某种工作只有变得足够丰富、足够重要，以至于能吸引劳动者长期稳定地投入其中才能成为职业，并且劳动者从事这项工作时还能够取得一定的经济收入。第二，职业是劳动者获得的劳动类别。不同的劳动类别是劳动者在社会分工中扮演的不同角色，并按这一角色规范去行事。

2. 职业的特征

（1）技术性。任何一个职业岗位都有相应的职责要求和专业技术要求。而完成职业岗位的职责和技术要求，必须具有特定的知识和技能。所有的职业岗位都对任职者的教育背景、职业资格、技能水平、工作经验等有具体的要求。

（2）经济性。职业的经济性，即维持生存，从中取得收入。职业是获得个人收入的主要来源，是个人赖以生存以及维持家庭生活的手段，不是可有可无，也不是断断续续的。这是职业活动区别于其他劳动的一个重要标志，比如，义工不是职业，而社工就是一种职业，因为义工工作，不领取工资没有报酬；社工是有偿劳动，领取报酬。获得报酬是人们从事职业活动的目的之一，也是满足其生存和发展的需要。

（3）社会性。职业的社会性是指职业要由人来承担。人从事了某种职业，也就参与了某种社会劳动，同时，也承担起了某种社会分工，因此，要尽社会义务。社会成员在特定的职业岗位上为社会整体发展作出了贡献。

3. 职业的分类

职业分类是横向的职业类别划分，它是在社会分工的基础上，按照职业性质、工作方式、技术要求及行业范围等方面的同一性对职业进行的划分归类。科学的职业分类是职业社会化管理的平台，也是职业自身发展的需要。

由于各国经济发展水平不同，历史和国情不同，职业分类的具体情况也不同，英国在1841年将职业分列为431种。美国在1850年进行了专门的职业普查，划分了15大行业、323种职业，1860年又增至584种，1965年确定为21741种。到1980年，《美国百科全书》认定美国有25000种职业。加拿大曾于1970年组织300多位专家历经7年编制了《国家职业分类辞典》，职业词条多达7000个。从以上各国职业分类的情况可以看出，各国职业分类的标准不尽相同。为了便于信息交流、统计分析、咨询指导和规范管理，有关国际组织制定了权威的职业分类标准。例如国际劳工组织于1958年颁布的首部《国际标准职业分类》，提供了包括8个大类、83个小类、284个细类、1506个职业项目的完整的职业分类体系。

我国是世界上最早出现职业和职业活动的国家之一。2500年前的儒学经典就记录过当时的职业和职业活动。《管子·小匡》载"士农工商四民者，国之石民也"，认为士农工商四民是国家柱石；《春秋谷梁传·成公元年》按"士商工农"划分："古者有四民，有士民，有商民，有农民，有工民。"

七十多年来，社会主义现代化建设的发展，促进了我国现代职业的发展。1995年劳动和社会保障部联合中央各部委成立了国家职业分类大典和职业资格工作委员会，经过四年时间编制完成《中华人民共和国职业分类大典》（以下简称《大典》），并于1999年5月向社会发布。《大典》的问世，反映出我国职业管理工作达到了一个新的高度。

2021年4月，人力资源和社会保障部会同国家市场监督管理总局、国家统计局启动了《中华人民共和国职业分类大典》修订工作，2022年7月11日，人力资源和社会保障部向社会发布公示稿。此次《大典》修订，遵循客观性、科学性、创新性原则，对2015年版《大典》确立的8个大类总体结构不作调整，对社会各方面反映的意见建议，秉承求真务实、理性实证的科学精神研究论证，写实性描述各职业（工种）的具体内容，优化更新《大典》信息描述，以充分反映经济社会和科技发展带来的实际业态变化。具体来说，围绕数字经济、绿色经济、制造强国和依法治国等要求，专门增设或调整了相关中类、小类和职业。与此同时，根据实际，取消或整合了部分类别和职业，例如：将报关专业人员和报检专业人员2个职业，整合为报关人员1个职业；取消了电报业务员等职业。据统计，新版《大典》包括大类8个、中类79个、小类449个、细类（职业）1636个。与2015年版《大典》相比，增加了法律事务及辅助人员等4个中类，数字技术工程技术人员等15个小类，碳汇计量评估师等155个职业（含2015年版《大典》颁布后发布的新职业）。

新版《大典》的一个亮点，就是首次标注了数字职业（标注为S）。数字职业是从数字产业化和产业数字化两个视角，围绕数字语言表达、数字信息传输、数字内容生产三个维度及相关指标综合论证得出。标注数字职业是我国职业分类的重大创新，对推动数字经济、数字技术发展以及提升全民数字素养，具有重要意义。新版《大典》中共标注数字职业97个。新版《大典》沿用2015年版《大典》做法，标注了绿色职业133个（标注为L），既是绿色职业又是数字职业的有23个（标注为L/S）。

在此次《大典》修订中，为全面、客观、准确反映当前社会职业发展实际状况，将近年来新增职业信息纳入了新版《大典》，对部分原有职业信息描述进行了更新，并取消了已消亡的部分职业，反映了数字经济发展的需要，顺应了碳达峰、碳中和的趋势，契合了创新、协调、绿色、开放、共享的新发展理念，满足了人民美好生活的需要。

职业分类作为制定职业标准的依据，是开展职业教育培训和人才评价的重要基础性工作。此次新版《大典》的发布，特别是对新增职业的发布，对于增强从业人员的社会认同度、促进就业创业、引领职业教育培训改革、推动经济高质量发展等，都具有重要意义。

（三）事业

所谓事业，是指人们所从事的，具有一定目标、规模和系统的对社会发展有影响的经常性活动；有时事业也可以指个人的成就。只有当一个人把自己的全部热情与精力投入其中，愿意毕生为之奋斗努力，将其作为生命意义的一部分，人生理想与现实工作的目标合二为一时，他所从事的，才是事业。

事业具有社会性。一个人将自己的工作视为自己的事业时，他更多关注的是自己在这个工作岗位上能为社会和人类创造些什么，留下些什么；事业同时也具有忘我性。与工作、职业不同，当一个人把自己的工作视为事业时，他不会过多考虑自己能从这份工作中索取什么，关注的不再是具体的实际利益。

并不是所有的人都愿意去为事业努力或者都能实现事业的。很多人都常说我们要拥有自己的事业，这其实是个很高层次的概念。它可以解决人类最高层次的需求，是社会认可和自我价值的真正实现。在这个过程中，不管路途再遥远，不管上班事情再多，也不管工资收入再少，只要他喜欢，就会去从事。事业是由职业人自己确定的人生目标和理想，并不惜一切个人资源和努力为之奋斗，包括自己的人生。

工作、职业和事业，它们之间是逐步递升的关系。"工作"只需要"出力"就行，"职业"除了"出力"还要"出汗"，而"事业"除了"出力""出汗"外，还有可能需要"出血"（简称"三出"）。"出力""出汗"是有回报的，"出血"不一定有回报，有一句话叫血本无归，但是他（她）已经将事业作为终身目标和理想，不在乎回报，唯一的企图是获得社会的承认和完成自己的个人理想。例如，对于钟南山院士来讲，医生是他的职业。而在几十年行医过程中，他工作的广州医学院第一附属医院、广州呼吸疾病研究所，在这每一个不同的地方，他所担任的住院医师、主治医师、内科教授等角色及参加的活动，就是他的工作。当他不计个人得失，潜心研究医学，将救死扶伤视为自己应尽的义务，在2003年广东省"非典"疫情最为严酷的时段，钟南山说出"把重症病人都送到我这里来"时，他所从事的就是事业。宏伟的事业是人生不断进取的目标和动力，而认真做好每一件事、完成每一个工作任务是成功的基础。

二、生涯与职业生涯

(一) 生涯

1. 生涯的定义

"生涯"一词由来已久，"生"原意为"活着"，"涯"为边际，"生涯"连起来是"一生"的意思。我国古代文人在他们的诗文中经常用到"生涯"或"生计"一词，如李益的"万事销身外，生涯在镜中"；李商隐的"神女生涯原是梦，小姑居处本无郎"；白居易的"生计抛来诗是业，家园忘却酒为乡"。这里的"生涯""生计"和我们现在对生涯的理解很接近。

"生涯"的英文译为 Career，从词源看，其来自罗马字 Viacarraria 及拉丁文 Carrus，二者均有"古代战车"之意。在希腊，Career 有"疯狂竞赛精神"之意，后来引申为道路，即人生的发展道路，又可指人或事物所经历的途径，也指一个人一生中所扮演的系列角色和职务等。

美国生涯理论研究者舒伯认为，"生涯"是指生活中各种事件的演进方向和历程，它统合了人一生中各种职业和生活角色，由此表现出个人独特的自我发展形态。"生涯"作为一个人终其一生所扮演角色的整个过程，由三个层面构成：①时间，即每个人的年龄或生命的过程；②经历，即每个人一生所扮演各种不同的角色；③为每个人所扮演的各种角色投入的程度。总之，生涯的内容是比较宽泛的，具有丰富的内涵与特性。

2. 生涯的特征及影响因素

(1) 生涯的特征。从生涯的含义看来，生涯具有以下特征：

①终身性。生涯发展是人一生当中连续不断的过程，并概括了一个人一生中所拥有的各种职位、角色，是一个终生发展的过程。

②独特性。生涯是个人依据自己的理想，为实现自我而逐渐展开的一种独特的生命历程，不同的个体有不同的生涯。虽然许多人在人生道路上有相似之处，但完全一致是不可能的。

③发展性。职业生涯是一个活跃而动态的发展过程。个体在不同的生命阶段会

有不同的追求，而且这些追求会不断地调整、变化与发展，这就促进了个体不断的成长。

④综合性。职业生涯是以个体事业角色发展为主轴，并包含了人一生中拥有的所有角色任务，个体在职业发展过程中必须要处理好工作、家庭和休闲之间的平衡。

（2）影响生涯的因素。决定一个人生涯发展的因素是多种多样的，概括起来有以下几点：

①个人的特质。生理特质，如健康、形体容貌、性别、精力等；经验，如受教育程度、受过的训练、掌握的技能、工作经历、社交技巧等；心理特质，如能力、人格、自我概念、成就动机等。

②个人的背景状况。父母的家庭背景，如父母的社会经济地位、从事的职业、父母的期望等；自己的家庭背景，如夫妻间的依赖程度、配偶的期望值等；其他状况，如种族、宗教、生态环境等。

③个人的环境状况。包括所处的时代、社会经济状况、技术发展、国际环境、国家政策等。

④不可预测的因素。包括地震、意外、疾病、死亡等难以预期的事件。

由此我们发现，人的生涯存在潜在的、不可预见的因素的影响，但是我们可以通过个人的努力，清楚地认识客观事物，把握事物发展的方向，认真规划自己的生涯，过上自己追求的幸福生活。

（二）职业生涯

职业生涯的概念始于20世纪50年代，20世纪90年代从欧美国家传入中国。就职业生涯的定义而言，国内外学者有多种不同的解释。美国生涯理论研究者舒伯认为"职业生涯是一个人人生中重视经历的所有职位的历程"。施恩教授将职业生涯分为外职业生涯和内职业生涯。外职业生涯是指从事职业时的工作单位、工作地点、工作内容、工作职务、工作环境、工资待遇等因素的组合及变化过程。内职业生涯是指从事某一职业时所具备的知识、关联、心理素质、能力、内心感受等因素的组合及其变化过程。

本书认为格林豪斯的定义更加符合当前时代特点。他认为"职业生涯是指与工作相关的的整个人生经历"。"与工作相关的经历"包含两方面的含义：一是指客观事件或情境，如工作岗位、行为或工作职责以及与工作相关的各种决策；二是指与工作有关的事件的主观解释，如工作志向、价值观、特殊工作经历的感受、期望以及各种需求。职业生涯是一个动态的过程，是指一个人一生在职业岗位上所度过的、与工作活动相关的连续经历，并不包含在职业上成功与失败或进步快与慢的含义。也就是说不论职位高低，不论成功与否，每个工作着的人都有自己的职业生涯。

清华大学职业经理训练中心对参加职业培训的500多名学员就"职业满足人生发展各种需求的平均百分比"进行了调查，其中对"生活来源"需求满足的平均期望值为99%；对"归属和爱"需求满足的平均期望值为55%；对"自我需要"需求满足的平均期望值为80%；对"来自他人的尊重"需求满足的平均期望值为86%；对"自我实现"需求满足的平均期望值为95%。

从以上数据我们可以发现，多数人的需求都要通过职业生涯来满足。一个人的职业生涯是一个漫长的过程，一开始工作，首先要保证我们的基本生理需求。其次，职业生涯是促进个人全面发展的重要手段。职业不只是谋生的手段，更是实现人生价值、追求理想生活的重要途径。最后，个体的职业生涯也为社会的整体发展做出了贡献，是促进人类文明和社会进步的重要方式。因此，为了实现自己的更高层次的需求，我们有必要在职业生涯准备期就认真规划自己的职业生涯，最大限度地在各个阶段发挥自己的潜力，实现自己的价值及追求的目标。

第二节 职业生涯规划的原则、分类与意义

职业生涯规划（Career Planning），又称职业生涯设计，是指一个人在对个人和内外环境因素进行分析的基础上，确定事业发展目标，并选择实现这一事业目标的职位或岗位，编制相应的工作、教育和培训行动计划，对每一步骤的时间、项目和措施做出合理的安排活动。

职业生涯规划是由早期的职业辅导运动发展而来的，一般认为，著名管理学家诺斯维尔（William J. Rothwell）首先提出"职业生涯规划"这个概念。他认为，职业生涯设计就是个人结合自身情况以及眼前制约因素，为自己实现职业目标而确定行动方向、行动时间和行动方案。职业生涯规划首先是个人要对自身的特点，如兴趣爱好、性格特征、职业价值观、技能、人生理想等进行评估，再对所处的外部环境，如家庭条件、社会条件、职业分类、工作性质等方面进行分析，然后根据评估

结果，有针对性地树立职业目标、制订实施方案、确定阶段任务，并付诸行动。换言之，职业生涯规划就是知己、知彼、抉择、行动、评估这几个环节。

职业生涯规划的目的绝不仅仅是帮助个人按照自己的资历条件找到一份适合的工作，更重要的是帮助个人了解自己的真正需求，为自己定下事业大计，拟定一生的发展方向，最终实现自我。

 基础知识

一、职业生涯规划的原则

（一）个性化

每个人的职业生涯是独一无二的。因此职业生涯规划也因人而异。每个大学生的个性、兴趣、价值观、技能等不尽相同，大学生在进行职业生涯规划时要综合分析自身条件和现实环境，准确认识社会发展趋势、行业发展状况、职业发展前景等方面，针对性地规划，切忌盲从。

（二）阶段性

所谓阶段性原则，主要是指在进行职业生涯设计时，要充分考虑自身所处的不同发展阶段，有目的、有步骤、有计划地调整和安排各个不同阶段的职业生涯计划。

（三）可行性

可行性原则是指我们应该考虑总目标是否符合自己的性格、兴趣和特长，是否有挑战性，能否在规定的时间内完成，实现目标的途径是否能在自己的特质、社会环境、组织环境等范围内执行，可行性有多大。同时，职业规划是否具体、清晰、明确，要把它转化为一个个可以实行的行动，人生各阶段的线路划分与安排一定要具体可行。在执行职业生涯规划的过程中，自己能否随时掌握执行的情况，能否进行评估等。

 延伸阅读

两个哈佛火枪手

这是俞敏洪老师在新东方给无数学员讲过无数遍的一则小故事。甲只是一个中专毕业生,但是最后他到了哈佛大学肯尼迪政府学院去读书。甲的经历是这样的:中专毕业后分到了山西内地一个小县城的县政府工作,工作两年以后他想要更好的生活,于是就背着个破书包来到了北京。他在北大旁边租了个小平房,开始自学高等教育自学考试。

甲在北京坚持学习并最终通过了考试,拿到了高等教育自学考试大专的文凭。期间,甲在学习的过程中认识了一些北京大学的教师和同学,这些人鼓励他考北京大学政治系的研究生。那时北大还接受大专生考硕士,于是他拿到大专文凭后就开始准备北京大学政治系研究生的考试。经过两年艰苦的努力,他竟然考上了北京大学政治系的研究生。在校期间他积极参加活动,曾经被选为北京大学研究生会主席。

在北京大学上了三年研究生后,甲只想毕业后留在北京工作,为社会多做一些事情。并没有想到要去国外留学。但是他看到周围的同学好像都有毕业后留学的打算,意识到留学对于他的工作和事业的重要性。在一次偶然的机会他认识了新东方的一个教师,经新东方教师的分析,觉得出国留学很有希望,唯一要准备的就是要通过 TOEFL 和 GRE 的考试,于是他决定考 TOEFL 和 GRE。结果边工作边学习,准备了两年多,最后他 TOEFL 考到了 600 多分,GRE 考了 2200 多分。有了 TOEFL 和 GRE 的分数,他就有了出国最基本的条件。

甲开始联系国外的大学。开始的时候他只是想联系一些很一般的美国大学,但是在朋友们的鼓励下,甲有了尝试顶尖大学的想法。他抱着试试看的想法开始联系哈佛、耶鲁等学校,功夫不负苦心人,最后他被哈佛大学录取了,但是哈佛大学没有给他奖学金。由于没有奖学金,所以到了哈佛以后他过得很艰苦,第一年拼命地学习,取得了优异的成绩,第二年哈佛大学就给了他奖学金。1999 年 7 月的时候,他以优异的成绩从哈佛大学毕业,目前服务于世界级大型金融机构,但据说他一直想寻求回国发展的机会,希望在中国干一番事业。

目标达到了,肯定会有更高的第二个目标,第二个目标实现了,肯定会有更高的下一个目标。只要为了目标奋斗,你就一定能够成功。榜样的力量是无穷的,在

甲去了哈佛之后，他在北大的一个同学乙听说了此事，心想既然甲能去哈佛，我不比他笨，我也能去。乙是一位记者，而且在中国小有名气，他觉得自己也行。于是乙辞去了自己的工作，来到新东方学习 TOEFL 和 GRE。经过一年多的学习，乙取得了 TOEFL 610 多分，GRE 满分 2400 分的优异成绩，乙也顺利被哈佛大学肯尼迪政府学院录取，学习公共管理专业。乙现在已经学成归国，利用所学知识，从事着对中国社会的发展非常重要的工作。

这两个哈佛学生的故事，第一个告诉我们的是，只要你设置了切实可行的目标，每天比别人多做一点，你就可以成功。第二个告诉我们，有时也许你自己并没有认识到自己的潜力的时候，而另外一个很平常或甚至并不如你的人给你做了榜样，这时你就会产生无穷的信心和力量。

二、职业生涯规划的分类

职业生涯规划按照时间的长短来分类，可分为人生规划、长期规划、中期规划与短期规划 4 种类型。

（一）人生规划

整个职业生涯的规划，时间跨度通常在 20 年以上，有的甚至长至 40 年，设定整个人生的发展目标和阶梯，如规划成为一个有数亿资产的公司董事。

（二）长期规划

5~10 年的规划，主要设定较长远的目标，如规划 30 岁时成为一家中型公司的部门经理，规划 40 岁时成为一家大型公司副总经理等。

（三）中期规划

一般为 2~5 年的目标与任务，是最常用的一种职业生涯规划。如规划到不同业务的部门做经理，规划从大型公司部门经理到小公司做总经理等。

（四）短期规划

2 年以内的规划，主要确定近期目标，规划近期完成的任务，如 2 年内掌握哪些专业知识和技能等。

实际操作中，时间太长的规划由于环境、个人的变化性而难以把握，而时间跨度太小的规划又没有多大的意义，所以，一般我们提倡个人职业生涯规划控制在 2~5 年比较好。这样既便于根据实际情况设定可行目标，又便于随时根据现实反馈进行修正和调整。

三、职业生涯规划的意义

在闻名世界的伦敦威斯敏斯特大教堂地下室的墓碑林中,有一块名扬世界的无名氏墓碑。在这块墓碑上,刻着这样一段话:"当我年轻的时候,我的想象力从没有受到过限制,我梦想改变这个世界。当我成熟以后,我发现我不能改变这个世界,我将目光缩短了些,决定只改变我的国家。当我进入暮年后,我发现我不能改变我的国家,我的最后愿望仅仅是改变一下我的家庭。但是,这也不可能。当我躺在床上,行将就木时,我突然意识到:如果一开始我仅仅去改变我自己,然后作为一个榜样,我可能改变我的家庭;在家人的帮助和鼓励下,我可能为国家做一些事情。然后谁知道呢?我甚至可能改变这个世界。"这段话告诉我们,缺乏明确目标规划的人生是注定要让人感到遗憾和悲哀的。

人生需要规划,而大学生风华正茂,正处在生涯探索期到生涯建立期的转换阶段,进行合理科学的职业生涯规划对大学生今后步入社会、进入职场、实现人生价值有着重要的意义。

(一) 突破障碍

在现实生活中,许多人对追求理想的工作或人生目标没有方向;甚至有的人从没有想过去想象或设立理想目标,因为觉得那是不可实现的。阻碍人们树立远大理想或目标的原因通常来自两方面的因素:内在障碍和外在障碍。内在障碍通常是因为一个人对自己的不了解、低评价、不自信或者无安全感造成的。例如有的学生很难看到自己的优点,总用自己的缺点和别人的优点相比,内心从未觉得自己有可用或特别之处,所以在找工作时缺乏信心,自视甚低,恐惧不安,总感觉自己不好,从而影响自己找好工作的信心,影响自己在面试等环节中的表现。这是典型的不能真正了解和接纳自己导致的对找工作的影响。出现这种情况,我们不妨看看自己的优点和资源,意识到"金无足赤,人无完人",接纳不完美,真正全面了解和接纳自己,从而避免自我低评价对找工作的影响。

外在障碍通常来自一个人所处的外部环境,通常与社会环境、经济环境、文化环境、政治环境等有关。一个没有清晰职业生涯规划的人,更容易受外部环境的影响,将自己的失败归因于市场趋势不明、经济衰退、就业政策不足、社会环境紊乱等因素。假设有两个年轻人，有着同样普通的家庭背景，刚开始找到的工作也都不理想。但对有自己生涯目标的年轻人而言，因为对未来充满希望，所以更容易积极面对并不理想的工作，努力从工作中获得和培养自己实现目标所需的能力和资源，把这当作迈向理想目标的第一步，克服外在不利的环境影响，不断提升自己。而没有任何生涯目标的年轻人，可能更容易抱怨社会、哀叹自己生不逢时，因为看不到希望，他很难从内在积极应对困境，容易将找不到好工作进行外归因，更觉得自身没有能力。所以两位年轻人人生的起跑线是相同的，却可能因为有无设立生涯目标导致人生希望的不同：一个充满力量，能克服困难、积极进取；另一个感觉被环境所左右，怨天尤人、随波逐流。职业生涯规划可以帮助我们设立目标、带来希望，从内在产生面对困难的勇气，敢于冒险，突破发展中的内在障碍，找到指引我们走向人生成功的方向，自己主宰自己的命运，而不随波逐流，枉度一生。

（二）开发潜能

在心理学中，有个名词叫"选择性注意"——人们在同时存在的两种或两种以上的刺激信息中，选择一种进行注意，而忽略其他的刺激信息。当某种元素没有成为注意目标时，会被我们忽略，而当成为目标时，就成为我们注意的对象。如果把注意力看成一种能量的话，那么很明显，目标帮助我们集中了能量，我们可以动用相关的能量和资源去实现目标。心理学家和精神病专家都指出，当思想传递给潜意识时，在大脑的细胞中会留下痕迹，它会立刻去执行这些想法。为达到目的，它会利用以往的所有经验和任何星星点点的知识；会萌生无穷的力量和智慧；会将所有的自然规律都加以总结和利用。当我们没有确立职业生涯目标时，我们的注意力是分散的；当我们确立职业生涯目标后，我们的所有行动都会聚焦，潜能就会被开发出来，帮助我们更好地实现目标。开发潜能包括自我知觉、积极进取、建立自信、培养实力、增强勇气、沟通技巧。

（三）自我实现

著名心理学家马斯洛认为人都潜藏着五种不同层次的需要，这些需要在不同的时期表现出来的迫切程度也不同。人的最迫切的需要才是激励人行动的主要原因和动力。人的需要是从外部得来的满足逐渐向内在得到的满足转化。马斯洛需要层次的五个层次：生理需要、安全需要、爱与归属的需要、尊重的需要、自我实现的需要。自我实现的需要是人类最高层次的需要，是指人类追求个人能力极限的内驱力，是一个人为实现自身价值而努力发挥自己的潜能的需要，它能使个人产生强烈的动机，并使自己的行为朝向某个特定的目标，达到自己能够成为自己渴望和认可的高度。马斯洛指出，由于人的个性与能力的不同，使得每个人为满足自我实现的需要所采取的途径、所实现的程度也不同，因此，自我实现的需要并非使得人人都成为英雄，而是个人可以尽自己最大的努力，发挥自己的潜力以达到自己期许的状态。而通过正确的职业生涯规划，能够让我们找到人生目标，并为之努力奋斗，从而实现自我，达到以己为荣，破除偏执，圆满融通。

第三节　大学生涯与职业发展

基础知识

一、大学的挑战

告别中学时代，迈进大学校门，人生的历程翻开了新篇章，莘莘学子满怀希望和对大学的憧憬，人生的理想将在这里确立，未来的发展将在这里奠基，美好的生活将从这里开始。柏林大学创始人洪堡说过"大学兼有双重任务，一是对科学的探求，二是对个性与道德的修养。修养就是个人天赋完全的发展，各种潜能最圆满、最协调的发展，最终融合为一个整体。"大学阶段，不只是对知识更深层次的探求，更是人生发展的重要时期，是世界观、人生观、价值观形成的关键时期。当代大学生要适应时代的需求，肩负起新的历史使命，需要确立成才目标，成为综合素质较高的社会主义事业的合格建设者和可靠接班人。

人的生涯发展其实就是一个"发展"的体系，而这个体系在发展的过程中会越来越强化某种特征。有些特征可能是消极的，但是等到这些消极的特征被看到的时候，可能它已经积重难返了。如果能够有一个大格局的思维习惯，就可以在问题出现苗头的时候轻松应对。

你到大学前，对大学生活的预期是什么呢？是一些人所说的"解放"，抑或是你有自己认定的"美好"？大学之前，你可以对许多事情不用负责、不用决策，甚至不用做，但是到了大学你就进入了"准成人"阶段，许多东西需要自己负责。这时，没有人再对你提出特别具体的要求，没有人再逼着你做作业，没有人考查你的生活细节，没有人会特别关心你与同学的矛盾，这时你变得更自由了，但自由的代价就是责任。

孩子经常要父母"别管我"，而父母会说"不管你，你怎么活"。"管"有两个内涵：一则管束，二则管够钱。作为大学生可能最期望家长别再管束，但钱依然管够。但这绝对是不可能的事情。所以，作为大学生，你需要在这两者之间找到"成人"的平衡点。具体地说，你的大学将面临以下变化：

（一）生活环境的转变

作为一个刚入学的大学生，脱下高中校服，走进大学校门，进入了一个新的发展阶段，它意味着你要从思想、意识、心理及技能上做好充分的准备，从而实现两种状态之间的升级转换。从中学到高等学府，不单单是上学地点的变换，各方面都发生了很大的变化。

1. 环境改变

自然环境方面，很多人从相对封闭的农村或小城市到开放的大城市；生活方式方面，从家庭生活到集体生活。这一切，对于一个刚刚离开家门的大学生，都是全新的体验。

2. 管理方式的转变

从中学时老师、家长死盯硬管到大学相对宽松的管理方式，很快脱去"紧箍咒"的大学生一时还不适应。

3. 学习方法的转变

从高中的满堂灌、题海战术到大学着眼于自主学习和能力提高，学习方法发生了根本的转变。

4. 奋斗目标的转变

从高中时单纯地考取大学到大学要解决人生的选择，很多大学生一时措手不及。

5. 人际交往的转变

从中学到大学，校园生活从简单到复杂；交往对象从"两小无猜"到"四面八方"；交往范围从学习研究到全面交往。

生活环境的变化是大学新生最先感觉到的变化。从踏入大学校门的那一刻，这种变化就存在了。这种变化主要表现在生活方式、生活习惯、生活范围等方面。

从生活方式看，中学生大多住在家里，不少人拥有自己的独立生活空间，饮食起居由父母安排，封闭在一个相对有限的圈子中。而大学是集体生活，住宿舍吃食堂，衣服自己洗，饭菜自己选，凡事全靠自己处理，这种变化对缺乏独立生活能力的同学来说是一个严峻的挑战。

从生活习惯看，南北方的差异、气候环境的变迁、饮食习惯的不同、语言交流的不畅、作息制度和卫生习惯的改变，都可能造成适应不良。

从生活范围看，中学生活活动范围较窄，基本上是从家门到校门，中心内容是学习，很少有集体活动和文艺生活。进大学就如从"小天地"来到"大世界"，生活活动范围大大拓宽。有些人远离了父母，远离了昔日的朋友，心里便非常迷惘、伤感，这种情绪在大学生中具有一定的普遍性。

（二）学习要求的转变

学习要求的变化主要表现在学习任务、学习内容、学习方式等方面。

从学习任务看，中学的学习任务主要是学习科学文化基础知识，更多的是为升学做准备。大学则是为人生做铺垫，以培养专门人才为目标，有选择地掌握专业知识和专门技能，培养所选职业需要的高级专门人才。

从学习内容看，中学教育是基础的、全面的、不定向的，大学则是一种教学内容较专、较深、目标明确的专业教育，除了一般的学科知识之外，提倡与各专业学科领域发展前沿接近，与社会职业接轨。

从学习方式看，中学学习一般以课堂讲授为主，由教师"领着走"，由考试"牵着走"，上课、课后作业、复习考试，按部就班，学生对教师依赖性较大。而大学强调启发式、引导式，教师讲课采用案例式、互动式，注重培养学生独立学习的能力。学生活动不拘泥于课题，还通过多种形式如专业实验、社会实践等学习实用知识，提倡通过毕业设计或论文等形式独立研究问题，开展科学研究、参与老师或生活的科研课题。这就要求学生学会独立思考、融会贯通、举一反三。进入大学后在学习上更多的是靠"自己走"，没有强制性的作业和学习计划，一切都由自己来支配，以教师为主导的教学模式变成了以学生为主体的自学模式。学生不仅要消化理解课堂上学习的内容，而且要阅读大量相关方面的书籍和文献资料。可以说，自学能力的高低成为影响学业成绩的最重要因素。从旧的学习方法向新的学习方法过渡，是每个大学新生都必须经历的过程。

实际上，在大学里很少有人过多地监督你、主动指导你，没有人给你详细地制订具体的学习目标。同时，大学新生还要改变一些原有的观念，在大学里，考试分数并不是衡量人的唯一指标，考研也不是唯一选择的目标，职业规划也没有统一的模式，在大学里更注重的是综合能力的培养和全面素质的提高，这里的竞争是潜在的、全方位的。

（三）管理机制的转变

管理机制的变化主要表现在管理模式、管理方法、管理系统等方面。

从管理模式看，中学基本实行学年制，年复一年，修完所有的课程，考试合格后才能毕业。然后是综合考试、题海战术、模拟考试、升学准备。大学大多实行学分制，学分是衡量学生是否完成教学要求的标准，学生不受学年限制，根据自己的实际情况，可修满学分后提前毕业，也可延长学习时间推迟毕业。考过的课程不再理睬，无须人为地"融会贯通"。

从管理方法看，在中学时代，老师对学生直接管理，事无巨细多由老师安排。学习的目标、学习的标准、学习成果的检验都由老师制定。大学则更多强调学生的自我管理、自我教育、自我服务、自我评价、自我约束、自我激励。

从管理系统看，中学是通过班主任集中管理，是单线联系而非多头领导，脉络清晰，要求具体。大学则是多方参与的引导式管理，学校各个职能部门都要参与，如学习管理、社团管理、课外活动管理等。客观环境的变化，会导致学生对管理方式的不适。从高中时的"高压"状态到大学时的"低压"状态，有些学生不能把握自己，开始逃课、上网、睡懒觉，以至于发展到虚度光阴，形成不良的生活习惯和懒散的性格。

（四）人际关系的转变

建立良好的人际关系，无论是高中阶段还是大学阶段，都是人们最迫切的人际目标。不同的是，在高中单一的奋斗目标下，找到志同道合的朋友是很容易的；进入大学后，新生常会不自觉地用高中时的交友标准来衡量新同学，但由于在这种多元而又复杂的环境中，个人的职业目标和人生志向的差异，要找到一个在某一方面有共同追求的朋友，需要较长时间的努力。高中时交友标准的存在，往往导致新生在交往中采取被动接受的态度，从而阻碍了相互间的沟通和交流。

很多学生在高中阶段都是学习上的佼佼者，老师的青睐和同学们羡慕的眼光，使他们成为同龄人的中心，无形中产生了某种过高的自我评价。然而进入大学，全国各地成绩优异的学生汇聚一堂，人才济济，相比之下，很多新生发现身边各方面比自己更优秀的同学比比皆是，自己变得不被重视，这一突然的变化使得许多新生一时难以接受。

大学生活之初，是一段艰难的心理适应期。在这个心理转型与重塑的过程中，会产生不同程度的适应困难。能否在心理转型与重塑的过程中成功地从"中学生"向"大学生"转换，将直接影响到大学期间的学习、生活质量。

大学是一片蕴藏无限潜力与无穷魅力的海洋。进入青年初期的大学生，经历相对简单，生活阅历相对较少，只有从校门到校门的生活轨迹，缺乏社会生活经验。大学是人生非常重要的时期，大学生的成长与发展，将奠定人一生发展的基础。在这样的关键时期，大学生应认清形势，努力适应新的生活，完成这一历史性的转变。

（五）奋斗目标的转变

有人形容高考是高中生前方一盏最明亮的灯。同学们你追我赶地向着这一目标奔跑，虽身心疲惫但目标明确，虽生活紧张但内容充实。进入大学之后，高考这盏明灯熄灭了，生活中失去了目标和动力，大学生活陷入失落与茫然。同时，由于中学生缺乏职业生涯规划意识，多数学生没有明确思考自己的未来，高考填的志愿多半由老师、家长操办，学生只凭想象对号入座。进入大学之后，发现事实与想象不符、前途渺茫，众多大一新生"缺乏生活目标""缺乏学习兴趣"，在高层次目标尚未建立之前常出现情绪低落、彷徨迷失的现象。进入大学并不是学习生涯的终点，还将面临就业等诸多问题。但是，大学生还没有充分意识到：中学时的单一奋斗目标已转变为大学中多元而复杂的目标，需要思考的问题已经从解决升学转变为解决人生的发展。

成长的一个重要维度就是适应能力的变化，对新环境、新要求、新技能的转变。而如果没有清晰的大学目标与期望，大学可能就真成了"上课成排酣睡，短信发到欠费，吃饭从不排队，旷课成群结队，喝酒三瓶五瓶不醉，考试一概不会，大学生涯万岁"。这样，等到毕业的时候就很难找佛脚抱了。

二、大学生活时期的任务规划

大学生活呈现出明显的阶段性，在每一个阶段都有不同的需求和任务。我们可以把大学生活划分为如下四个时期：

第一阶段，磨合期。每个进入大学校园的学生或多或少都有一个从高中生活转向独立的大学生活的磨合期。这个磨合期的长短与内容取决于对突变的生活环境的适应能力，对大学新的学习方式和压力的调整能力，以及对更为复杂的人际关系的处理能力。磨合期的时间长短也与学生个人的性格、成熟度密切相关。能够很快融入象牙塔世界的学生会在一两个月内成为一道靓丽的风景线，而与此相反，会有一部分学生在半年甚至一年以上延续高中的生活状态或过着杂乱无章的日子。

第二阶段，迷茫期。磨合期过后，很多大学生们就会进入迷茫期。大学阶段到底该如何度过？未来走向何方？许多学生开始感到迷茫。进入了一个完全自主管理的环境以后，有些学生开始玩乐，也有些学生开始职业准备。但由于对自身认识及社会接触的不足，一些人的职业准备也带有盲目性。同学间开始分化，有的大学生会有一个清晰的前途规划，开始为出国而背单词，为考研而苦练高数，有的则为了锻炼工作能力而活跃于各种学生组织。

第三阶段，思考期。随着盲目学习或盲目放纵的结束，大部分的大学生进入了对自己未来职业与生活的思考期。有些人开始后悔以前没有更加刻苦，后悔刚上大学没有珍惜时间，怀疑自己为之奋斗的理想是不是真的值得。出现最多的问题是"一两年后出国、就业的形势会好转吗？""某个职业是否适合我？"等。这些问题是由于年轻的心灵对自己做出的人生规划不自信而产生的。毕竟，这是一个人生的转折点，是我们20年来第一次为自己的命运负责。在这个时期，最恰当的形容就是两个字：郁闷。难怪有个大学生在校园 BBS 上写道："人总是要经历生活的，对也罢，错也罢，成功也罢，失败也罢，尽情地感受生活吧。大三有被抛弃的感觉……"

第四阶段，抉择期。毕业，是一个包含了太多感情在内的字眼。进入毕业季，把自己的选择付诸行动，然后品尝硕果或失败之后，走出校园，结束大学生活。考研的种种艰辛，出国的"路漫漫其修远兮"，职场的万般无奈，都在我们毕业的惆怅与忧伤中变得淡了很多。四年同窗，身边的伙伴似乎一夜之间都长大了。看看自己，发现人生中重要的转折已在不知不觉中做出决定。大学的最后一个阶段，是行动，是收获，是完结，更是新的起点。

三、职业发展与大学生的任务规划

有人曾经如此概括大学四年的四个阶段：

大学一年级——不知道自己不知道。

大学二年级——知道自己不知道。

大学三年级——不知道自己知道。

大学四年级——知道自己知道。

其实，正如上述概括一样，大学就是一个不断从不知道走向知道的过程。这个过程既包括了对学业知识从不知道走向知道的过程，也包括了对社会知识、生活知识从不知道走向知道的过程，同时还包括了对个人的职业方向和职业发展从不知道走向知道的过程。

职业决定人生。职业发展，不是追求社会赞许，不是追求所谓的"成功"，而是建构有意义和有价值的以工作为核心的生活方式。这种生活方式的获得，必须建立在合理的大学学业规划之上。

大学学业规划，就其内涵来看，是指大学生根据自身的天赋、兴趣及未来社会的需要，确定自己的学业及职业（事业）发展生涯，其根本目的在于最大限度地提高大学生的职业发展效率。具体来讲，是指成长主体通过对自身特点（如性格特点、能力特点）及社会未来需要的深入分析和正确认识，确定自己的事业（职业）目标，进而确定学业发展方向，然后结合自己的实际情况（如经济条件、工作生活现状、家庭情况等）制订学业发展计划。换言之，就是成长主体通过解决学什么、怎么学、什么时候学等问题，以确保自身顺利完成学业，成功实现就业或开创事业。正如前面所述，学业规划的根本目的是最大限度地提高人生的职业或事业发展效率，其中自然就包括了少走或者不走学业上的弯路。那么，怎样做到这一点呢？这就要在决定人生职业发展方向的源头上进行科学合理的规划。

大学新生一入学，其职业发展之路就已经开始起步。这时首先需要的是理智、清晰地认识自己，把握未来，进而实现所长、所学、所用的统一；然后才是勤奋学习，不断提高，最大限度地开发自己的职业竞争能力，为四年之后进入职场奠定坚实的能力基础。从时间段来划分，大学生的学业规划有共同的地方，表 1-1 列出了大学四年不同阶段职业规划的目标和主要内容，让大家先有一个初步的认识，在后面的职业生涯设计章节会详细介绍大学生的职业生涯规划。

表1-1 大学四年不同阶段职业规划的目标和主要内容

年级	目标	主要内容
一年级	主动适应 自我探索	适应大学生活；了解自我；培养交流技巧
	社会实践 职业探索	获取有关就业和职业发展的相关信息
二年级	职业定位 定向提升	确定职业目标；制订职业发展计划
		获取相关岗位的工作经验
		学会制作简历与求职信
三年级	见习实习 求职技巧	收集公司信息；参加暑期实习
		强化工作中的分析能力
		确立求职目标；申请工作；参加招聘
四年级	工作申请 自我实现	了解相关政策；参加面试和笔试；步入社会

分学期看，大学四年八个学期，各有不同的具体任务。以下为每个学期的具体职业生涯规划任务，可供大学生们参考。

（一）一年级：主动适应，自我探索

一年级上学期：一是适应大学生活，养成一种新的学习习惯；二是积极进行自我探索。发掘自身兴趣、气质、性格等方面的特质，分析自己以前建立起来的职业生涯目标，发现问题并不断修正目标；三是初步了解所学专业的发展前景，更好地了解职业，了解本专业不同就业方向的社会需求情况及对人才素质的要求；四是制订切实可行的大学阶段成长计划；五是进行相应的素质测评，可伴随进行专业的心理咨询和职业咨询；六是参加校园文化活动和社会实践活动；七是参加能力提升训练或素质拓展训练。

一年级下学期：一是继续进行自我和环境的探索，了解自己的职业发展方向，了解社会相关的职业资讯；二是对大学生涯进行合理规划；三是制定大学期间的阶段目标；四是积极行动，实现阶段目标；五是参加校园文化活动和社会实践活动；六是参加成长训练。

（二）二年级：了解职业，定向提升

二年级上学期：一是进一步进行自我探索，明确个人目标；二是了解将来的就业环境及职业方向，认识自我，提高各种能力和素质；三是了解社会、政治、经济、文化发展状况及职业职位状况；四是制定自己的职业生涯规划；五是利用课余时间有选择性地参加校园文化活动和社会实践活动，培养和锻炼自己的工作能力和团结协作能力，检验自己的知识技能。

二年级下学期：一是学习并掌握职业生涯规划中目标建立方法和职业生涯决策方向；二是根据自己的职业兴趣，确定职业发展方向；三是掌握就业相关信息、政策和程序；四是建立合理的价值体系和认知结构，围绕职业生涯规划制定相应的长远规划；五是完善并落实成长计划；六是参加校园文化活动和社会实践活动；七是参加专项行为训练，提升实现目标的行动力；八是通过英语和计算机等级考试，为将来顺利步入职场增加筹码，还可以根据将来的发展方向，辅修或选修第二专业（学位）。

（三）三年级：见习实习，路径设定，实战演练

三年级上学期：一是进一步明确自己的职业方向；二是发现自己职业竞争力的不足之处，制订职业竞争力提升计划；三是参加职业实践；四是参加校园文化活动和社会实践活动；五是参加专项行为训练，提升实现目标的行动力。

三年级下学期：一是对自己的职业生涯进行合理规划；二是确定职业发展方向和各阶段的发展目标；三是寻求适合自己职业生涯发展的有效路径；四是掌握职业生涯评估方法和职业生涯目标修正方法；五是对职业生涯规划相关问题进行评估，发现问题；六是参加相应的能力提升训练。

（四）四年级：自我实现，求职面试，步入社会

四年级上学期：一是结合自己的职业实践和职业发展理想，寻找自己和理想职业人之间的差距；二是参加快速提升训练；三是进一步了解社会及职位的发展变化；四是了解本届大学生就业相关政策及相关程序。

四年级下学期：一是了解相关就业及创业信息；二是参加相应快速提升训练；三是与相关单位和个人建立稳定的联系。

 延伸阅读

职业规划易犯十大错

一、错把理想当目标

理想是我们追求的一个结果的最终表现，在职业上的理想更多地表现为是某个

具体的职位,如你的职业理想是人力资源总监,那你要干的人力专员、人事主管等职位就是实现你职业理想的职业目标了,而很多大学生却只是着眼于职业理想,而不去实现各个阶段的职业目标,那职业理想也就无从实现了。这就好比你要盖十层楼,但在真正的执行时你却不想盖前九层,你认为这是一种浪费,但在你只梦想十层时你的梦也就落空了。

所以说,在大学生中不乏有各种各样的职业理想,如有的人希望成为明星,成为科学家,成为世界首富,成为国家主席……这些看似很难实现的理想,并不是不可能实现的,因为这个世界没有一个人是天生就是世界首富、国家主席的。(除极少数的外。如英国,即使是继承的,那他的先辈也是白手起家的,而其后代只不过是幸运罢了。)所以,在职业发展上你的心有多大,舞台就有多大。目标是我们可以实现的,是我们在实现职业理想过程中的阶段划分。只有把宏大的职业理想转化为无数的可实现目标,我们的职业理想才会最终得以实现。但悲哀的是很多大学生整天喊着要实现职业理想,却没有把理想转化为职业目标,更没有去努力实现转化的职业目标,最终,宏大的职业理想只能转为职业空想了。

二、错把手段当目的

有些人可能会有这样的经历,原本想要找一家饭店款待许久未见的朋友,所以,你会煞费苦心地思索去和朋友吃什么,你想啊想,算啊算,想了一个又否定一个,会为此而付出许多时间,但你却忘了,你款待朋友的目的是什么了,当初你不就是为了交流友情吗?而吃饭只是表达友情的一个手段而已,但你却在手段上耗费了许多时间和精力,这是多么得不偿失啊!

我们大学生也会犯下这种看似简单但却实实在在存在的错误。

在我们把职业理想转化为职业目标后,我们要看看有哪些手段可以实现职业目标。但在这个过程中,我们会错把实现目标的手段当作做事的目的。当我们抱着实现目标的心理去选择不同的操作手段时,很多人已经是在为选择操作手段而选择操作手段了。他忘了一开始的初衷是什么,从而导致做了事却没有实现目标,或者为了做事而做事。比如,我们可以通过学习来弥补我们专业知识的不足,但往往很多大学生在学习的过程中只关注学什么、怎么学、什么时候学,还要不断地激励自己要学习不要玩等,但却从不分析自己的不足之处,这些统统都已经偏离了他学习的目标了,而在这已经不是他要学习的目的了。

三、错把途径当结果

实现职业目标会有很多途径，这个途径就是实现职业理想的职业通路，在实现职业理想的过程中会有多个职业通路，每个职业通路都是不同的职业因素的组合，这些职业通路虽然都可以实现职业理想，但在时间、时机、难易等方面有一些区别，这就如，你知道有多少条道路可以通达到职业理想，这是知识；而你选择一条捷径来向职业理想奋进时就是智慧。

所以，当我们确定了自己的职业理想时，重要的是在综合分析自己的情况下总结出不同的道路，再结合职业环境及可用资源等因素来做出最优的职业通路选择，我们要结合自己的综合因素去选择一条最适合自己的途径。选择最佳途径是为了更快的实现我们的职业目标，从而最终实现我们的职业理想。

只有实现我们的职业理想才是我们最终需要的结果，只要这个最终结果一天没有实现，我们就不能懈怠。如有的同学的职业理想是销售总监，他给自己设定的晋升轨迹是：销售代表、业务员、销售主管、区域销售经理、销售部经理、销售总监。这个途径的每一个阶段都是为实现销售总监这个结果而服务的。但有些大学生在做了销售主管后，就没有向区域销售经理努力的意识和冲劲了，最终销售主管就成了他追求的职业结果了，那他的销售总监梦就自然落空了。

在实现职业理想的追求上虽然说"条条大路通罗马"，但我们要找一条最适合自己的道路去罗马！

四、错把行业当岗位

我们可以经常看到许多大学生的求职简历上这样写着，求职意向：建筑设计院、建筑施工单位、市政工程公司和与建筑相关的公司，其实他求职的是建筑这个行业。

我们也知道，他不可能做建筑行业的所有工作，看起来连他自己也不知道自己可以做什么，自己最擅长做什么。没有企业目标还可以，但若没有岗位目标，他又可以做什么呢？又能做好什么呢？要知道企业录用的是能够胜任具体岗位的员工，如果你不具备岗位的任职资格，那企业又怎么会录用你呢？当大学生把要应聘的岗位扩大到整个行业时，暴露出的是他们没有核心竞争力，更没有形成核心竞争力的意识，所以他们在求职时把希望放在了"广撒网，捞大鱼"，以为机会会更多，实则别人都不知道他能做什么，又怎么给他机会呢？

从这样的例子中我们可以发现其实是他根本不了解求职的知识，甚至是常识。

行业和岗位是不同的，行业是最大的国民经济因素，而岗位是大学生要效力的具体职位、具体位置。其实大学生的就业是就具体的岗位的，也就是说，如果大学生在工作时要搞定的是具体一个应聘岗位，只要大学生掌握了具体岗位的工作内容，胜任了工作要求，就可以解决就业问题。当然，如果你想要在这个圈子获得更大的发展，就要更加了解这个行业和这个行业中一流企业的动态。

五、错把就业当择业

校园中广泛流行的"先就业后择业"口号在很大程度上误导了大学生的择业观念，我们都知道人的职业生涯的时间是有限的，我们不能把过多的时间用在选择职业上，而耽误了在适合职业上的奋斗时间。简单地说，如果我们把人的职业生涯的成功归纳为选择适合的职业和在职业上有所作为的话，那这两个因素的总和就是人的总的职业生涯的时间，而大学生呢？在这个问题上就是，大学生没有把选择适合的职业更多地放到大学时代，而是转移到了毕业后，而大学时代完全可以解决职业选择的问题，这就无形中延长了大学生获得职业生涯成功的时间了。

其实在我们有限的人生旅途中能够实现职业理想，并不在于你做了什么，而更多的是在于你没有做什么。只有你把所有精力、时间、资源都放在职业理想上，那职业理想才有可能实现。就是说，在职业发展上有所不为才会有所为！

大学生确定职业理想后，就必然会涉及具体的行业、职业，那不可躲避的问题是，当我们大四毕业时，是先就业还是先择业。从实现职业理想的角度看，我们所做的工作一定要与职业目标有密切的相关性，否则，所做的工作将不会对职业理想产生支持，那实现职业理想就遥遥无期了。

所以，我们要选择与职业目标相关的岗位工作。但相当多的大学生把就业当作了择业，他们以为不管什么工作总会学到些东西；其实不然，在职业发展这个层次上，选择比努力更重要！如果方向都错了，那走的路越远不是离目标越远吗？

六、错把择业当专业

在大学生就业时我们会看到一个误区，那就是他们在选择职业时会拘泥于所学的专业。其实从专业相关性的角度上来说，选择与专业比较相关的职业当然对职业前程有很大的支持和帮助，但有时会出现的问题是，大学生在一开始选择的专业就不是按照自己的兴趣等内在适应性来确定的，也就是说，大学生在大学四年期间所读的专业很可能不是最适合其本人的，如果这第一个选择就是错误的，那就没有必要再坚持接下来的第二个选择，否则就是错上加错。

其实，只有当我们的职业理想及由职业理想转化的职业目标与我们所学的专业高度相关时，专业才是影响我们择业的关键因素，否则，就不必被所学专业所限。我们没有理由在错误的道路上越走越远。

当我们的职业理想并不是我们所学的专业时，不必被其所约束。要知道，在职业理想的角度上，我们所做的就是我们所愿的，我们所愿的就是我们所喜欢的。所谓的专业对不对口，只有在和职业理想相联系时才需要我们去考虑，而非按所学专业的职业前途去选择自己要做的工作。

如果说高考时我们因不了解自己不懂得规则而错选了专业，那在大学毕业时的选职业就是我们第二次给自己的一个机会。所以说，如果我们当初所学的专业不能够满足我们的理想和追求，完全可以在毕业选择职业时再次给自己与理想接近的选择。

七、错把专业当能力

有些大学生求职时，会在简历的能力或特长栏上把所学专业及课程写上，这体现的一个很明显的误区是他们把所学的专业当作自身的一种能力。

其实，我们所学的专业只是我们在高考时所填报的志愿，专业只是一些知识的集合，是一个社会分工特定领域的系统集成的理论知识及方法，但它却不是能力，更不能够代表什么，当然，经过理论的学习后会有一些解决实际操作的方法，但这并不是你专业的全部，只是很小的一部分，再加上一些教材的落后和教法的死板，都给实际不多的能力部分打了折扣。所以大学生在制作简历时，不要说你的专业学了什么，更不要说你在大学中真正学到了什么，而是要先看看你所学的专业是不是你喜欢的，是不是你日后要从事的。

能力，是你解决实际问题的一种智慧，但并不是说你具备了很多的专业知识就具备了解决实际问题的能力，了解了理论知识，最多是个储藏库的作用，但可以拿出多少、运用多少就看能力了。打个比方来说，没有人比百科全书知道得更多了，但你却没有看到它解决什么具体问题吧！

如果你所学的专业并非是你要从事的，那无论你的专业知识学得多么好，它都不是你的能力，因为它对减少你的岗位差距起不到任何的作用，更不要指望用你的专业来打造你理想的核心竞争力了。所以当你在求职简历写上你专业所学的课程时要慎重。因为你所学的专业并不是对你所找任何岗位工作都有支持，所以不要泛泛地把我们所学的专业当作我们求职时的砝码，更何况你对专业的学习还不是那么精通。

八、错把知识当技能

这个误区在于大学生把掌握的外语、计算机理论水平当成了操作的技能，或是混淆了两者间的区别。

其实，你具备了外语四级、计算机二级只能说明你在理论上达到了一些基本要求。而企业在招聘中更注重的是你的实际技能，而不是你所获得的证书，当然了，没有一定的技能水平你也不会通过考试拿到证书。我们这里强调的是，在简历中你最好把理论认证用实际的数字或事例来说明。

所以在我们应聘目标岗位时，就不要再把自己所学的理论知识当作岗位要求的操作技能了。其实任何一个岗位，除了要求你必须具备的理论知识，还必须掌握相应的操作技能。而只有当知识转化为技能时我们才可以安身立命，才能够谋求更大的发展。

知识更多表现为：你知道什么，你理解了什么。而技能则表现为：你会做什么，能做好什么。有一技之长，我们就可以存活于世，但只拥有知识却做不到，除非你把知识当作你向学术领域发展的砝码。但目前许多大学生缺少岗位所要求的必要技能，而且他们意识不到这个问题，所以当企业询问他有何技能时，就把自己所学的理论知识回答出来了，结果自然就被淘汰了。

九、错把兴趣当工作

日常生活中我们会有一些使自己娱乐放松的方式，但现实中却有些大学生把这些兴趣爱好作为选择职业的关键因素，或者被兴趣爱好所左右，在找工作时发现与自己的兴趣爱好不相关就不找或是以此为借口来推脱自己不想做的工作，这种误区深深地影响着大学生的择业观。

其实，兴趣爱好是我们享受生活的方式，在兴趣爱好中我们找到了事业、生活、休闲三者间的平衡，而一旦把兴趣爱好作为工作后，我们人生的三角平衡就被打破了，因为你已经把休闲转变为工作了，在没有休闲的情况下会加速你对所从事的工作的厌倦。

其实兴趣、爱好真的不一定适合作为职业。我们要知道，喜欢是一回事，胜任是一回事，选择又是一回事，影响我们选择职业与胜任工作的不是兴趣、爱好或者性格，这些内在因素最多影响我们是否能做得更好，但却不能决定我们是否能做及能否做成。但如果你把兴趣爱好与工作职业合一，就要忍受工作中的更多寂寞和孤独，而你也要找到另外一种平衡的方式，否则你的心理将不堪重负产生一定的职业心理问题。

十、错把经历当能力

一些大学生确实也做过一些社会实践，如做过家教，促销员，服务员等，但在毕业之际他们会将其作为自己的能力写入简历。其实这些实践经历可以给大学生更多接触社会、了解社会的机会，但这些实践经历却并不一定就是大学生的能力。因为在职业发展的问题上，经历并不一定就代表能力。

经历只能代表你的过去，是过去你所做事情的综合，经历只能说明你曾做过什么事，搞过什么活动，是一种过程性分散性的实践活动的时间上的总结。能力则是在你的经历中所形成的独特的核心优势，是你把事情做得怎么样，做得有什么成果的一种结果性总结。由经历到能力是需要一个转变的，也就是说经历仅仅提供了一个增长能力的平台，但至于能否转化为能力就是个未知数了。

每个人都有过去的经历，但并不是每个人都会在此形成能力。其原因要么是你没有相对专注地做事情，分散的实践难以在一个领域得到专一的发展；要么是你在所做的事情中没有去培养核心能力的意识。总之，经历并不一定就是能力。所以，没有方向的盲目去做许多不相关的社会实践并不能形成你所期望的能力。

课堂活动与课后练习

活动一：写下你的墓志铭。请你想象自己坐在一架客机上，宽敞平稳，飞机在万米的高空翱翔。突然，机身发抖，颠簸得厉害，空姐要求大家把安全带系好。广播里传来机长的声音。他通知大家飞机发生了严重的机械故障，正在紧急排除。但为了预防最危急的情况，现在将由乘务小姐分发纸笔，你有什么最后的遗言要向家人交代，请留在纸上。一切要尽快，乘务小姐会在3分钟后收取大家的纸条，然后统一放在特制的密闭匣子里。乘务员小姐托着盘子走过来，你领到了一张纸和一支笔。现在，面对着这张纸，你将写下什么？

游戏第二部分开始了，请继续在白纸上写下你的墓志铭。墓志铭除了姓名、性别、生卒年月外，最低限度要包括以下几点：

①一生最大的目标。

②在不同年纪的成就。

③对社会、家庭或其他人的成就。

④我是一个怎样的人。

活动二：评估一下自己在职业生涯规划方面的情况，哪些部分是需要特别努力的。

第二章

职业生涯思想的演变

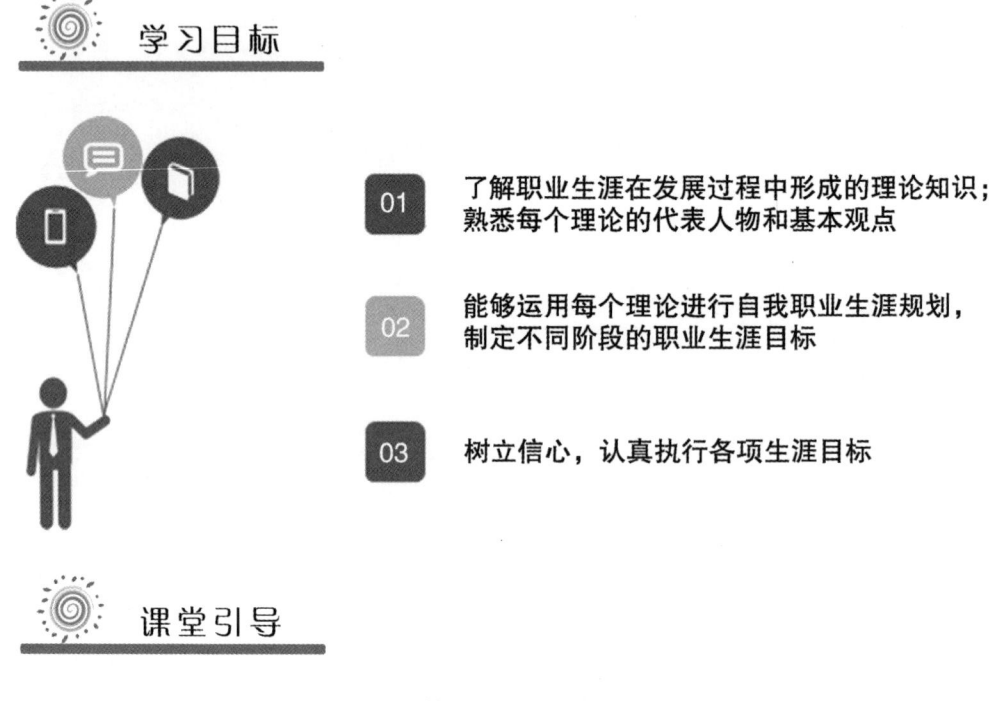

学习目标

01 了解职业生涯在发展过程中形成的理论知识；熟悉每个理论的代表人物和基本观点

02 能够运用每个理论进行自我职业生涯规划，制定不同阶段的职业生涯目标

03 树立信心，认真执行各项生涯目标

课堂引导

张艺谋的职业发展历程

2022年2月到3月，中国的首都北京成功举办了北京冬奥会、冬残奥会。这次最令全世界感动的是北京冬奥会的开幕式，张艺谋导演以"同一个世界"为主题，展现出与世界同享一个新奥运的热切心情。北京冬奥会的演出延续了2008年奥运会的设计理念，张艺谋导演又以其独特的大手笔，将中国的历史、传统，以及现代的

雄资，通过美丽、简洁的艺术形式表现出来，这种技术上的革新简直令人叹为观止。北京冬奥会开幕式又一次使得张艺谋导演站在了职业生涯的巅峰。纵观张艺谋导演的职业发展历程：插队劳动的农民—工人—学生—摄影师—演员—导演，一次次巨大的职业跳跃和转型最终造就了一个成功的导演。让我们共同来探析张艺谋导演的职业规划过程。

第一阶段：生涯准备期

特殊的历史环境，使年轻时的张艺谋未能上高中就插队当了农民和工人，很多人像他一样没有选择，但能像他一样坚持自己梦想的却不多。终于，在1978年，张艺谋以27岁的高龄去学习自己心爱的技术——摄影，为自己未来的转型进行积累。

第二阶段：生涯转型期

重新进入课堂学习后，张艺谋老老实实地做起了摄影，但是他的志向是导演，他显然十分清楚自己要做什么。这个时候的他仍在学习，不只是在课堂上，还在实践中学习。就是在这样不断学习和积累中，他成绩斐然：1984年作为摄影师参与了影片《黄土地》的拍摄，1985年获第五届中国电影金鸡奖最佳摄影奖，随后又获法国第七届南特三大洲国际电影节最佳摄影奖、第五届夏威夷国际电影节东方人柯达优秀制片技术奖。

第三阶段：生涯冲刺期

在《黄土地》获奖后，张艺谋有两个选择——继续做一个已经很成功的摄影师或者开始转型做导演。然而，意料之外，他却做了第三种选择——做一名演员！并获得了一定的成功。1987年他主演影片《老井》，同年获第二届东京国际电影节最佳男演员奖，1988年获第八届中国电影金鸡奖最佳男主角奖、第十一届电影百花奖最佳男演员奖。不过也可以说，这实在是最明智的选择。要做导演，特别是要想成为较有建树的导演的话，当然最好能亲身体验过做演员的感受，才能在拍片的时候和演员们够契合。

第四阶段：生涯发展期

1988年张艺谋导演的一部《红高粱》，以浓烈的色彩、豪放的风格，颂扬中华民族激扬昂奋的民族精神，融叙事与抒情、写实与写意于一炉，发挥了电影语言的独特魅力，获中国电影金鸡奖等多项奖项。《红高粱》成功以后，张艺谋拍了一段时间的文艺片，在国内外都熟悉了他的名字后，张艺谋敏锐地捕捉到了商业片的市场价值，并与中国电影市场的需求相契合，他开始转向商业大片，开始了自己的大片之旅，并一直延续到现在。一部部影片的高票房证明，张艺谋是一个全能导演，更是中国电影界的一面旗帜。

张艺谋导演的成长历程告诉我们，清晰的职业规划是成功的保障。在现代社会，生涯规划决定命运。有什么样的规划就有什么样的人生。作为大学生，我们的时间非常有限，越早规划我们的人生，就能越早获得成功。

大学生在职业生涯规划中应该如何将自己的兴趣、能力、人格等与职业匹配呢？职业生涯规划有哪几个阶段呢？如何通过改进你的认知信息和加工技能，来提高生涯管理的能力呢？本章将进行相关内容的学习。

第一节 职业选择理论

职业选择是指人们从对职业的评价、意向、态度出发，依照自己的职业兴趣、爱好、期望、能力等，从社会现有的职业中挑选其中之一的过程，职业选择理论着重从个体的角度探讨职业行为，重视个人的需要、能力、兴趣、人格等内在要素在职业选择与职业发展中的重要作用。

基础知识

一、帕森斯的特质—因素理论

帕森斯的特质因素理论又称帕森斯的人职匹配理论，特质因素论是最早的职业辅导理论，1909年美国波士顿大学教授弗兰克·帕森斯（Frank Parsons）在其《选择一个职业》的著作中提出了"人与职业相匹配是职业选择的焦点"的观点，他认为，个体都有自己独特的人格模式，每种人格模式的个体都有其相适应的职业类型。所谓"特质"：就是指个人的人格特征，包括能力倾向、兴趣、价值观和人格等，这些都可以通过心理测量工具来加以评量。所谓"因素"，则是指在工作上要取得成功所必需具备的条件或资格，这可以通过对工作的分析而了解。

（一）职业选择的三大要素和条件

第一，清楚地了解自己的态度、能力、兴趣、智谋局限和其他特性。在进行职业选择的时候首先要对自我进行探索，了解自己的特质，达到认识个体的目的，这个可以通过心理测量工具加以评量，或者通过会谈、调查等方式进行评价。

第二，搜集更多关于职业的知识与信息，了解各种职业成功所必需的条件、优缺点、酬劳、机会及发展前途等。在进行职业选择的时候，要对相关的各种因素进行了解，这个可以通过信息采集、分析工作而获知。

第三，在这两组要素之间进行最优化，并找出与个人特质匹配的职业。

（二）人职匹配分为两种类型

1. 因素匹配（活找人）

例如需要有专门技术和专业知识的职业与掌握该种技能和专业知识的择业者相匹配；或脏、累、苦等劳动条件很差的职业，需要有吃苦耐劳、体格健壮的劳动者与之匹配。

2. 特性匹配（人找活）

例如，具有敏感、易动感情、不守常规、个性强、理想主义等人格特性的人，宜于从事审美性、自我情感表达的艺术创作类型的职业。

（三）实施步骤

第一步是评价求职者的生理和心理特点（特性）。通过心理测试及其他测评手段，获得求职者的身体状况、能力倾向、兴趣爱好、气质与性格等方面的个人资料，并通过会谈、调查等方法获得求职者的家庭背景、学业成绩、工作经历等情况，并对这些资料进行评价。

第二步是分析各种职业对人的要求（因素），并向求职者提供相关职业信息，包括：

①职业的性质、工资待遇、工作条件以及晋升的可能性；②求职的最低条件，诸如学历要求、所需的专业训练、身体要求、年龄、各种能力以及其他心理特点的要求；③为准备就业而设置的教育课程计划，以及提供这种训练的教育机构、学习年限、入学资格和费用等；④就业机会。

第三步是人职匹配。指导人员在了解求职者的特性和职业的各项指标的基础上，帮助求职者进行比较分析，以便选择一种适合其个人特点又有可能使其在职业上取得成功的职业。

人职匹配具体实施步骤,如图2-1所示。

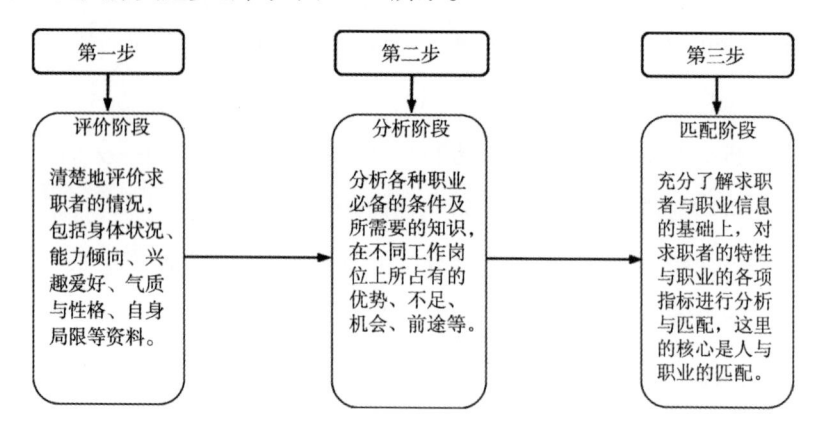

```
第一步              第二步              第三步
┌─────────┐      ┌─────────┐      ┌─────────┐
│ 评价阶段 │      │ 分析阶段 │      │ 匹配阶段 │
│清楚地评价求│ ──→  │分析各种职业│ ──→  │充分了解求职│
│职者的情况,│      │必备的条件及│      │者与职业信息│
│包括身体状况、│      │所需要的知识,│      │的基础上,对│
│能力倾向、兴│      │在不同工作岗│      │求职者的特性│
│趣爱好、气质│      │位上所占有的│      │与职业的各项│
│与性格、自身│      │优势、不足、│      │指标进行分析│
│局限等资料。│      │机会、前途等。│      │与匹配,这里│
│            │      │            │      │的核心是人与│
│            │      │            │      │职业的匹配。│
└─────────┘      └─────────┘      └─────────┘
```

图2-1 人职匹配的步骤

(四) 理论的启示

特质—因素强调个人所具有的特性与职业所需要的素质与技能(因素)之间的协调和匹配。为了对个体的特性进行深入详细的了解与掌握,特质—因素理论十分重视人才测评的作用,可以说,利用特质—因素论进行职业指导是以对人的特性的测评为基本前提。它首先提出了在职业决策中进行人职匹配。故这一理论奠定了人才测评的理论基础,推动了人才测评在职业选拔与指导中的运用和发展。

特质—因素论也有一些不足之处,如过分强调个人特征与职业的静态匹配,忽略人格动态的发展,缺乏个人动机、需要及社会因素的影响,仅强调当前特质的静态分析,不足以深入了解个人真正的优点、长处。过分强调职业辅导的概念,忽视了人本身的主观能动性,没有突出强调职业生涯中个人应起的主要作用。

二、人格类型理论

20世纪60年代,霍兰德在帕森斯的观点的基础上,结合当时的人格心理学概念,认为职业选择是个人人格在工作世界的表露和延伸,即人们在工作选择和经验中表达自己的个人兴趣和价值。他认为人的人格类型、兴趣与职业密切相关,兴趣是人们活动的巨大动力,凡是具有使人产生兴趣的职业,都可以提高人们的积极性,促使人们积极地、愉快地从事该职业,而且,职业兴趣与人格之间存在很高的相关性,每一特殊类型人格的人,会对相应职业类型中的工作或学习感兴趣。

（一）理论基础

第一，人格心理学概念认为职业生涯的选择是个人人格的反应与延伸，企图以职业的选择及过程来表达自己、说明个人的兴趣和价值，事实上，霍兰德认为兴趣就是人格，兴趣量表的结果也可以代表一个人的人格特质。

第二，霍兰德本身的职业咨询经验及研究所形成的职业辅导模式，即由职业与人格类型的分析，协助个人选择适合自己的职业。该理论简单易懂，应用相当广泛，美国劳工部最新出版的职业分析沿用了此理论。

（二）四项核心假设

（1）职业选择是个人人格的延伸和表现。

（2）个人的兴趣组型即是人格组型。

（3）同一职业团体内的人有相似的人格，因此他们对很多情境与问题会有相类似的反应方式，从而产生类似的人际环境。

（4）现实型（简称R）、研究型（简称I）、艺术型（简称A）、社会型（简称S）、企业型（简称E）和事务型（简称C），个人的人格属于其中的一种。人所处的环境也可以相应分为六种类型，即现实型（R）、研究型（I）、艺术型（A）、社会型（S）、企业型（E）和事务型（C），这六种类型按照一个固定的顺序可排成一个六边形（RIASEC）。

（三）三个辅助假设

1. 一致性

指类型之间在心理上一致的程度。如，现实型（R）和研究型（I）存在某些共通的地方，表现为不善交际、喜欢做事而不善与人接触等，我们称这两种类型的一致性高。反之，事务型（C）与艺术型（A）的一致性偏低，因为两者所具有的特点完全不同，如前者顺从性大，后者独创性强。各类型的一致性程度可以用它们在六边形上的距离表示：一致性高的，它们在六边形模型上的位置是相邻的，如R-I、R-C等；一致性中等的，它们在六边形模型上的是相间的，如R-E、R-A等；一致性低的，它们在六边形模型上的位置是相对的，如R-S等。

2. 区分性

若某些人或某些职业环境的界定较为清晰，较为接近某一类型，而与其他类型相似甚少，这种情况表示他们区分性良好；若某些人与多种类型相近，则表示他们区分性较低。

3. 适配性

指人格类型与职业类型的匹配程度。适配性的高低，可以预测个人的职业满意程度、稳定性及职业成就。如研究型的人需要有研究型的职业环境，只有这种职业环境才能给他所需要的机会与奖励。适配性是霍兰德三个辅助假设理论中最为重要的一个假设。

（四）理论的启示

霍兰德从实际经验出发，并经过长期的实验研究把人的性格类型划分为六种，指出各种性格类型之间相近、中性和相斥的关系，具有科学性。他把性格类型与职业指导结合起来，致力于性格类型和职业的匹配，对职业指导具有重大意义。不过，心理学的研究表明，一个人对某一种职业很有兴趣，并不意味着他一定能把这种工作做好，对工作的兴趣是做好工作的重要条件，但不是唯一条件，影响职业的心理因素是多种和复杂的。

性格类型论根据某种原则，把所有的人划归为某些类型，对直观地了解人的性格极为便利。但是，类型论把人极端复杂的性格概括为少数几个类型，不足以全面覆盖人格类型。另外，类型论也容易将人的性格固定化、静止化，忽视性格的变化和发展，特别是容易忽视影响性格形成和发展的环境因素，在实际的职业生涯选择过程中，不仅仅是人格类型要与职业相匹配，还要考虑环境、社会等现实因素对职业选择的影响。因此，我们应该把偏重于对性格的质和整体了解的类型论与从量上分析性格的特质论结合起来。

延伸阅读

人职匹配，得心应手

刘天一（化名）同学从某高校车辆工程专业毕业后，在一家企业负责汽车技术支持工作。工作了几年后，虽然他工作非常努力，但工作成绩却一般，而和他同期招聘进来的两个大学生已经晋升为主管。在听取了朋友的建议后，他找到专业的职业规划咨询师为他做了性格、兴趣、能力方面的测试。测试结果表明，他性格外向，比较喜欢与人打交道，善于交际，更适合做销售或经纪人之类的工作。于是，经过考虑后他跳槽到一家大型汽车销售公司作商务代表，将他的专业和特长相结合，最大地发挥了他的优势，工作了一段时间后他就得心应手，工作业绩较好，看来晋升只是时间问题。

在职业生涯规则中，"人职匹配"的概念非常重要。正如上文中的刘同学，具有汽车技术方面的知识背景，但是作为技术员，要求专注于技术研究，能够坐得冷板凳；而性格外向的他在此岗位上并不能发挥他的所长，做技术工作反而让他感到枯燥，前文提到，虽然他已经非常努力工作，但业绩却一般。作为汽车公司的商务代表，需要的不仅是汽车技术方面的专业知识，还需要擅长与人交流，处理人际关系，而刘同学刚好是车辆工程专业，将他的专业和特长相结合，实现了"人职匹配"，所以才取得了比较好的工作成果。

第二节　生涯发展理论

无论从人自身心理发展的内在规律，还是从社会的变化所产生的影响来看，人的职业心理总是处于一种动态的发展过程之中，因而个性与职业的匹配也不是一次就可以完成的。职业生涯发展理论就是从动态的角度来研究人的职业行为、职业发展阶段的理论。

基础知识

一、生涯发展阶段理论

美国著名的生涯研究专家舒伯（Super）集差异心理学、发展心理学、职业社会学及人格发展理论之大成，并进行了长期的研究，系统地提出了有关生涯发展的观点。

（一）职业发展的 14 项基本命题

舒伯多年来对职业生涯的发展、测评、自我关联、适应等领域做过大量、全面的研究，提出了 14 项基本命题，这 14 项基本命题可以看作是生涯发展理论的基本主张和框架基础。现分述如下：

第一，在能力、人格、需求、价值、兴趣、特质和自我概念等维度上，普遍存在着个体差异。

第二，基于这些个人独特的本质，每一个人都适合于从事某一些特定的职业。

第三，每一项职业均要求一组特定的能力和人格特质；因此，每一个人可以适合不同的职业，而且每一种职业可以适合不同的人。

第四，人们的职业偏好与能力，人们生活和工作的情境以及因此形成的自我概念，都会随着时间的推移而改变。然而，自我概念会在青少年晚期之后逐渐稳定和成熟，在生涯选择与适应上持续发挥影响力。

第五，上述改变历程，可归纳为一系列的生命阶段（称为"大循环"）（Maxicycle），包括成长、探索、建立、维持、衰退五个阶段。而探索期可细分为幻想期、试验期、实际期；建立期可细分为尝试期、稳定期。每一个阶段之间有"转换期"（称为"小循环"）（Minicycle），转换期通常受到环境或个人各种不稳定因素的影响。然而，转换期的不确定会带来新的成长、再探索、再建立的历程。

第六，生涯组型（Career Pattern）的性质：包括从事职业的阶层水平、经过尝试和稳定地进入工作世界的经历、频率和持久性等。这些均受地位、心理能力、教育、技巧、人格特质（包括需求、价值、兴趣、与自我概念）、生涯成熟及生涯机会的影响。

第七，在任何生涯阶段能否成功地因应环境需求和个体需求，取决于个人的"准备度"或"生涯成熟"。生涯成熟（Career Maturity）是由个人生理、心理和社会特质等组成的整体状态，包括认知与情意。生涯成熟是指能成功地因应早期至最近一期生涯发展阶段的程度。

第八，生涯成熟是一种假设性概念，如同智力的概念一样，很难界定其操作性。但可以确定的是，生涯成熟并非单一维度的特质。

第九，生涯阶段中的发展是可被引导的，一方面促进个人能力和兴趣的成熟，一方面协助其进行现实考验（Reality Testing）和自我概念的发展。

第十，生涯发展历程，基本上是职业自我概念（Vocational Self-concepts）的发展和实践的历程。自我概念是"遗传性向、体能状况、观察和扮演不同角色的机会、评估角色扮演、与他人互相学习"等交互作用历程中的产物。

第十一，在个人和社会因素之间、在自我概念和现实之间的心领神会或退让妥协，是角色扮演和反馈学习的历程。这些学习的场所包括游戏、生涯咨询、教室、打工场所以及正式的工作等。

第十二，工作满意度（Work Satisfactions）和生活满意度（Life Satisfactions）取

决于个人如何为自身的能力、需求、价值、兴趣、人格特质与自我概念寻找适当的出口。

第十三，个人从工作中所获得的满足感，取决于个人实践其自我概念的程度。

第十四，对大多数人而言，工作和职业的经验提供了组成其人格核心的焦点。但是对有些人来说，工作与职业在生命经验中处于边缘位置，甚至是微不足道的。反而是其他的角色，如休闲活动和家庭照顾，居于核心。社会传统，诸如性别角色的刻板印象、楷模学习、种族偏见、环境机会结构及个别差异等，决定了个人对工作者、学生、休闲者、家庭照顾者及公民等角色的偏好。

（二）生涯发展阶段

舒伯提出了人一生完整的生涯阶段发展模式，从人的终生发展角度出发，他把人的职业发展划分为成长、探索、建立、维护和衰退五个大的阶段，如表2-1所示。

表2-1　舒伯职业生涯发展五个阶段

阶段	主要任务
成长阶段 0~14岁	1. 幻想期（10岁之前）：儿童从外界感知到许多职业，对于自己觉得好玩和喜爱的职业充满幻想和进行模仿。 2. 兴趣期（11~12岁）：以兴趣为中心，理解、评价职业，开始做职业选择。 3. 能力期（13~14岁）：开始考虑自身条件与喜爱的职业是否相符合，有意识地进行能力培养。
探索阶段 15~24岁	1. 试验期（15~17岁）：综合认识和考虑自己的兴趣、能力与职业社会价值、就业机会的匹配度，开始进行择业尝试。 2. 过渡期（18~21岁）：进入劳动力市场，或者进行专门的职业培训。 3. 尝试期（22~24岁）：选定工作领域，开始从事某种职业。
建立阶段 25~44岁	1. 尝试期（25~30岁）：对初就业选定的职业不满意，再选择、变换职业工作。变换次数因人而异。也可能满意初选职业而无变换。 2. 稳定期（31~44岁）：最终职业确定，开始致力于稳定工作。
维持阶段 45~64岁	在45~64岁这一段时间内，劳动者一般达到常言所说的"功成名就"阶段，已不再考虑变换职业工作，只力求维持已取得的成就和社会地位。
衰退阶段 65岁以上	人到了65岁以上，其健康状况和工作能力逐步衰退，即将退出工作，结束职业生涯。

（三）生涯彩图

1976—1979年，舒伯在英国进行了为期四年的跨文化研究，之后他提出了一个更为广阔的新观念——生活广度、生活空间的生涯发展观。这个生涯发展观，除了原有的发展阶段理论之外，较为特殊的是舒伯加入了角色理论，并将生涯发展阶段与角色彼此间交互影响的状况，描绘出一个多重角色生涯发展的综合图形。这个生活广度、生活空间的生涯发展图形,舒伯将它命名为"一生生涯的彩虹图"(Life-Career Rainbow),形象地展现了生涯发展的时空关系,更好地诠释了生涯的定义(见图2-2)。

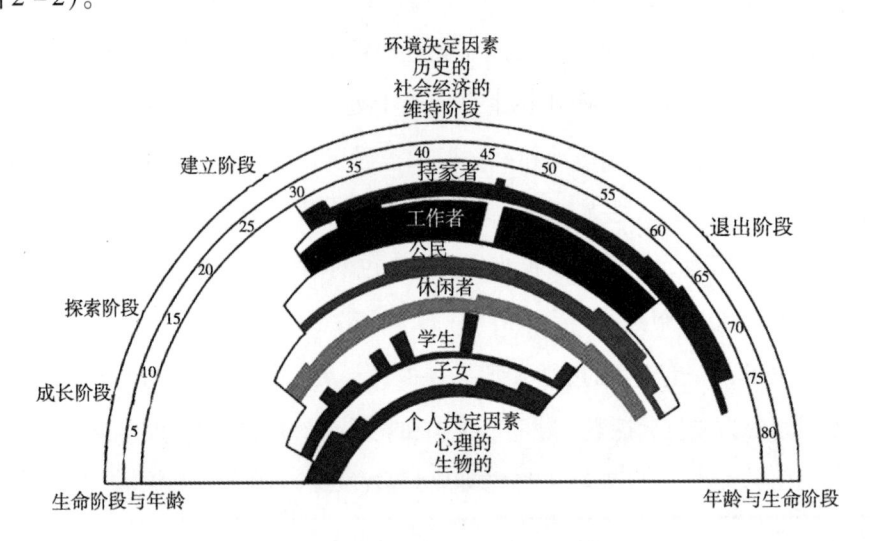

图 2-2 舒伯的一生生涯彩虹图

在生涯彩虹图中,纵向层面代表的是纵观上下的生活空间,是由一组角色所组成。分成:子女、学生、休闲者、公民、工作者、持家者六个不同的角色,他们交互影响交织出个人独特的生涯类型。舒伯认为在个人发展历程中,随年龄的增长而扮演不同的角色,图的外圈为主要发展阶段,内圈阴暗部分的范围长短不一,表示在该年龄阶段各种角色的份量;在同一年龄阶段可能同时扮演数种角色,因此彼此会有所重叠,但其所占比例份量则有所不同。

根据舒伯的看法,一个人一生中扮演的许许多多角色就像彩虹,同时有许多色带。舒伯将显著角色的概念引入了生涯彩虹图。他认为角色除与年龄及社会期望有关外,与个人所涉入的时间及情绪程度都有关联,因此每一阶段都有显著角色。

1. 横贯一生的彩虹——生活广度

在一生生涯的彩虹图中,横向层面代表的是横跨一生的生活广度。彩虹的外层显示人生主要的发展阶段和大致估算的年龄:成长期(约相当于儿童期),探索期(约相当于青春期),建立期(约相当于成人前期),维持期(约相当于中年期)以及衰退期(约相当于老年期)。在这五个主要的人生发展阶段内,各个阶段还有小的阶段,舒伯特别强调各个时期年龄划分有相当大的弹性,应依据个体不同的情况而定。

2. 纵贯上下的彩虹——生活空间

在一生生涯的彩虹图中，纵向层面代表的是纵贯上下的生活空间，是由一组角色所组成。舒伯认为人在一生当中必须扮演六种主要的角色，依序是：子女、学生、休闲者、公民、工作者、持家者。

从图2-2可以看出：

第一层是为人子女的角色。这个角色一直存在，早期个体享受父母的照顾，随着成长成熟，慢慢和父母平起平坐，而在父母年迈之际，则要开始多花费一些精力陪伴父母、赡养父母。

第二层是学生的角色。一般从4、5岁开始，10岁以后进一步加强，20岁以后大幅度减少，25岁以后便戛然而止。但在30岁以后，学生的角色又出现了，特别是40岁以后学生的角色几乎占据全部的生活空间，但几年后就会完全消失，直到65岁以后。这是由于在现在科技发展日新月异、知识爆炸的社会，青年在离开学校，工作一段时间之后，常会感到之前的学习已经不能满足工作需要了，所以会重新学习来充实自己。学生的角色在35、40、45岁左右回升，正是这种现象的反映。

第三层是休闲者的角色。这一角色在初期较平稳地发展，直到60岁以后迅速增加，这和退休有关。在现代生活中，平衡工作与休闲是一项非常重要的任务，特别是在快节奏、高效率的社会中。

第四层是公民的角色。这个角色承担着社会责任，关心国家的事务。

第五层是工作者的角色，一般在25岁以后，人就要开始参加工作，从此以后，这个角色将成为其生涯中最重要的角色，相当长时间内都是被"涂满"的。

第六层是持家者的角色，这一角色可以拆分为夫妻、父母、祖父母、外祖父母等。在人进入老年后，这个角色将成为生命中最重要的角色。

（四）理论的启示

舒伯的生涯发展理论，是生涯辅导一个非常大的进步。主要在于它以"动态发展"的职业生涯概念取代"静态稳定"的职业概念，以规划长期职业发展为主的"职业生涯"辅导取代了以短期职业选择为主的"职业指导"。其理论被广泛应用，至今仍是职业生涯辅导的重要理论基础和实践指导。它对大学生职业生涯教育的启示有以下几点：

第一，大学生正处于探索阶段，其发展任务为通过探索，更清晰地了解自己及未来工作中的信息，结合对个人需要、兴趣、性格、价值观、工作角色及能力的认识，对未来的职业生涯发展目标建立更明确的导向；在课堂、社团和工作实践中尝试有意识地收集相关信息，并逐步开始选择、发展相关技能，使职业偏好逐渐具体化、特定化。

第二，由于处于不同发展阶段的人需要咨询的内容不同，即使是处于相同阶段的人，他们生涯成熟的水平也不同，因此，大学生生涯教育应根据不同时期学生的特点进行，也需要以不同的方式进行相关方案的设计。

第三，调适生涯发展与各个生活角色之间的关系，对于生涯发展是非常重要的。大学生承担的角色日益丰富，面临着一系列正确角色定位、角色适应的任务。因此，大学生职业发展除了着眼于职业角色的学习和理解之外，还应该帮助学生学会调适不同角色之间的关系，从而使职业角色和生活角色相互促进，帮助学生适应从学生角色到工作者角色的转换。

第四，舒伯认为生涯辅导的目的是促进个体的生涯成熟，即协助个人达到他应该达到的生涯发展阶段，完成这一阶段的发展任务，为下一阶段的发展打下基础。为了促进青年学生的生涯成熟，需要唤醒青年学生对生涯规划的关注，引导他们寻求相关信息，并积极地投入生涯探索之中，发展搜索信息的能力和思考决策的能力。

第五，由于社会的快速变迁，终身学习观念的提出以及人的寿命的增加，生涯发展理论中关于中年期、老年期的角色与任务，有待进一步的研究。

第六，生涯发展论较忽略经济、社会因素对生涯发展方向的影响，且学习的因素与职业发展历程的关系也需进一步深入研究。

延伸阅读

孔子的人生阶段划分

《论语·为政篇》中记载了中国古代大思想家、教育家孔子的观点："吾十有五而志于学，三十而立，四十而不惑，五十而知天命，六十而耳顺，七十从心所欲不逾矩。"按照孔子的这一思想，人生可划分为七个阶段：

第一阶段：从学前期（0~15岁）。在这段时期，人的心智开始形成，人们已经开始学习生活中的基本知识。这一时期的学习主要靠家长的安排或受外界环境的影响，通常并非主动学习。

第二阶段：立志学习时期，并开始社会实践（15~30岁）。与从学前期相比，这一阶段的学习更为主动积极，并且与个人志向相结合，是有目的的学习阶段。

第三阶段：自立时期（30~40岁）。这一时期人的心智已经完全成熟，懂得许多道理，并且在经济上和人格上都独立了。

第四阶段：不惑时期（40~50岁）。经过多年的学习与实践，人已形成完整的个人见解，不被外界事物所迷惑，办事不再犹豫，行为果断。

第五阶段：知天命时期（50~60岁）。丰富的人生经验可以让人认识自然规律，懂得自己的人生使命。

第六阶段：耳顺时期（60~70岁）。总结经验，能够冷静地倾听别人的意见，明真伪，辨是非。

第七阶段：从心所欲不逾矩时期（70岁以上）。处于这个阶段，能够做到言行自由，同时不违背客观规律和道德规范。

（资料来源：徐俊祥，兰华. 大学生学业与职涯发展导航［M］. 北京：现代教育出版社，2019.）

二、职业锚

（一）职业锚的产生及概念

职业锚理论产生于在职业生涯规划领域具有"教父"级地位的美国著名的职业指导专家埃德加·H. 施恩（Edgar H Schein）教授在麻省理工大学斯隆商学院领导的专门研究小组，是在对该学院毕业生的职业生涯研究中演绎成的。

所谓职业锚，又称职业系留点。锚，是使船只停泊定位用的铁制器具。职业锚，实际就是人们选择和发展自己的职业时所围绕的中心，是指当一个人不得不做出选择的时候，他无论如何都不会放弃的职业中的那种至关重要的东西或价值观，是自我意向的一个习得部分。个人进入早期工作情境后，由习得的实际工作经验所决定，与在经验中自省的动机、价值观、才干相符合，达到自我满足和补偿的一种稳定的职业定位。职业锚强调个人能力、动机和价值观三方面的相互作用与整合。职业锚是个人同工作环境互动作用的产物，在实际工作中是不断调整的。

（二）职业锚的核心内容

职业锚理论指出，一个新员工通过在组织中的早期工作实践，在使组织了解自己的同时，自己也获得了对自我的清晰而准确的认识，进而发展为一种全面的职业自我观，这种"自我观"包括三个部分，这三个部分可以合成个人的职业锚。

1. 自省的才干与能力

以组织的各种作业环境中的实践工作经验和成功为基础，来认知自我的能力。

2. 自省的动机与需要

以实际情况中实际工作经验带来的演变、发展、发现进行自我测试和自我诊断，并高度重视这种自我测试的机会和他人反馈，以自省和认知自我。

3. 自省的态度与组织观

以自我、组织、工作的社会环境准则、价值观等的各自特点及其之间的联系与关系为基础，并强调自我的能力、动机、价值观的相互作用和逐步整合，实现自省、自知。其表现是：人们会逐步需要和重视自己所擅长的东西，并在这些方面改善自己的能力。

（三）职业锚的类型

1. 技术/职能型

技术/职能型的人，追求在技术/职能领域的成长和技能的不断提高，以及应用这种技术/职能的机会。他们对自己的认可来自他们的专业水平，他们喜欢面对来自专业领域的挑战。他们一般不喜欢从事一般的管理工作，因为这将意味着他们放弃在技术/职能领域的成就。

2. 管理型

管理型的人追求并致力于工作晋升，倾心于全面管理，独自负责一个部分，可以跨部门整合其他人的努力成果，他们想去承担整个部分的责任，并将公司的成功与否看成自己的责任。具体的技术/功能工作仅仅被看作是通向更高、更全面管理层的必经之路。

3. 自主/独立型

自主/独立型的人希望随心所欲安排自己的工作方式、工作习惯和生活方式。追求能施展个人能力的工作环境，最大限度地摆脱组织的限制和制约。他们宁愿放弃提升或工作扩展机会，也不愿意放弃自由与独立。

4. 安全/稳定型

安全/稳定型的人追求工作中的安全与稳定感。他们可以预测将来的成功从而感到放松。他们关心财务安全,例如:退休金和退休计划。稳定感包括忠诚以及完成老板交待的工作。尽管有时他们可以达到一个高的职位,但他们并不关心具体的职位和具体的工作内容。

5. 创造型

创业型的人希望使用自己的能力去创建属于自己的公司或创建完全属于自己的产品(或服务),而且愿意去冒风险,并克服面临的障碍。他们想向世界证明公司是他们靠自己的努力创建的。他们可能正在别人的公司工作,但同时他们在学习并评估将来的机会。一旦他们感觉时机到了,便会自己走出去创建自己的事业。

6. 服务型

服务型的人指那些一直追求他们认可的核心价值的人,例如:帮助他人,改善人们的安全,通过新的产品消除疾病等。他们一直追寻这种机会,即使这意味着变换公司,他们也不会接受不允许他们实现这种价值的工作变换或工作提升。

7. 挑战型

挑战型的人喜欢解决看上去无法解决的问题,战胜强硬的对手,克服无法克服的困难障碍等。对他们而言,参加工作或职业的原因是工作允许他们去战胜各种不可能。新奇、变化和困难是他们的终极目标。

8. 生活型

生活型的人喜欢允许他们平衡并结合个人的需要、家庭的需要和职业的需要的工作环境。他们希望将生活的各个主要方面整合为一个整体。正因如此,他们需要一个能够提供足够的弹性让他们实现这一目标的职业环境。甚至可以牺牲他们职业的一些方面,如提升带来的职业转换,他们将成功定义的比职业成功更广泛。他们认为自己如何去生活,在哪里居住,以及如何处理家庭事情,以及在组织中的发展道路是与众不同的。

趣味测评

你知道自己的职业锚是哪种类型吗?

这份问卷的目的在于帮助你思索自己的能力、动机和价值观。仅仅依靠这个测试,可能无法真实反映你的职业锚。你需要进行积极的思考,并与职业拍挡进行相关的讨论。请尽可能真实并迅速地回答下列问题。下面给出四十个问题,根据你的实际情况，从"1~6"中选择一个数字。数字越大，表示这种描述越符合你的实际情况。例如，"我梦想成为公司的总裁"，你可以作出如下的选择：

选"1"代表这种描述完全不符合你的想法；

选"2"或"3"代表你偶尔（或者有时）这么想；

选"4"或"5"代表你经常（或者频繁）这么想；

选"6"代表这种描述完全符合你的想法。

现在，开始回答问题。将最符合你的自身情况的答案记下来。

现在开始：

1. 我希望做我擅长的工作，这样我的内行建议可以不断被采纳。
2. 当我整合并管理其他人的工作时，我非常有成就感。
3. 我希望我的工作能让我用自己的方式，按自己的计划去开展。
4. 对我而言，安定与稳定比自由和自主更重要。
5. 我一直在寻找可以让我创立自己事业（公司）的创意（点子）。
6. 我认为只有对社会做出真正贡献的职业才算是成功的职业。
7. 在工作中，我希望去解决那些有挑战性的问题，并且胜出。
8. 我宁愿离开公司，也不愿从事需要个人和家庭做出一定牺牲的工作。
9. 将我的技术和专业水平发展到一个更具有竞争力的层次是成功职业的必要条件。
10. 我希望能够管理一个大的公司（组织），我的决策将会影响许多人。
11. 如果职业允许自由地决定自己的工作内容、计划、过程时，我会非常满意。
12. 如果工作的结果使我丧失了自己在组织中的安全稳定感，我宁愿离开这个工作岗位。
13. 对我而言，创办自己的公司比在其他公司中争取一个高的管理位置更有意义。
14. 我的职业满足来自于我可以用自己的才能去为他人提供服务。
15. 我认为职业的成就感来自克服自己面临的非常有挑战性的困难。
16. 我希望我的职业能够兼顾个人、家庭和工作的需要。
17. 对我而言，在我喜欢的专业领域内做资深专家比总经理更具有吸引力。
18. 只有在我成为公司的总经理后，我才认为我的职业人生是成功的。
19. 成功的职业应该允许我有完全的自主与自由。
20. 我愿意在能给我安全感、稳定感的公司中工作。

21. 当通过自己的努力或想法完成工作时，我的工作成就感最强。

22. 对我而言，利用自己的才能使这个世界变得更适合生活或居住，比争取一个高的管理职位更重要。

23. 当我解决了看上去不可能解决的问题，或者在必输无疑的竞赛中胜出，我会非常有成就感。

24. 我认为只有很好地平衡个人、家庭、职业三者的关系，生活才能算是成功的。

25. 我宁愿离开公司，也不愿频繁接受那些不属于我专业领域的工作。

26. 对我而言，做一个全面管理者比在我喜欢的专业领域内做资深专家更有吸引力。

27. 对我而言，用我自己的方式不受约束地完成工作，比安全、稳定更加重要。

28. 只有当我的收入和工作有保障时，我才会对工作感到满意。

29. 在我的职业生涯中，如果我能成功地创造或实现完全属于自己的产品或点子，我会感到非常成功。

30. 我希望从事对人类和社会真正有贡献的工作。

31. 我希望工作中有很多的机会，可以不断挑战我解决问题的能力（或竞争力）。

32. 能很好地平衡个人生活与工作，比达到一个高的管理职位更重要。

33. 如果在工作中能经常用到我特别的技巧和才能，我会感到特别满意。

34. 我宁愿离开公司，也不愿意接受让我离开全面管理的工作。

35. 我宁愿离开公司，也不愿意接受约束我自由和自主控制权的工作。

36. 我希望有一份让我有安全感和稳定感的工作。

37. 我梦想着创建属于自己的事业。

38. 如果工作限制了我为他人提供帮助或服务，我宁愿离开公司。

39. 去解决那些几乎无法解决的难题，比获得一个高的管理职位更有意义。

40. 我一直在寻找一份能最小化个人和家庭之间冲突的工作。

现在重新看一下你给分较高的描述，从中挑出与你日常想法最为吻合的三个，在原来评分的基础上，将这个三个题目得分再各加上 4 分（例如：原来得分为 5，则调整后的得分为 9）。然后就可以开始评分。将按照"列"进行分数累加得到一个总分，将每列的总分除以 5 得到的平均分填入表格。记住：在计算平均分和总分前，不要忘记将最符合你日常想法的三项额外加上 4 分。最终的平均分就是你自我评价的结果，最高分所在列代表最符合你"真实自我"的职业锚。

类型	技术/职能	管理	自主/独立	安全/稳定	创造	服务	挑战	生活
评分	1（ ）	2（ ）	3（ ）	4（ ）	5（ ）	6（ ）	7（ ）	8（ ）
	9（ ）	10（ ）	11（ ）	12（ ）	13（ ）	14（ ）	15（ ）	16（ ）
	17（ ）	18（ ）	19（ ）	20（ ）	21（ ）	22（ ）	23（ ）	24（ ）
	25（ ）	26（ ）	27（ ）	28（ ）	29（ ）	30（ ）	31（ ）	32（ ）
	33（ ）	34（ ）	35（ ）	36（ ）	37（ ）	38（ ）	39（ ）	40（ ）
总分								
平均分								

（四）职业锚的作用

职业锚在员工的工作生命周期中，在组织的事业发展过程中，发挥着重要的作用。

1. 使组织获得正确的反馈

职业锚是员工经过搜索所确定的长期职业贡献区或职业定位。这一搜索定位过程，依循着员工的需要、动机和价值观进行。所以，职业锚清楚地反映出员工的职业追求与抱负。

2. 为员工设置行之有效的职业渠道

职业锚准确地反映员工的职业需要及其所追求的职业工作环境。反映员工的价值观和抱负。透过职业锚，组织能获得员工的正确信息反馈，这样，组织才可能有针对性地对员工职业发展设置可行、有效、顺畅的职业渠道。

3. 增长员工工作经验

职业锚是员工职业工作的定位，不但能使员工在长期从事某项职业中增长工作经验，同时，员工的职业技能也能不断增强，直接提高工作效率或劳动生产率。

4. 为员工做好奠定中后期工作的基础

之所以说职业锚是中后期职业工作的基础，是因为职业锚是员工通过积累工作经验产生的，它反映了该员工的价值观和被发现的才干。员工抛锚于某一种职业工作的过程，就是自我认知的过程。就是把职业工作与自我观相结合的过程，开始决定成年期的主要生活和职业选择。

（五）理论的启示

个人在进行职业规划和定位时，可以运用职业锚分析自己具有的能力，确定自己的发展方向，审视自己的价值观是否与当前的工作相匹配。只有个人的定位和要从事的职业相匹配，才能在工作中发挥自己的长处，实现自己的价值。尝试各种具有挑战性的工作，在不同的专业和领域中进行工作轮换，对自己的资质、能力、偏好进行客观的评价，是使个人的职业锚具体化的有效途径。有助于个人正确地选择相关职业。

职业锚理论也有助于企业人事部门通过雇员在不同的工作岗位之间的轮换，了解雇员的职业兴趣爱好、技能和价值观，将他们放到最合适的职业轨道上去，可以实现企业和个人发展的双赢。

第三节　认知信息加工理论

在20世纪90年代初期，美国佛罗里达州立大学的研究团队成员桑普森（Sampson）、皮特森（Peterson）和里尔顿（Reardon）提出从信息加工取向看待生涯问题解决的认知信息加工理论。认知信息加工理论是较新的心理学理论，随着它日益受到大家重视，也开始进入职业生涯规划领域。这一理论关注个人在职业生涯过程中如何使用信息进行生涯决策，解决生涯中的问题；它对职业生涯规划过程中的知识领域完善、生涯决策改进、元认知技能改善有很强的指导作用。

基础知识

一、基本概念

"认知"最简单的定义是"知识的获得"。认知的信息加工，涉及对知识的获得、转换、储存与取用。研究认知信息加工历程的科学，即为认知心理学。认知信息加工最基本的单元，就是知识。

一个人如果能够"认知"到生涯选择的内涵，就能够增进其生涯选择的能力。认知信息加工的取向，是以下列的假设去看待生涯选择的本质：

（1）生涯选择以认知与情感的交互作用为基础。

（2）生涯问题解决者的能力取决于知识和认知操作。

（3）生涯决策要求有动机。

（4）生涯咨询的最后目标是促进来访者信息加工技能的发展。

（5）生涯咨询的最终目的是增加来访者作为生涯问题解决者和决策制定者的能力。

二、认知信息加工理论的观点

这一理论认为，职业生涯选择基于我们如何去想，如何去感受；作出生涯选择是一项解决问题的活动；解决生涯问题的能力是基于我们知道什么和我们如何思考；生涯决策需要一个好的记忆；生涯决策需要动机；生涯开发的延续是我们终生学习和成长的一部分；我们的生涯绝大部分有赖于我们想什么，如何想；我们生涯的质量有赖于我们是否很好地学习和掌握了作出生涯决策所需的技能。你可以通过改进你的认知信息加工技能，来提高生涯管理的能力。

按照我们进行信息加工的特点，该理论构建了一个模型（图2-3）。模型如金字塔，分三层。最高层是称为元认知的执行领域，是个人对自己认知过程及结果的知识、体验、调节、控制；它包括自我言语、自我觉察、控制与监督。中间层是决策技能领域，即通用信息加工技能的五个步骤，包含进行良好决策的沟通（Communication）、分析（Analysis）、综合（Synthesis）、评估（Valuing）和执行（Execution），缩写为CASVE，构成了决策的循环。最底层是知识领域，包含自我知识和职业知识。自我知识包括了解自己的价值观、兴趣和技能，职业知识包括理解特定的职业、学校专业及其组织方式。

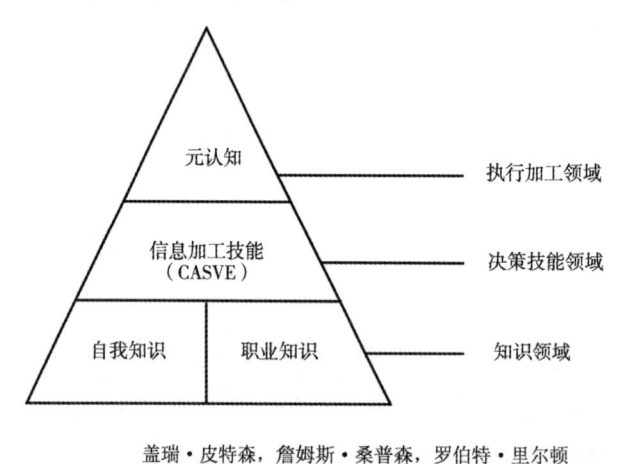

盖瑞·皮特森，詹姆斯·桑普森，罗伯特·里尔顿

图2-3 认知信息加工金字塔

执行领域相当于计算机的工作控制功能,操纵计算机按指令执行程序,对其下的两个领域进行监控和调节。决策领域相当于电脑的应用软件,对所存储的信息进行加工处理。知识领域相当于电脑的数据文件。从这个模型可以看出,任何一个层次出问题,都会影响职业生涯规划决策的质量(图2-4)。

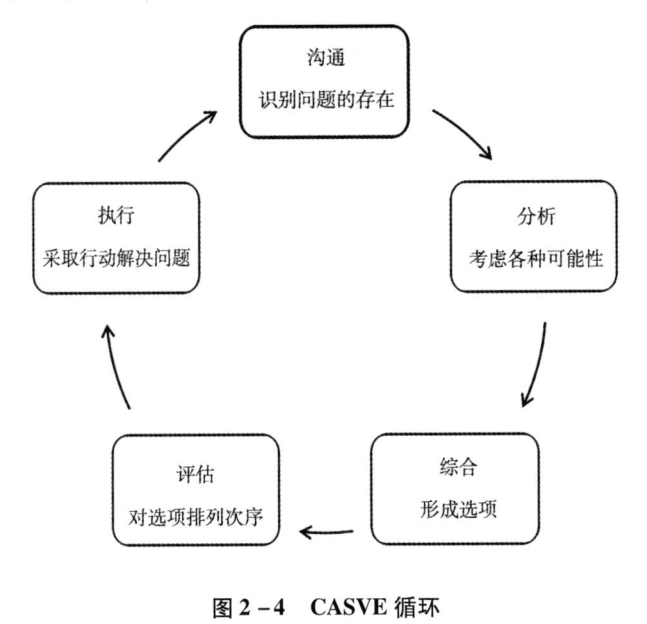

图2-4 CASVE循环

三、认知信息加工的步骤

决策技能可以通过学习五阶段模型获得。这五个阶段是:

(一)沟通

这是做决定的第一阶段所需具备的能力。通过对自身情况和社会需求信息的了解,确定需要在多个需求中进行决策。俗话说:"旁观者清,当局者迷。"在此,沟通的能力是让"当局者清"。通常"问题"之所以会出现,表明理想状态与实际状态中间有了落差。落差越大,所伴随的情绪状态(如焦虑、失望、不满、忧郁等)也越强。解决问题的第一步骤是"与问题沟通",看清楚问题的真正所在。换句话说,当事人虽不能置身事外,但又必须抽身事外,冷静地觉察落差在哪里,才能够进一步分析解决之道。

按信息加工论的术语,所谓"沟通",是指个体"接收"到问题的信息,经过"编码"的过程,传输出"这个落差是个必须解决的问题"的信息。

（二）分析

澄清关于自我、职业、决策及元认知的知识，包括获得我们需要的信息的步骤。发现自身择业观与社会需求之间的契合度，对不同的选择进行评价和分析。中国人解决问题讲究"事缓则圆"，其深一层的含意是稍安毋躁，等待情绪过后，才能分析原因。在生涯问题的解决过程中，首先要分析对自己了解的程度如何，对于将来的去向（选择科系或选择职业）所了解的程度如何。其次，要分析这两种知识之间的关联，考虑自己的各种特质在哪个生涯方向上才能充分发挥出来。

（三）综合

"分析"阶段是用来知己知彼，"综合"阶段则是用来运筹帷幄。通过放大或缩小选择范围，精心搜索尽可能多的解决办法。这一阶段运用到的思考能力依次是发散思维与聚合思维。发散思维是一种自由联想式的思考方式，运用类似于脑力激荡的技术，创造出以量取胜的待决方策。聚合思维则是较为细密的收网工夫，将各种不适宜的方法策略，予以删除或剪裁。对照不同单位的要求和特征，综合总结出社会需求的共性。向那些和自己的知识一致的解决方法靠拢。

（四）评价

评价的阶段，也是当事人面临价值取舍的冲突阶段，对认知、情绪及行为都会产生冲击。通过假定的选择方式，详细列出不同选择的目标、工作地区、待遇水平、提升空间、工作环境、单位文化、所处行业等对自我具有重要影响的项目，加以分析。

在认知上，内在价值之间会有冲突，外在价值之间会有冲突，内外价值之间也会有冲突。在情绪上，则会有焦虑不安、心浮气躁等现象；在行为上，可能出现犹豫、逃避、退缩等情况。评价是一种抉择，抉择必涉及取舍。"抉择"从表面上看是"取"，反面却是"舍"；一体两面，难以割舍。在实际评价过程中，通常包括两个步骤：①针对各个方案评估利弊得失；②排列出优先级。取舍的苦恼大多发生在第一个步骤，分析完几个方案的优缺点，经仔细比较之后，第一方案、第二方案根据顺序排列。通常第一方案最能解决理想状况与现实状况的落差，万一第一方案行不通，才考虑动用预备方案。也有决策者在第一方案受挫时，会回到先前的沟通阶段，重新开始决策历程。

（五）执行

执行阶段是将认知转换为有计划有策略的行动，包括形成"方法—目标"联系，以及确立一系列逻辑步骤以达到目标。通过设计计划来实施前面的选择。包括培训准备（正规教育或培训经历）、实践检验（实习、兼职、志愿工作等）与求职（开始递交个人自荐材料、面试等）。

四、理论的启示

认知信息加工理论指出，职业生涯其实是人们在面对各种信息和资料的基础上进行决策的过程，这种决策或是进行最佳的选择，或是符合人们的基本的需求。

在职业生涯选择的过程中，个人要在综合各种信息的基础上进行决策，随着内外环境的变化，决策也会随之发生变化。

第四节 社会学习理论

社会学习理论是由美国心理学家班杜拉（Bandura）于1977年提出的。它着眼于观察学习和自我调节在引发人的行为中的作用，重视人的行为和环境的相互作用。班杜拉认为所谓社会学习理论，是探讨个人的认知、行为与环境因素三者及其交互作用对人类行为的影响的理论。按照班杜拉的观点，以往的学习理论家一般都忽视了社会变量对人类行为的制约作用。他们通常用物理的方法对动物进行实验，并以此来建构他们的理论体系，这对于研究生活于社会之中的人的行为来说，似乎不具有科学的说服力。由于人总是生活在一定的社会条件下，所以班杜拉主张要在自然的社会情境中而不是在实验室里研究人的行为。

在职业生涯规划的理论领域，斯坦福大学教授克朗伯兹（Krumboltz）和同事们一起对高中学生做了一连串的研究，于1979年出版《社会学习理论和生涯决定》一书，综合了心理与社会两者对个人职业生涯规划的影响。他们将行为学派的班杜拉创立的社会学习原理运用于职业生涯规划指导中，来探讨职业生涯决策中，社会、遗传与个人因素对职业决策的影响。

一、社会学习理论的基本观点

(一) 影响个人职业生涯的四种因素

社会学习理论认为,职业发展过程错综复杂,受许多因素交互作用的影响,其中最主要有四种因素影响个人职业生涯决策。

1. 遗传素质和特殊能力

个人得自遗传的一些特质,在某些程度内限制了个人对职业或学校教育选择的自由。这些因素包括:种族、性别、外在的仪表和特征等。某些个人的特殊能力也会影响其在环境中的学习经验,伴随这些学习经验而来的兴趣与技能,对个人未来的职业选择将具有相当密切的关系。个人的特殊能力包括:智力、音乐能力、美术能力、动作协调能力等。

2. 环境条件与特殊事件

即个人所接受的教育与训练、家庭背景、社会政策、社会变迁等非个人所能控制的因素,以及个人职业选择的具体领域等。家庭背景则包括父母所从事的职业及社会经济地位、父母的教育水准,以及家庭结构、父母期望等因素。

3. 学习经验

克朗伯兹认为,每个人有独特的学习经验,这在决定其职业生涯的路径时扮演重要的角色;凡是成功的生涯规划、生涯发展和职业或教育的表现所需的技能,均能够通过学习经验而获得。

4. 任务取向技能

即在上述各种因素的交互作用下,个人所获得的解决问题的技能、工作习惯、认知过程、情绪反应等,这些技能又会影响其他各项因素。每个人都有自己独特的学习路径,其可能使人们选择某种职业路径。通常人们可能不记得这些学习经验的特定特征和结果,但他们往往从这些学习经验中得出概括性的结论。人们通过学习,可能形成头脑中有关职业的刻板印象,而这种刻板印象可能会持续一生,对职业选择决定有重大影响。

(二) 各种影响因素之间交互作用的结果

个人在上述四种因素及其交互作用的影响下,通过经验的累积与提炼,产生如下结果。

1. 自我认识的形成

这是指对自己各种表现的评估与推论,包括:成就、兴趣、爱好、职业价值观等。评估的参照对象,也可能依据其他人的表现。它们均是学习的结果,亦为职业选择的关键。

2. 世界观的形成

同样,基于自己的学习经验,个人也会对环境及未来的事物作出评估与推论,特别是在职业的前途与展望方面。

3. 工作定向技能

包括适应环境的认知、操作能力与情感反应,以及自我评估与对未来事件的预测能力,其中与职业选择有重要关系的则包括价值观念的澄清、目标的决策、寻找不同的解决途径、收集资料、预测、计划等。

4. 行动

个人综合以前所有的学习经验,对自我与环境的推论,以及具备的各种能力,并将这些引入到未来事业发展的途径。

二、理论在职业生涯规划中的应用

第一,克朗伯兹的社会学习理论强调了社会的影响因素和学习的重要,"生涯犹豫"现象主要是由于个人缺乏有关生涯的学习经验,或者是由于个体尚未学到系统而有步骤的生涯决策方法所致。因此,对生涯方向的把握不定是缺乏某种学习经验的结果,个人没有必要为此感到愧疚或抑郁,可以通过学习,扩充自己的经验。

第二,当发现个人的价值观、世界观存在偏差,或工作定向技能不足时,可以通过自我启发、自我观察、环境重组等认知重组治疗法,调整个人的价值观与世界观;并通过实际探索、角色扮演与模拟活动、各种书面的或视听材料,以及电脑模拟等多种方式,提供各种学习与探索的经验,来培养工作定向技能。

三、理论的启示

克朗伯兹认为职业选择的关键在于广义上说的学习,生涯辅导不仅仅是将个人特质与工作匹配,其重点应在于帮助学生获得多种多样的学习经验,使个人有机会参加各种不同性质的活动——不论是学习专业知识,进行体育锻炼还是扩大人际交往。其中，所学到的技能都可以运用在未来的工作中，并能拓展个人的兴趣，培养个人适当的自我信念和价值观。因此，生涯教育应当融合于普通教育之中。

克朗伯兹特别看重偶然性事件在人生发展中的作用。偶发事件理论提示学生，在生涯发展历程中，不仅仅要接受环境因素的影响和约束，同时，也应当主动影响和操纵包括偶然性机遇在内的事情，使其朝着对自己有利的方向发展。克朗伯兹对于人生机遇的论述，使其理论充满了一种鲜活的气息。

克朗伯兹的社会学习理论已形成系统的步骤和方法，可供想对自己职业生涯进行系统规划的人据以设计适当的训练计划，培养个人自我评估与进行决策的能力，尤其对个人内在认识过程的探讨更具实用性。它在个人职业生涯规划的探索期，具有很高的指导作用。

课堂活动与课后练习

活动一：绘制你的生涯彩虹图

1. 活动目标

通过本次活动认识生涯发展规律，了解不同生涯发展阶段及主要特征，激发生涯角色与规划意识。

2. 活动流程

绘制自己的生涯彩虹图，思考自己过去、现在以及未来可能承担的角色，在彩虹图上标注年龄阶段和你扮演的角色名称，然后在你某个年龄所扮演或希望扮演的角色区域，用彩笔涂上颜色。

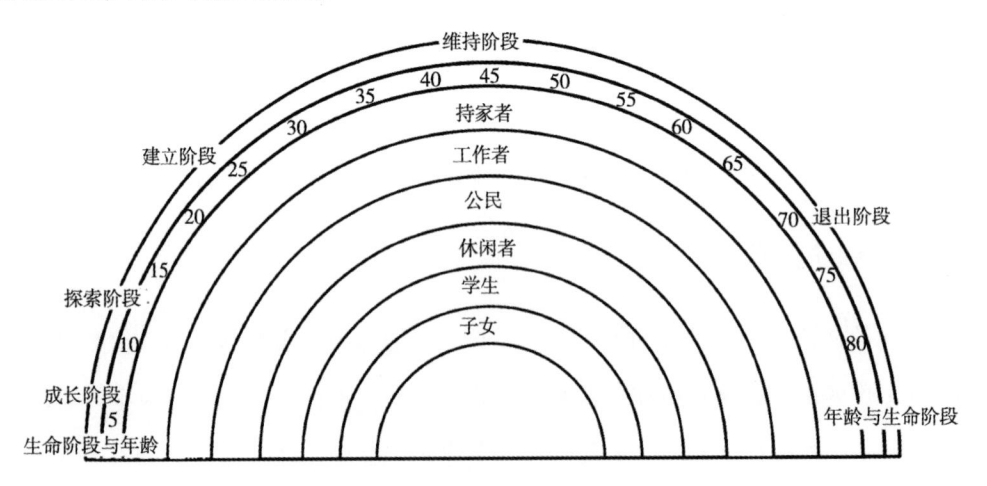

3. 注意要点

角色扮演的成功视个人的生理、心理因素及当时的社会环境等外在情境因素的影响，扮演的角色越成熟，代表的色带越饱满；生命中各阶段所扮演的角色延续的时期可用色带的长度来表示；可用不同的颜色来代表对该角色的喜好。

活动二：我的鱼骨生命图

1. 鱼骨生命图介绍

鱼骨图又名特性因素图，是由日本管理大师石川馨先生提出，故又名石川图。鱼骨图是一种发现问题"根本原因"的方法，它可以称为"因果图"。通过鱼骨图练习，可以对过去的你、现在的你、未来的你做评估和展望，明确自我定位，界定自我形象。

2. 填涂说明

（1）请你在生命的圆点上写上出生日期和0岁。再请你根据自己的健康状况、家族的健康状况和你所生活地域的平均寿命来预测自己和世界说再见的时间，并标注在箭头的终点上。

（2）请找出今天的你的位置，用一个自己喜欢的标记表示在生命线上，并写上今天的日期和年龄。

（3）请你进一步仔细回忆过去，以生命线上的时间点为初始点，标出过去影响你最大或令你最难忘的5件事，用鱼刺表示，积极影响事件鱼刺朝上，消极事件鱼刺朝下；并以鱼刺的线段的长短表示事件对自己影响的大小。

（4）现在请你在生命线上标出今后你最想做的3件事或最新实现的3个目标，同样用鱼刺表示，能够由自己全权决定的鱼刺朝上，需要别人参与或者全部由别人定夺的鱼刺朝下，并以鱼刺的线段长短表示意愿的强弱。

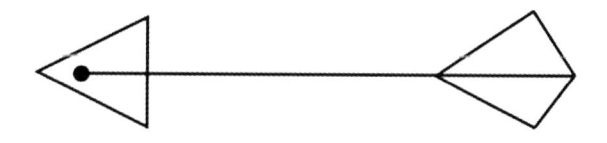

3. 请参考你的"鱼骨"生命图，深入思考，并完成下面的问题：

（1）过去的事情对你有怎样的影响？你对这些事情的看法怎样？

（2）对于现在的自己，你是否感觉满意？哪些人或事促成了现在的你？
_____
_____
_____

（3）对于未来的自己，你的期望是什么？如果想要成为这样的人，你现在需要做什么？
_____
_____
_____

第二篇　生涯探索

第三章
职业世界认知

学习目标

01 能够理解大学所学专业与职业的关系，建立自己的预期职业库

02 了解职业世界概况，掌握探索职业世界的方法，提升获取信息的能力与素养

03 能够深入分析专业相关的国情世情，树立科学的职业发展观

课堂引导

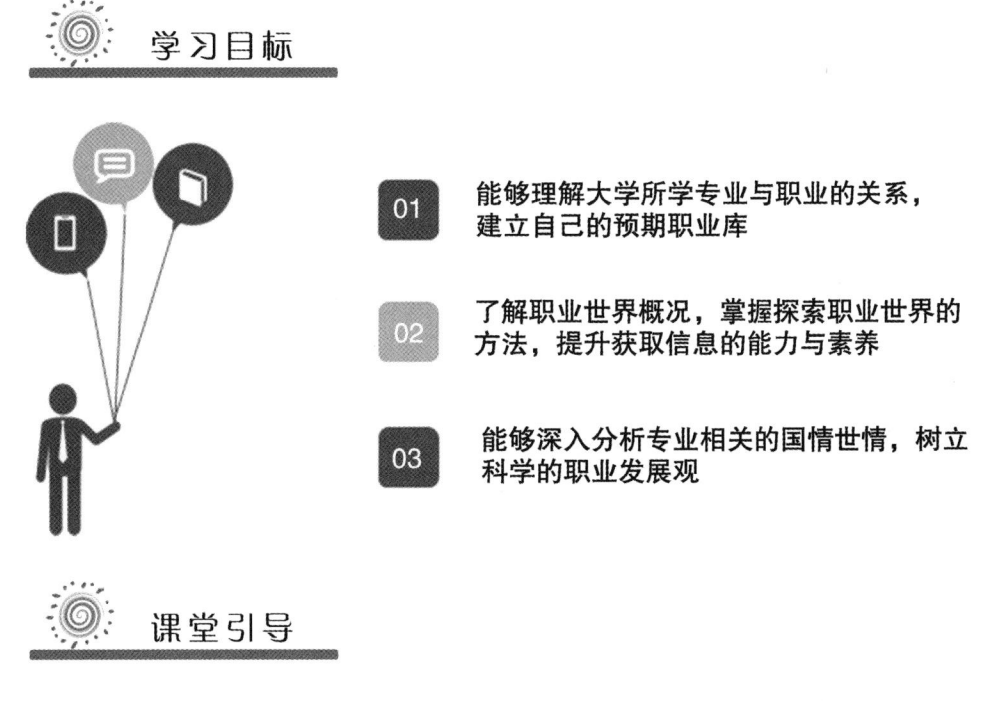

多角度了解职业，帮助求职者更好地选择

李同学，女，工商管理专业应届本科毕业生。即将毕业的她经常上网搜索职业信息，在一家人才网站，她看到当地一家国内知名装饰公司招聘商务人员。她打开这家公司的网站，在人力资源部门的招聘公告中发现了同样的信息，然而公告里对商务人员的具体职业和公司的发展前景提及不多。为了了解更多的信息，她把公司

网站里的所有网页都仔细阅读了一遍，同时还查阅了其他网站关于该公司的信息。经过对比，排除了公司网站上的一些夸大宣传，她确信这是一家充满活力、发展前景良好的公司。经过一番准备，她按照网上的联系方式，主动打电话给人力资源部经理黄先生，同黄经理商定好时间，带着自己的简历上门面谈。

通过面谈，李同学了解到更多的具体信息，大致分为：①职位素质要求方面，商务文员的具体职责既包括一般文员的各类事务，也包括接待前来咨询家装的客户，同时要能够胜任周六加班。②职位能力发展方面，可以让自己较快熟悉装饰业，提升自己的人际沟通能力，拓展职业人际圈。③职位晋升路径方面，如果表现好且公司有需要，可以向公司内部人力资源及行政部门发展，但企业具体升迁路径很不明确。④工作环境方面，公司硬件设施和办公环境很好，人际环境不详。⑤工资和福利待遇方面，月收入5000元左右，不是特别满意。⑥工作地点方面，比较远离市中心，最近的商圈地铁约40分钟车程。

下一步，李同学准备咨询老师和在相关行业、企业工作的学长学姐，听听他们的建议。

案例中的李同学是值得学习的，在职业生涯规划中，既要对宏观、微观的工作世界有一定把握，也要对具体岗位有深入的了解，只有这样，大学生的职业选择与职业发展才会合理科学。

第一节　大学专业与职业的关系

基础知识

一、专业与就业方向

人们对职业的探索有很多个层面，对于大学生而言，首先关注的可能是自己所学专业与未来从事职业的关系。当前高中毕业生报考大学、选择专业，首先是根据分数选择尽可能"好"的大学，其次才是在可能被录取的大学中选择尽可能"好"的专业——所谓的好专业，无外乎该专业对应着热门职业或该学科师资力量雄厚等，至于上大学前根据自己的兴趣、爱好报考专业的同学为数不多，能在填报专业时对自己所学专业的就业情况以及就业的技能要求有所了解的同学就更是少之又少了，很多大学生进入大学后才发现选错了专业。

选专业，在一定程度上就是选行业、选事业。如果一个人能够把自己的兴趣、爱好与所学专业结合起来，就能在积极的投入中充分释放潜能，在所从事的领域中表现优秀。因此，大学生在做职业规划时不仅要判断自己所学的专业是不是自己的兴趣，解决毕业后要不要跨专业就业这个重要问题，而且要对自己专业所对应的职业做一些探索，逐渐明确自己就业的方向。

当然大中专院校所设置的专业对应的并非一个固定的职业，而是一组职业甚至是一组职业群。比如目前热门的计算机专业，该专业毕业生既可以从事编程、网络维护等技术工作，也可以从事技术支持、网络编辑、互联网企业管理等职业；机械工程专业的学生，根据不同的职业兴趣倾向及能力结构，毕业后既适合担任机械工程方面的设计工程师，也适合担任机械工程企业的销售人员。到毕业前求职时，具体从事哪种职业，一方面取决于同学们的职业兴趣，另一方面取决于同学们所具备的职业素质与能力。

二、建立预期职业库

职业是指人们在社会生活中所从事的以获取物质报酬作为自己主要生活来源并能满足精神需求，在社会分工中具有专门技能的工作。职业也是以国家的职业分类大典为标准，对特征相同或相似的一类工作的统称。职业在人的生涯中意义非凡，对于大部分成年人而言，职业意味着某种特定的生活方式，直接决定一个人的人生观念与视野，同时几乎每个人都需要通过职业来获得人生的成功。大学生在做职业规划时同样需要对自己专业所对应的职业、自己感兴趣的职业有一定的了解，同时对自己将要选择的职业的工作职责与内容、工资水平、所需的技能和训练、工作条件、典型的工作环境以及晋升机会都有一定的了解。

在明确自己的兴趣和职业方向后，大学生需要了解自己毕业后希望从事的职业及用人单位对新员工的素质能力要求。比如有些同学的理想职业是大学教授、公司高管，甚至是 CEO（首席执行官）、CFO（首席财务官）、CTO（首席技术官）、COO（首席运营官）等，这些职务无一不需要专业的知识和多年的实践经验积累才可以获得，一般需要 10~15 年甚至更长的时间。所以在了解达成目标所需的基本素质能力及需要付出的努力的同时，还需了解这些职业的发展轨迹以及工作年限。职业生涯规划过程中对具体工作内容的了解通常包括以下几个方面：

1. 工作性质

※工作因什么而存在，这一工作所满足的需要，工作的目的

※该职业中的专业细分（职业分类）

※该职业的定义

2. 工作内容

※所履行的工作职能、工作中主要的职责和责任

※该职业所产生的产品或提供的服务

3. 收入（薪酬范围与福利）

※得到的薪酬（起薪、平均工资和最高薪酬）

※提供的福利（退休金、保险、假期等）

4. 所需要的技术和工具

※该职业所使用的设备、工具和其他辅助物品

※该职业所需要掌握的技术

※需要工作者自备的设备、物品和工具

5. 人际关系

※与人沟通是通过电话、电子邮件、书信及备忘录还是面对面的交流

※职责关系

※为他人负责：为他人的健康和安全负责，为结果和成绩负责

※冲突处理

6. 工作地点

※职业存在的地理位置（全国性的，某个特定地区或城市）

7. 工作条件

※物质条件和安全状况（办公室、工厂、户外；噪声、温度）

※工作时间安排（小时、白天或夜晚、加班、季节性工作）

※发挥主动性、创造性情况，自我管理状况，以及得到学习的机会

※作为参加工作的条件之一，要求具备的工会或职业协会的会员资格

※该职业的监督或管理类型

※雇主对着装的要求或偏好

※出差方面的要求

※在该职业中工作者可能遭受的歧视

8．工作结构特征

※职位的危险性：过失的后果，以及对决策的影响

※竞争的水平

※时间压力

※自动化程度

9．该职业人群的人格特征

※支配该职业环境的人或该行业中大多数的人格特征

※年龄范围，男性和女性的比例，少数民族工作者的数量

10．就业和发展前景

※进入该行业通常的方法

※在地方和全国范围内的就业趋势

※提升的机会，职业阶梯（你从哪儿开始，能到达什么位置）

※在完成培训和教育之后到入职需要的平均时间

※被提升到一个较高职位所需的平均时间

※该行业中工作的稳定性

11．个人满意度

※该职业所体现的价值（高收入、高成就、安全感、独立性、创造性、休闲和家庭生活的时间、变化性、帮助别人、社会声望、认可）

※他人和社会对于该职业地位的看法：关于这种职业他们喜欢什么，不喜欢什么

12．利与弊

※该职业的积极方面：该职业能给你带来什么

※该职业的消极方面：从事该职业你必须牺牲什么，该职业中你希望能够尽量避免什么

13．相关的职业

※还有其他哪些职业与该职业相似

14. 所需的教育、培训和经验

※进入该行业所需要的专业知识

※进入该行业所需要的工作经验

※获得必要的与工作相关的教育所需要的时间和经费

15. 要求的个人资历、技能和能力

※一个人要进入该行业所需的能力、技能或能力倾向

※职业所要求的体力（坚持8小时工作，长时间站立）

※其他的身体要求（良好的视力或听力，非色盲，能攀爬、跪下、弯腰、搬运物体）

※个人兴趣（与数据、人或物打交道）

※特殊的品质或气质（能在压力下工作，精确，敢于冒险，有逻辑，能完成重复性的任务）

※需要达到的标准（一分钟至少能打60个字）

※执照、证书或者其他法律上的要求

※必须的或有益的特殊要求（懂得一门外语）

　　了解具体职业的相关信息，还可以通过企业发布的招聘广告以及企业人力资源部门编写的职位说明获得。招聘广告是指招聘方用来公布招聘信息的广告，要为应聘者提供一个获得更多信息的来源，一般列出职位的岗位职责、任职资格要求、工资待遇、职业发展前景等内容。职位说明是管理完善的组织会对每个职位进行工作分析，编写出各个岗位的职业说明，以明确组织中各个职位的定位、所属部门、工作内容、职责权限、工作关系、人员要求、职业通道等基本信息。当然具体职业的信息是由各类职业所处行业、行业所处的发展阶段、组织结构、工作内容及操作流程等因素决定的。

　　在了解专业、职业的基础上，就能够列出自己所学专业所能求职的行业、岗位的长名单、短名单，形成自己预期的职业库。

课堂活动与课后练习

　　课堂讨论材料：有一次，IBM公司的一位面试官问一个大学生应聘者，IBM（International Business Machines）的全称是什么？这个学生想了一会儿却答不出来，

面试也就到此结束了。谈谈对此事的看法，小组讨论并派代表发言。

2. 查询本校你所就读的专业近三年的就业数据（学校官网），分析并解读升学比例、灵活就业比例、跨专业就业趋势等相关数据。

延伸阅读

就业的专业匹配

就业的专业匹配表达并未统一，包括"专业对口""学用结合""人职匹配""人岗匹配"等多种描述方式。尽管表达方式不同，但其核心均为所从事的工作内容与所学专业的相关性。专业对口是指个体通过教育所积累的各类知识、技能（包括通识教育类、学科基础类和专业知识）与就业岗位对各类知识、技能的实际需求均实现匹配。就业的专业匹配内涵逐渐扩展为高校人才培养与人才市场之间形成的相对宽泛的结合，是毕业生所学的专业领域满足专业相关的多种工作内容的需求。自2007年以来，麦可思研究院每年对毕业半年后的大学生的就业状态和工作能力进行全国性调查研究，并从2010年开始对毕业三年后的大学生就业与工作能力进行跟踪调查研究，发现不同学科的就业匹配度差异较大。医学类的毕业生工作与专业相关度最高，基本在90%以上，学以致用程度最高；工学毕业生的就业匹配度次之，工作与专业相关度在70%~80%，教育学专业毕业生的相关度从2009届的65%增加到2017届的80%；法学和农学的毕业生工作与专业相关度较低，在40%~60%。医学、自然科学类以及社会科学毕业生的学用结合程度正向显著影响毕业生的起薪，专业的专业化程度越高，起薪增加的幅度越大，学用结合对于起薪增加的贡献率越大，其中医学专业薪水增幅最大，而社会科学专业毕业生薪水增幅最低。英语专业毕业生就业特征表现为就业率、专业对口率和工作稳定性较低，从人力资本的角度看，原因在于英语专业人力资本通用性和共有性较强，而专用性较弱。社会科学类专业的毕业生由于一般性技能多于职业的专业性技能，其工作匹配性不强；而健康、工程、制造、建筑、商科和法律等专业的专业性技能要求较高，其工作匹配性相对较好。

[资料来源：马永霞，马立红. 新中国成立70年：我国高校毕业生就业匹配的发展研究 [J]. 北京教育：高教版，2019（10）：50-55.]

第二节 职业世界概况

基础知识

一、职业世界的宏观现状与趋势

宏观的职业世界是生涯探索中的重要组成部分，是一个人实现其生涯理想的平台。虽然职业生涯规划严格地说是个人行为，但它总是处于一个社会、经济、政治的大环境下，环境中的任何一个细微的变化都可能对行业、职业产生不可估量的"蝴蝶效应"。对宏观工作世界的了解可以帮助同学们在求职时比较从容地承受激烈的竞争，提前做好技能、心理等方面的准备，以积极姿态应对所面临的各种情况。

当前有超过20000种职业，对于大多数人来说，每个人都有数种职业适合他们，同时也没有哪一种工作能够满足个体所有的需求，所有工作都有其局限性和令人失望之处，需要通过其他活动来平衡。工作市场和经济形势时常发生变化，甚至是急剧的变化，有的行业在目前充满机会，但可能会在数年内饱和。当前可从劳动力供求关系、各地区各行业需求分布、职业生涯理念等角度分析宏观工作环境。

（一）供求变化

大学生供求关系变化是当前宏观工作环境的显著特征之一，1999年中国高等教育开始大规模扩招，每年毕业的大学生人数节节攀升，2001年我国毕业大学生为118万，2022年大学毕业生达到1076万，大学教育已经完成了"精英型教育"向"大众化教育"的转变，大学生就业市场也从卖方市场转向买方市场，从"供不应求"转为"供需平衡"再到"供大于求"，大学生"就业难"问题日益凸显，成为一个社会热点，目前大学生找份自己满意的工作的难度依然较大，这是大学生在进行职业规划时必须要勇敢面对的问题。

（二）结构性失业问题突出

结构性失业也是当前宏观工作环境的显著特征之一。结构性失业是指由于经济结构、体制、增长方式等的变动，使得劳动力在包括技能、经验、工种、知识、年龄、性别、主观愿望、地区等方面的供给结构与需求结构不一致而导致的失业。经济结构的变动常要求劳动力流动以适应劳动力需求结构的变动，但由于劳动力有其一时难以改变的技术结构、地区结构和性别结构，很难及时适应经济结构的变动，从而出现结构性失业。结构性失业最主要的特征是：①求职者的劳动技能、受教育程度和年龄等与劳动力需求方向的要求不符合；②求职者对薪酬、福利待遇、工作环境和地点等要求与劳动力需求方提供的条件不相符。

（三）信息化、全球化时代带来国际化人才竞争

当前计算机技术从 PC 发展到互联网，再到移动互联网，我们可以确信托夫勒所预言的信息时代确实已来到。信息技术的高度发展缩短了全球各国之间的距离，使资源在全球范围内进行重新组合和配置，20 世纪 90 年代以来，越来越多的跨国企业进入中国，如宝洁、IBM、家乐福等，同时中国的企业也开始向国外发展，如联想、华为等。中国的建筑公司开始在国外兴建工程，中国的石油公司开始尝试在国外开采石油。另外，从世界工厂到中国制造再到中国创造，企业的国际化势必要求具有国际化视角与素质的员工。使用外籍员工会带来更加激烈的人才竞争压力，就目前的状况看，外资企业比国内企业在员工待遇上要高出很多，而外资企业中外籍员工的薪酬和他们在某一职位上的竞争力又显著地高于本地员工。因此大学生在进行职业规划时，也应当具有一定的国际化视角，将自己放在更加广阔的平台上，这样才有利于长久的发展。

另外，大数据、人工智能对传统就业市场产生巨大冲击，大学生应该对此有一定的了解和准备。人类社会已经经历过三次技术产业革命，即 18 世纪末的蒸汽机工业革命、19 世纪下半叶以电的使用为标志的工业革命以及 20 世纪中叶开始的信息革命，这三次技术革命都促进了社会的发展，同时也对劳动力市场形成了巨大冲击。当前正在兴起的大数据、人工智能浪潮，给职业发展带来了巨大机遇，大学生要勇敢抓住这次机会；同时也对传统就业市场形成巨大冲击，不仅流水线上的工人将被机器人取代，需要一定智力水平的会计、医生、翻译等岗位也将受到人工智能的冲击，这种冲击将是全方位的，大学生职业规划时一定要考虑到这一社会环境因素。

（四）多种工作形式选择可能性

随着互联网、移动互联网技术的深入，如今越来越多的新型工作方式在我国出现，传统的朝九晚五的全职工作不再是社会唯一认可的工作方式，创业、兼职工作、弹性工作、SOHO（自由职业 Small Office Home Office）成为年轻人青睐的工作方式。

大学生在做职业规划时要认识到,随着社会的进步和发展,提供给个人的机会越来越多,选择的可能性越来越大,所以应保持一种灵活开放的态度来做职业规划。例如,若创业是一位学生的最终理想,但在刚毕业时机尚未成熟时,可以从其他工作形式开始,有了各方面的积累后再进行创业。若一时难以找到心仪的全职工作,不妨从兼职工作开始培养自己所欠缺的经验和能力,然后再去争取全职工作。只有看到更多工作方式的可能性时,才会在职业生涯中有更多的办法走上自己理想的道路,并得到锻炼和提升的机会。

(五) 新生的职业生涯信念

随着市场经济的深入发展,目前的职业生涯信念(新生职业生涯信念)与20世纪八九十年代传统的职业生涯信念有较大的改变。传统职业生涯信念认为组织应为员工的生涯发展负责,组织好像父母一样应当照顾员工,而员工从属于组织,以组织为家,以组织利益为第一,以被组织认可获得升职成功。新生职业生涯信念则认为组织和员工是合作者关系,组织为员工提供横向职业发展机会,员工应为自己的职业生涯负责,员工在接受新的工作或任务时能够不断学习新的技术和知识,以适应组织的需求,同时提升自己的专业能力和就业竞争力。

新生职业生涯理念是经济和技术快速发展的产物,日趋激烈的竞争要求企业有更灵活和快速的适应能力,因此组织更愿意采取一种期限更短、双方承诺更少的"交易型"心理契约。在这种契约下因为雇佣的不确定性、竞争的不确定性,员工更需要为个人的生涯负责,以便能够控制机会和主导个人的发展。

新生的职业生涯信念提醒大学生应更主动地为自己的生涯规划负责,以新视角来看待生涯规划,无论在哪个组织中工作都应该注意培养个人就业竞争力,以便更积极地把握个人的发展。新生职业生涯信念与传统职业生涯信念相比较,有如下不同,如表3-1所示。

表3-1 传统职业生涯信念与新生职业生涯信念比较

传统职业生涯信念	新生职业生涯信念
重视忠诚与工作任期 ※接受工作稳定的职业生涯模式 ※忠诚于公司,公司将以延长工作任期作为奖励 ※经常需要个人为公司利益做出牺牲	重视承诺和绩效 ※接受实现个人理想的职业生涯模式 ※忠诚于增强信心的理想,人生的价值是做贡献和适应新的要求 ※认为团队协作和彼此忠诚是重要的

续表

传统职业生涯信念	新生职业生涯信念
成长 ※成长就相当与晋升 ※逐渐晋升就等于成功	成长 ※成长与个人发展和人生意义相关，尤其要扩大知识面，提高技能水平 ※从事个人认为有意义的活动就等于成功
员工发展 ※组织重视员工发展 ※个人重视组织所提供的职业生涯道路，通过获得组织认为重要的技能寻求保障 ※组织对员工的职业发展负责	个人发展 ※组织重视个人发展 ※最成功的工作环境会鼓励员工不断学习和进步 ※个人对自己的职业发展负责
绩效 ※个人保障与受雇时间长短有关 ※个人应该在同一家单位长久供职	绩效 ※个人保障与个人能力和适应性挂钩 ※个人可能不在一家公司长久供职
组织模式 ※组织相当于一个小家庭，"爸爸妈妈"（高级管理人员）会照顾新职员	组织模式 ※组织相当于一个大家庭，重要的是伙伴关系和关系网络，服务是共享的
组织体制 ※以职位等级为基础，由具体的工作组成	组织体制 ※以要做的工作为基础，由合同、联盟和网络组成

二、职业世界的微观环境

微观职业世界是指每个人的就业环境，具体而言就是将要加入的组织。一个职业可以在不同的组织实现，关键看哪一个组织更适合自己的个人特质和实际期望。如果个体不了解组织，不了解组织的结构和文化，那么在以后的职业生涯中会遇到很多职业问题，只有真正找到适合自己的组织时，人的潜能才能激发出来，进而创造出更大的价值。大学生在职业规划中必须对组织的类型和特点、组织文化、组织结构，该组织对全体员工及具体工作岗位上的员工提出的工作要求等内容有一定的了解。当然，不同的组织有不同的环境特点，需要具体问题具体分析。

（一）组织类型

随着人类实践的向前发展和组织类型、组织规模、组织结构的不断变化，人们对组织的认识还将进一步演变和深化，但这并不妨碍人们对组织的理解。面对社会生活中复杂多样的社会组织，人们从不同角度对组织进行了分类。按组织的规模程度，分为小型组织、中型组织和大型组织；按组织的社会职能，分为文化性组织、经济型组织和政治性组织；按组织内部是否有正式分工关系，分为正式组织和非正式组织。

在我国常见的组织类型有五种：一是营利性组织，即现代社会中经济活动发生的主要场所，包括规模、性质不同的工业商业企业，如国有企业、外资企业、民营企业、科技企业、上市企业等，这是吸纳大学生就业的最多的组织类型；二是非营利组织和非政府组织，包括红十字会、基金会、教育服务中心等；三是政府组织，在我国包括所有政府办事机构；四是准政府组织，即大家通常所熟知的财政拨款的事业单位；五是各类协会。随着经济的发展，虽然组织的分类不是固定不变的——随着我国经济体制改革的深入，事业单位的比例越来越少——但这样的分类能帮助大家了解一些工作单位的基本类型并迅速了解一些组织文化的特征，这对职业规划大有裨益，大学生应在充分了解与理性分析的基础上选择组织类型。

（二）组织结构

当一个组织不断地成长壮大，就应该被授予更多的责任和权利，而且要明确组织权力。组织结构很好地展示了一个组织的权力和责任体系，了解一个组织，必须对它的组织结构有一定的了解。典型的组织结构有直线制、职能制、事业部制、矩阵制等，现在的很多组织，特别是企业商业组织，都有意或无意地淡化权力等级的元素，人与人之间的交流是通过一个垂直和水平交流的网络进行的。当前我国正处于社会经济高速发展，人民生活水平飞速提高的特殊时期，存在着不同于以往任何时期的组织构成和运营机制，作为当代大学生，今后进入什么样的组织、选择什么样的职位，将直接影响着个人的职业发展。

在这里，通过传统组织机构和现代组织结构对人职匹配问题不同的处理方式的简单对比，就可以找到明确的个人职业选择倾向，如表3-2所示。

表3-2 传统组织与现代组织比较

比较项目	传统组织	现代组织
人职关系	因人设职	因事设职
技能要求	胜任	适任
人才来源	培育	租借或购买
使用期限	长期	短期
权益保障	依附	合同契约

如表，从以下五个方面进行分析。

（1）在人职关系上，现代组织一般强调因事设职，无事无职；传统组织往往会出现因人设职的现象。

（2）在技能要求上，传统组织更愿意任用技能水平高出其本职工作要求的人员，而现代组织并不好高骛远，更愿意任用达到或略高于职位技能水平要求的人员，使"人尽其才"。

（3）在人才来源上，传统组织更愿意培养人才，从而形成对组织的忠诚度；现代组织更愿意采用购买或租借的方式占有人力资源，一旦任务圆满完成，就及时解除与对方的劳动关系。

（4）在使用期限上，现代组织喜欢与劳动者达成短期劳动协议，在尽可能短的时间内使用所需的人才，所以"除旧迎新"式的人事变动是常有的事；传统组织反倒更愿意与劳动者结成长期的合作关系，签订长期的任用合同，借此保证组织发展的连续性和稳定性。

（5）在劳动者权益保障方面，传统组织与劳动者之间是一种相互依附的关系，表现为"同舟共济"，该类组织在管理意识中特别强调奉献、牺牲等精神层面的东西；现代组织则采用合同契约规范双方的权利和义务，契约中载明的事项一般都会严格地执行，契约中未涉及的事项，双方一般都没有履行的义务。

由上面的分析可以概括出，不同的组织，虽然职位特点基本相同，但从业者所表现出的职业素养却会有很大差异。希望有一份稳定工作的人往往更希望到传统组织中去，那些愿意冒险创新的人往往更倾向于加入一个现代组织开始职场生涯。

（三）组织文化

组织文化是每个员工职业生涯所处的文化背景，每个人的生涯成长与理解和有效地运用这些知识的能力有关。组织文化是一个组织所倡导的并且为组织上下员工身体力行的价值观和行为准则，它使组织独具特色，区别于其他组织。

如果仔细考察，组织文化这种共同的价值观体系实际上是组织所重视的一系列关键性特征，主要包括七个方面：是否创新与冒险；是否注意细节；关注结果还是关注手段和过程导向；管理决策在多大程度上将考虑到决策结果对组织成员的影响；团队定向还是个人定向；员工的进取心和竞争力如何；组织活动重视维持现状还是重视成长的程度。

最初的组织文化源于组织创建者的经营发展理念，这反过来对组织的员工甄选标准产生强烈影响。组织现任高级管理人员的行为为员工的行为标准设定了范围，表明了哪些是可以接受的行为，哪些是不可以接受的。20世纪90年代以来，组织文化对于员工行为的影响越来越重要。因为现代组织渐渐拓宽了控制幅度，使组织结构趋于扁平化，引入了工作团队，降低了正规化程度，授予员工更大的权力，这些都要求一种强有力的组织文化提供共同的价值观体系，从而保证组织中的每个人都朝着同一方向努力。

组织文化的贯彻者是全体员工，尤其是组织的高层管理者及各级管理人员。对于刚步入职场的大学生而言，影响最大的莫过于其直接上级即主管。主管对下属给予鼓励和指导，会促使新人迅速成长、不断进步；主管对员工仅仅下任务，一旦没有出色完成就严厉批评，这种关系会令人萎靡不振，甚至丧失对职业的热爱和工作的热情。主管的风格和工作中的言行也会影响其带领的工作团队。因此，大学生对职业世界探索，在确定接受的第一个职业挑战时，对组织文化以及将来的领导同事应有相应的了解。

总之，了解组织所处的行业、发展战略、战略措施、竞争实力以及发展态势等信息很重要，一般来说实力雄厚的组织为员工发展提供的空间较大；组织的发展战略与不同职业人的职业发展关系密切，组织的发展态势不同——处于发展期、稳定期还是衰退期，员工个人的职业生涯发展速度也就不同；了解组织规模、组织文化、组织气氛、组织层级、组织结构、组织人力资源需求状况、人力资源规划、员工升迁政策、员工流动政策、员工培训政策等。这些对个人职业发展方向、发展路径及实现个人生涯目标的时间都有重大影响；了解人事管理方案、薪资报酬、福利措施、员工关系、发展政策和工作岗位的基本能力要求、工作绩效评估标准等信息，这些信息一方面决定了新员工职后能否胜任岗位、工作顺利与否，另一方面也关系到员工能否获得与付出相对等的回报，能否在该组织中实现个人的生涯目标；了解领导人的管理理念、个人能力、理想抱负以及是否真正考虑员工个人的职业发展，这是评价分析该组织的重要因素，也是工作世界探索的重要内容。

延伸阅读

2022 年人社部公布 18 个新职业

2022 年 6 月 14 日，人力资源和社会保障部向社会公示机器人工程技术人员、数据安全工程技术人员、碳汇计量评估师等 18 项新职业信息，涉及数字产业、绿色产业等多个新兴领域。

此次公示的 18 项新职业名称分别为机器人工程技术人员、增材制造工程技术人员、数据安全工程技术人员、退役军人事务员、数字化解决方案设计师、数据库运行管理员、信息系统适配验证师、数字孪生应用技术员、商务数据分析师、碳汇计量评估师、建筑节能减排咨询师、综合能源服务员、家庭教育指导师、研学旅行指导师、民宿管家、农业数字化技术员、煤提质工、城市轨道交通检修工。

人力资源和社会保障部有关负责人表示，此次公示的新职业具有以下几方面特点：一是在数字经济发展中催生的数字职业，二是在碳达峰碳中和的发展目标要求下涌现的绿色职业，三是在新阶段新理念新格局和人民美好生活的需要中孕育的新职业。该负责人同时表示，职业分类作为制定职业标准的依据，是开展职业教育培训和人才评价的重要基础性工作。此次新职业信息的公示发布，对于增强从业人员的社会认同度、促进就业创业、引领职业教育培训改革、推动经济高质量发展等具有重要意义。

（资料来源：《光明日报》2022 年 06 月 15 日 10 版）

第三节　探索工作世界的方法与途径

了解职业世界是大学生求职择业前的一项重要任务，对于还没有走向工作岗位的在校大学生来说，要深刻认知相关的工作。了解相关工作信息有一定困难，必须尽可能地利用各种渠道、手段来收集有关的工作信息，探索工作世界的主要途径有以下几种：

一、文献法

在当前的信息时代，很多学生搜索信息的首要途径通常是通过搜索引擎，快速而便捷。但是掌握更丰富、更立体的信息收集和处理方法来帮助自己进行职业探索和决策是很重要的。大学校园资源、政府职能部门、社会组织、商业网站都是获得职业信息的重要渠道。

（一）校园资源

在校大学生正处于寻找职业信息的理想环境中，高校就业网站、高校图书馆和职业生涯中心或咨询中心通常是最好的信息来源。图书馆有专业化的资源，如指导学生生涯规划和求职的数据库、企业和机构的名录等重要资源。在学校、学院的职业生涯中心或辅导员办公室，通过与老师咨询、沟通可以帮助你寻找高质量信息。例如，寻找与你专业相关的信息，了解实习机会，找到与你所学专业对口的机构类型。

（二）政府网站

国家24365大学生就业服务平台由教育部主管、教育部学生服务与素质发展中心运营，是服务于高校毕业生及用人单位的公共就业服务平台。国家公务员局官网和各省、市人事考试网等提供公务员、事业单位岗位信息，军队人才网提供部队文职岗位信息。此外，还有全国大学生创业服务网、国际组织实习任职信息平台等满足大学生不同方向的求职信息需求。目前几乎所有省、市也都建立了毕业生就业信息网站，毕业生可以从中查询到职业信息。

（三）求职网站

《2022年中国互联网招聘行业研究报告》（艾媒咨询）指出，高达85.1%的受访企业主及求职者会选择包括网页、APP等在内的互联网招聘形式，其次是线下的校园招聘会，约占35%。互联网招聘平台在企业和求职者之间互相匹配起到的作用也越来越重要。

（四）行业、企业网站

大学生通过浏览行业信息网或企业官网，能够对目标行业的现状、发展趋势和企业历史、企业动态、产品介绍、人才招聘、核心优势、生产基地、科技研发、合作伙伴等有更充分的了解。

还有一些职业信息方面的重要出版物或职业生涯咨询机构也能提供有价值的信息产品。

二、职业生涯人物访谈

生涯人物访谈是指对自己感兴趣的行业或岗位上的生涯人物进行访谈，咨询有关工作方面的问题。生涯人物是指那些已经从事某种职业较长一段时间（以3至5年甚至更长为宜）、熟悉该职业具体情况及发展前景，并确定自己将该职业作为长期的职业发展方向的职场人士。比如你倾向在IT行业从事营销工作，那么找一位在IT公司从事市场营销的人员进行采访，通过采访就能够了解到IT营销岗位的岗位职责及从业任职的能力和素质要求。

生涯人物访谈的目的是收集供职业生涯决策的信息，而不是利用生涯人物来找工作。

（一）生涯人物访谈流程

1. 找到合适的人并建立联系

通过各种途径寻找你欲面谈的访谈对象的名字、职位和电话，打电话与你访谈对象建立联系并约定面谈时间。为防止访谈中的主观影响，应至少访谈两人以上，如既有成绩卓然者，也有默默无闻者，则效果会更好。

2. 访谈准备

研究访谈对象所从事的职业领域，准备好面谈所要了解的内容提纲以及问题，并为自己准备一个"30秒的广告"，因为在信息采访过程中对方可能会问到你的职业兴趣和目标。

3. 正式访谈

穿着恰当并注意要守时，内容简洁，不要浪费他人时间；征求采访对象的同意后进行录音或书面记录。

4. 汇报与感谢

采访结束后一天之内，迅速发送感谢信和采访心得。

5. 面谈后的书面报告

一般应包括以下信息：会见者的姓名、职位名称、单位类型、面谈日期、面谈内容的简短总结、面谈的收获与感受。

（二）结合目标职业信息设计访谈问题

※在这个工作岗位上，每天都做些什么？

※你是如何找到这份工作的？

※你是如何看待该领域工作将来的变化趋势的？

※你的工作是如何为实现组织的总体目标或使命贡献力量的？

※你所在领域有"职业生涯道路"吗？

※本职业需要什么样的人？

※到本领域工作所需的基本前提是什么？

※就你的工作而言，你最喜欢什么？最不喜欢什么？

※什么样的初级工作最有益于学到尽可能多的知识？

※本领域的初级职位和略高级别职位的薪水是多少？

※工作中采取行动和解决问题的自由度如何？

※本领域有发展机会吗？

※本工作的哪部分让你最满意，哪部分最有挑战性？

※什么样的个人品质或能力对本工作的成功来讲是重要的？

※你认为将来本工作领域潜在的不利因素是什么？

※依你所见，你在本领域工作遇到过什么样的问题？

※对于一个即将进入该领域的人，你愿意提出特别建议吗？

※本工作需要特别的知识、技能和经验吗？

※这种工作需要什么样的教育或培训背景？

※公司对刚进入该工作领域的员工提供哪些培训？

※你的熟人中有谁能做我下次的采访对象吗？当我打电话给他（她）的时候，可以用你的名字吗？

※根据你对我的教育背景、技能和工作经验的了解，你认为我在做出最终决定之前还应在哪个领域、什么样的工作上进行深入的调查研究呢？

（三）寻找访谈人物的方法

寻找访谈人物的过程正是一个培养社交能力、拓展自己人际关系网的过程，可以先从与自己关系亲近的家人亲戚、专业老师、学长学姐开始去寻找，再慢慢扩展关系网，利用一切能利用的资源去寻找这样的生涯人物。有资料表明，大多数有多年工作经验的人都非常愿意帮助大学毕业生认识各种工作的特点，所以大胆开口就好。生涯人物访谈不仅可以使大学生了解职场的基本信息、成功人士所取得的成就，还能激励大学生努力学习，缩小与社会、职场的差距，使自己将来能在社会、职场中取得超越前人的成绩。

1. 计算机网络

通过互联网强大的搜索功能可以获取大量有益的资料，这是信息时代搜索信息的一种高效、快捷、便利的途径。

2. 亲朋好友、家人及其他社会关系

个人的接触面总是有限的，拓展社交范围可以得到许多有价值的信息，亲朋好友、家人及其他社会关系是最直接的社交圈。这些人分布在社会的各个领域、各条战线，通过他们了解和收集的社会信息针对性更强、信息量更大、可信度更高。有的大学生还要依靠亲朋好友来推荐工作，这时亲友对有关职业信息的介绍就会更有针对性与实用性。大学生应当积极主动地去了解这些信息，尤其是有关职业素质要求方面的内容。

3. 新闻传播媒体

广播电台、电视台、报纸、杂志等媒体因具有速度快、传播面广、信息及时等特点，是大学生获取职业信息的重要渠道。各用人单位和组织也都希望通过媒体来介绍企业现状、发展前景及人才需求信息。新闻媒体因而成为了内容丰富的信息源，报纸、杂志、广播电台开办的人才专栏有时会发布关于社会职业情况（如职业薪酬、声望、需求、流动性等）的调查报告或较为全面深入的分析文章，一些招聘广告在提供职位需求信息的同时还包含着大量的相关职业信息。

4. 校内就业主管部门

各高校都专门设立了从事职业生涯辅导或毕业生就业工作指导的各级服务与管理机构，如职业生涯辅导中心、毕业生就业指导中心、就业工作处或办公室等，大学生们可以通过咨询获得有效信息。院系一级的学生就业指导机构，与已毕业的校友有直接的联系，也掌握一些专业相关的企事业单位成功人士的信息资源，可以作为生涯人物访谈的对象。

三、实习、实践活动

俗话说"纸上得来终觉浅"，亲身体验是了解有关工作情况的最佳途径。但优秀企业的实习生计划往往竞争激烈，实习机会的申请、考核步骤流程几乎与正式招聘类似，没有工作经验或突出优势的大学生一般很难得到满意的实习岗位。进入与自己工作意向相关的企业从事哪怕是打杂的工作，认真观察、体会工作情况，这样的机会也是很宝贵的，所以大学生在寒暑假的社会实践、毕业实习时应尽可能选择符合自己职业方向的工作，这不仅能将自己所学的专业知识直接用于管理、生产或其他社会服务，还可以更为直接地了解这些企业的用工情况及职业的素质要求，从中找出自己的差距，在校期间有意识地利用学校的学习资源加以弥补，提高自己的职业素养。

延伸阅读

了解职业世界从大一开始

我从2010年10月底开始找工作，持续到第二年的2月。在将近3个月的求职过程中，先后通过网申，参加了近40个公司的面试以及笔试，最终选择中国农业银行北京分行作为自己职业的起点。

不过，我对职业的了解并非始于大四。因为想尽早承担起家庭的责任，高中时我就打定主意大学一毕业就参加工作，所以毕业后读研、出国还是工作这个令很多本科生纠结的问题并没有给我带来太多的困扰，我的四年大学生活其实都是围绕毕业就工作这个目标进行的。我简单地把这四年分成了三个阶段。

第一阶段：学生工作

因为进入大学之初我的目标就很明确，所以大一时我加入了校学生会体育部、院学生会文艺部，还被选为小班文艺委员。虽然刚开始做的都是些支持性工作，但那段日子让我用最短的时间认识了一大批朋友，他们成为我进入大学后积累的第一批人脉资源，那段时间积累的学生工作经验，也让我在今后的工作中能够游刃有余。我还通过了2008年北京奥运会志愿者选拔的面试，成为同一届大一新生中第一批通过面试的志愿者。大一第一学期期末以及大一暑假，我分别在北航举重馆参加了"好运北京"国际举重邀请赛和2008年北京奥运会、残奥会的志愿者服务工作，职位是场馆运行中心助理。在用志愿服务回报社会的同时，我还认识了来自全国各地的志愿者，并且第一次将课堂上所学的知识运用到实践中。

之后的日子里，因为自己在学生会的工作比较积极和认真，在换届选举中，我有幸担任了经济管理学院文艺部部长、学生会副主席等职位。之前的学生工作培养的更多的是执行力，而部长和副主席的工作需要更多的领导力和时间管理能力。当时我对这些并没有特别的感觉，但是等自己开始找工作时，才发现在学生会干过的同学比其他同学更有竞争力。

现在总结当时自己的表现，做得好的地方主要在于积极、认真、踏实，坚持做好每一件小事，不会因为学生工作无聊或者耗费时间而打折扣。我一直都抱着这样一种心态去工作，既然做了就做到最好，给别人的最好要比别人期望的多一点。

第二阶段：实习

相信很多同学都和我有同样的困惑：知道自己将来要工作，但是根本不清楚自己适合从事什么行业，或者自己对什么工作感兴趣，也不清楚到底是要找与自己专业相关的工作，还是找自己感兴趣的工作，在大二暑假我将找工作正式提上日程后就曾面对这些疑惑。针对以上问题，我的解决办法是，找机会进入与各个选择相关的行业里实习。

实习机会遇到的竞争丝毫不比真正找工作遇到的竞争弱，我甚至觉得找一个好的实习机会比找一份好的工作更难。在初期找实习机会失败后，我总结了一下，觉得自己将起点定得太高，因为在竞争者中，大三的学生通常都具有一定的学生工作背景，而大四学生、硕士研究生甚至博士研究生更有实力。于是我重新调整了自己最初的实习定位，最后在指导员的推荐下，得到了智联招聘北航校园推广助理的实习职位。

通过半年的努力工作，我在2008年底的校园大使评选中获得了"优秀校园推广助理"的称号，并获得了年底的奖金（北京所有院校中仅3人获奖）。就这样一步一个台阶，我先后得到了索尼（中国）Style Store店面销售实习生以及通用电气运营管理领导力培训生等职位，智联校园推广助理这一实习经历是我之后能够找到更好实习机会的跳板，在索尼实习让我对自己一直比较感兴趣的销售职位有了更多的了解，在通用电气实习让我对所学专业将来可能对口的职位有了深入的了解。这些经历让我在下一阶段找工作的过程中更有竞争力，更重要的是，这些实习经历让我坚定了找外企销售类工作的决心。

对于这一阶段，我想给即将找工作的同学一些建议。首先，准备要早，更早地定位能够让自己在后期更有针对性、更有竞争力。其次，对自己要有信心，心态要平和。找工作必然面临竞争，在此过程中要对自己有信心，关心该关心的问题，在准备简历、面试方面尽可能做到最好。比如在通用电气的第一轮群面中，14个人中只有我一个北航本科生，其他人都是北航、清华的硕士、博士研究生，但是因为自己之前准备得比较充分，所以最终只有我一个人获得了实习生的职位。最后，充分利用自己的人脉——在实习阶段以及找工作阶段，身边的人脉能够让你少走很多弯路。智联招聘的实习机会是辅导员推荐的，我在找工作期间的很多职位的面试机会都是通过学长学姐直接推荐获得的，并且在面试期间他们也给了我很多建议，这些都使我的起点比别人高。

第三阶段：找工作

每年9月，一些大型外企就开始进行面向应届生的招聘工作，之后其他公司的招聘会会陆续举办，一直持续到12月。那段时间的感觉就是招聘信息铺天盖地迎面而来。不管有没有目标，开始时大家都会慌乱、迷茫，每天参加各种网申、宣讲会。因为自己当时想做销售，所以我一开给就听从学长的建议，主要选择了快消品这个行业的公司，如宝洁、百威、玛氏等。可惜，因为自己英语口语不好，在很多公司的面试环节被淘汰。

3个月的时间里，我几乎每天都在改简历、网申、笔试、面试再面试，也不断地经历接录取通知或拒绝信，体会忐忑、兴奋、高兴、失落的心情。最终，我拿到了包括农行、联合利华、香港航空在内的七个Offer，并最终选择了中国农业银行北京分行的营销岗位。虽然与自己找工作之初去外企的目标有些出入，但最终从事了自己向往的销售类工作。

这一阶段其实是最纠结、最艰难的，所以想给各位学弟学妹的建议也比较多。

1. 如果到了9月你还没明确自己想干什么，就多去听听企业的招聘宣讲会吧。相信见过企业的人员、体会了企业的文化之后，你会找到自己心中问题的答案。

2. 准备好自己的简历。这是你推销自己的第一步，企业没见过你，那张薄薄的纸代表了你的全部，找准定位、随时修改，这个过程可以始于你开始找实习机会时。我做了统计，从开给找工作到最后找到工作，我的简历修改了50次以上。

3. 好好利用身边的人脉，主动一些。你要相信学长学姐们都很乐意帮助你。

4. 事前充分的准备能帮助你在面试中脱颖而出。

5. 相信自己，不要为了单纯地迎合某个职位的要求去改变真实的自己，但是也不要太随意，这个度我相信大家都能把握好。

回顾了解职业并选择职业的全过程,我有以下两点最重要的体会:首先,在面临抉择,却没有特别明确的想法时,我更愿意选择自己去经历,经历过后,跟随你的心走,你会找到答案。其次,遇到问题时多听听过来人的意见,从他们的描述中你能够得到很多建议,让你少走很多弯路。这就要求我们利用一切机会去认识能够给我们提供帮助的人。希望同学们能够自信同时谦逊地去追寻自己的目标和梦想。

(资料来源:王全利,罗双燕. 大学生职业生涯规划 [M]. 沈阳:辽宁大学出版社,2018.)

第四章

职业兴趣

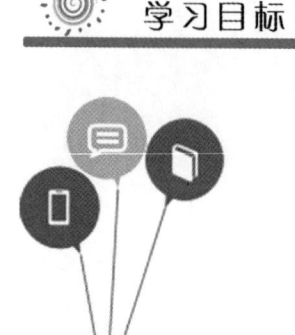

学习目标

01 学生能掌握职业兴趣的概念，清楚辨析职业兴趣与兴趣之间的区别；能掌握霍兰德职业兴趣类型理论

02 能够应用职业兴趣理论，进行自我的职业兴趣探索；能够客观分析职业兴趣对职业选择与发展的影响

03 认识到职业兴趣对一个人长远职业发展的影响，能够将兴趣纳入未来职业选择的考虑范围

课堂引导

2020年7月，湖南耒阳留守女孩钟芳蓉以676分的高分取得了湖南省文科第四名的好成绩。钟芳蓉从一岁起便跟着爷爷奶奶一起生活，父母一直在外打工。从六年级开始她在校寄宿，一个月回家一次。独立自强的她在高考中取得了这么棒的成绩，被不少网友称为"全村的希望"！

成绩出来后，钟芳蓉选择了北京大学考古专业，希望以后读研深造，做考古研究。她之所以这么选择,是因为从小喜欢历史和文物,也受了敦煌研究院名誉院长、研究馆员樊锦诗先生的影响,"她在北京大学考古专业毕业之后去了敦煌,然后为敦煌做了很多事情。"

考取高分本来是一件皆大欢喜的事,但是因为钟芳蓉报的是北大考古系,在网上引起了不少议论。网上出现一种声音:考古专业冷门,还可能找不到工作……部分网友认为,钟同学不应该报这么冷门的专业,而是应该利用自己的选择权,报经管、金融那些工资高的专业。接受采访时,钟芳蓉表达了对考古专业的热爱。她并非不知道这是"冷门专业",而是相信自己好好学习,既能为考古做贡献,"养家糊口"也不在话下。她说:"我个人特别喜欢(考古),我觉得喜欢就够了呀!"

如果你是钟芳蓉,在面对喜欢的考古专业和看似没有"钱途"的就业方向,你会进行怎样的专业与职业选择,为什么?

第一节 职业兴趣认知

基础知识

诺贝尔物理奖获得者丁肇中说过:"兴趣比天才重要。"重视个人兴趣既是职业生涯规划中自我认知的一个很重要的内容,也是影响职业发展的关键因素。

一、兴趣

(一)兴趣的定义

兴趣是指个体力求认识、掌握某种事物,并经常参与该种活动的心理倾向,或者说,兴趣是一个人积极探究某种事物的心理倾向。人的兴趣是在需要的基础之上产生并在活动中发展起来的,而且它是推动人们去寻求知识和从事活动的巨大的内在动力。一个人在从事自己感兴趣的活动时,注意力会更加集中,思维会更加活跃,行为会更加持久稳定,并能产生愉快的心情。

(二)兴趣的分类

人的兴趣是多种多样的,但概括起来可以分为以下三大类。

1. 物质兴趣和精神兴趣

物质兴趣与你的需要相关联，表现为对物质和物质生活的迷恋和追求，例如收藏；精神兴趣主要是指对文化、科学和艺术的迷恋和追求，例如旅游、写作、绘画、书法、摄影、发明创造等。

2. 直接兴趣和间接兴趣

你喜欢跳舞、打球，可能是因为这些活动本身对你有吸引力，通过这些活动你会获得愉快和满足——这就是直接兴趣；你可能感到学外语是一件很枯燥的事情，但对它仍然兴致很浓，这并不是学外语本身会给你带来轻松愉快的感觉，而是学外语可以继续攻读学位，可以直接了解国外的最新信息，可以找到满意的工作，可以出国学习或交流等，是这些结果在吸引你学习——这就是间接兴趣。直接兴趣和间接兴趣可以互相转化，也可以相互结合，从而更有效地调动你的积极性。

3. 个人兴趣和社会兴趣

个人兴趣是个体以特定的事物、活动及人为对象所产生的积极的和带有倾向性、选择性的态度和情绪。社会兴趣指社会成员对某一领域的普遍兴趣，或社会某一领域对社会成员的普遍需求。

（三）兴趣的特性

人的兴趣在广度、深度、稳定性和效能方面所表现出的不同特点叫作兴趣的品质。具体情况如下：

1. 兴趣的广泛性

兴趣的广泛性是就兴趣范围的大小而言。有些人兴趣广泛，对什么都感兴趣，琴棋书画样样都乐于探求；有的人兴趣就比较单一，范围非常狭窄。

2. 兴趣的中心性

兴趣的中心性是指兴趣的深度。人不可能对所有的事物都抱有浓厚的兴趣，而只是对某些事物特别感兴趣。所以，只有广泛的兴趣与中心兴趣相结合，才能促使人更好地发展。否则什么都知道又什么也不深入，浅尝辄止、博而不专，这样的人很难有大的发展。

3. 兴趣的稳定性

兴趣的稳定性是指兴趣的持久与稳固程度。人与人之间的差异很大，有的人对他们所从事的工作或研究的问题长期地保持浓厚的兴趣，无论在工作中遇到什么困难都能克服，所以，在事业上就容易取得成功。

4. 兴趣的效能性

兴趣的效能性是指兴趣对活动产生的效果大小。凡是能促使人积极主动地学习和工作，并产生明显效果的都是积极的、有效能的兴趣。

（四）兴趣的发展过程

生活中，我们常常发现，有的人看似兴趣很多却没有什么特长；而有的人，兴趣也不少，提起每个兴趣来都头头是道；还有的人，兴趣不多，却能把有限的兴趣做到专业，最终把自己的兴趣发展成奋斗终身的事业。是什么造成了这种差异？

其实我们的兴趣是有发展阶段的，一般分为感官兴趣、自觉兴趣、人生志趣。

感官兴趣是通过直观的感官刺激产生的兴趣。比如有的人喜欢乒乓球，是因为我们的身体在进行这项运动时，会产生愉快的感受。听音乐、追剧、运动等通过外界的感官刺激导致的兴趣都是感官兴趣。感官兴趣具有注重表面、参与较少、时间短暂和体验浅显的特点，一旦特定对象的新奇感消失，原本有趣的事物就会变得无趣，兴趣也会随之消失。我们对感官刺激的兴趣长度和强度常常由外界刺激所决定，所以感官兴趣相对不够稳定。

自觉兴趣是在情绪的参与下，兴趣从感观层面进入到思维层面，加入了人的认知行为参与的兴趣。比如同样是喜欢乒乓球，处于自觉兴趣阶段的人不仅会利用自己的业余时间打球锻炼，同时也会投入一定的时间和精力去研究，比如观看职业比赛、学习打球的技巧、了解职业球员的培养过程等，甚至会请教练对自己进行一定训练以提高打球技巧。自觉兴趣具有基本定向、积极参与、时间较长和体验深刻的特点，对个体在特定人生阶段的学习、工作和生活会产生重要影响：其一自觉兴趣可以使人不再仅仅依赖外界刺激，拥有自己可以把控的内在兴趣源；其二自觉兴趣可以持久定向于一个领域，进而在该领域产生一定的能力。

志趣已不仅仅是兴趣，而是把自觉兴趣通过学习变成能力、通过能力寻找平台获得价值、在众多价值中找到自己最有力量的一种生涯管理技术。志趣的产生不仅在于有感官和认知能力，还加入了更深一层的内在动力即志向与价值观。比如职业乒乓球选手，他们不仅喜欢打球、花时间研究打球，而且把打乒乓球当作自己的职业甚至是终身奋斗的事业。志趣具有方向明确、服务社会、积极自觉和矢志不渝的特点，是个体取得学业和工作业绩的根本动力，也是个体事业成功的重要保证。

（五）兴趣对个人成长的作用

兴趣对一个人的成长和发展有着巨大的作用，主要表现在以下三个方面：

首先，兴趣具有定向作用，它可以奠定一个人事业的基础并指示努力的方向。如果一个人从小喜欢探究小动物的生活习性，将来就可能去学习生物学，并作为终身研究的方向。

其次，兴趣具有动力作用，兴趣可以转化为动机，从而激励人们，成为人们进行某种活动的推动力。达尔文在他的自传中写道，就他在学校时期的性格和各种表现来说，其中对他后来发生影响的，就是他对事物有强烈的兴趣，他沉溺于研究自己感兴趣的东西，狂热于了解任何复杂的问题和事物，可见兴趣既是活动的重要动力之一，也是活动成功的重要条件。

最后，兴趣是创新的前奏。一个人对某种职业有兴趣，才会热爱这种职业，才会激发起他对该项工作强烈的求知欲、探索欲，才会有所发明，有所创造，有所前进。这既是一种自我开发和展露，又是对工作的促进和推动，就此意义而言，兴趣其实也是一种动力源泉，对人的发展有一种推动的力量。

兴趣是在社会实践过程中发生并不断形成的，是人们接受事物或从事活动的重要依据。在进行职业选择时，从自身的职业兴趣出发是至关重要的。

延伸阅读

袁隆平：我的两个梦

2021年5月22日13时07分，"杂交水稻之父""共和国勋章"获得者、中国工程院院士袁隆平逝世，享年91岁。

让14亿国人能够吃饱饭，是袁隆平的毕生追求。是什么，让他坚定了学农的志向？

袁隆平从小就有一个学农梦，他曾回忆："在武汉读小学一年级的时候一次郊游，我们老师带我们到附近一个企业家办的园艺场，正好那是6月上旬的时候，桃子红红的，挂在树上好漂亮啊！还有葡萄一串一串的。哎呀，我说学农好啊！从那个时候第一次印象最深了，我就觉得学农好！"这次跟随学校游览园艺场的经历，让他第一次对田园之美、农艺之乐有了向往。而出生于战火纷飞的动荡年代，袁隆平也切身体会到"什么叫作'民以食为天'，没有粮食什么都谈不上"。

于是,在"想要成为一名农业科学家"的远大理想中,袁隆平放弃了父母推荐的理工与医学专业,立志学农,并于1949年顺利考入西南农学院农学系。这一选择让这位乐观向上的青年自此扎根农业,几十年如一日地在田间地头做实验,解决了十几亿中国人的吃饭难题。

让我们一起重温袁老2019年10月23日发表在《人民日报》上的文章《我的两个梦》(节选)。

时光如白驹过隙,一转眼,90年过去,我成了正儿八经的"90后"。我大半辈子都在与水稻打交道。我最关心的就是与水稻和粮食相关的事。

中华人民共和国成立之前,中华大地上到处灾荒战乱,人民生活颠沛流离,少年时我就被迫从一个城市辗转到另一个城市,虽然少不更事,但每当看到沿路举家逃难、面如菜色的同胞,看到荒芜的田野和满目疮痍的土地,我的内心总会泛起一阵阵痛楚。报考大学时,我就对父母说,我要学农。母亲听了,吓一跳,说,傻孩子,学农多苦啊,你以为好玩儿呢?但我是真正爱上了农业,死活要学,还摆出大道理:吃饭可是天下第一桩大事,没有饭吃,人类怎么生存?最后,父母尊重我的选择。

毕业后,我被分配到湖南安江农校任教。安江农校地处偏远,临行前,学校的领导告诉我,那里很偏僻,"一盏孤灯照终身",你可要做好思想准备。当时我想,能传播农业科学知识,也是为国家做贡献!没想到,去了不久,就碰上困难时期。我当时想,这么大一个国家,如果粮食安全得不到保障,其他一切都无从谈起,我要为让中国人吃饱饭而奋斗!

一天,我看到一些农民从高山上兑了种子,担回来种,就问他们,为什么跑到那么高的山上去换种呢?他们说,山上的种子质量好一些,产得多些。他们接着还说了一句话,叫作"施肥不如勤换种"。这对我有很大启发:农业上增产的途径有很多,但其中良种是非常重要的因素。

从此以后,我开始自己的杂交水稻研究之路。一路走来,有汗水和辛酸,也有丰收和喜悦。科学探索无止境,在这条漫长而又艰辛的路上,我一直有两个梦,一个是禾下乘凉梦,另一个是杂交水稻覆盖全球梦。

禾下乘凉梦,我是真做过,我梦见水稻长得有高粱那么高,穗子像扫把那么长,颗粒像花生那么大,而我则和助手坐在稻穗下面乘凉。其实我这个梦想的实质,就是水稻高产梦，让人们吃上更多的米饭，永远都不用再饿肚子。

做梦容易，但要把梦变成现实，则需要付出大量艰苦的劳动和努力。我清楚地记得，那是1961年7月的一天，我到安江农校的试验田选种。突然，我发现了一株"鹤立鸡群"的稻株。穗大，颗粒饱满。我随手挑了一穗，竟有230粒之多！当时以为，选到了优良品种，岂不是可以增产无数粮食？

第二年春天，我把种子播下，结果却令人大失所望，一眼望去，高的高，矮的矮，没有一株赶得上最初的那株水稻。我不甘心，开始反复琢磨其中的奥秘，研究那一片试验田的稻株比例，最终得出一个结论：水稻是有杂交优势的，那株鹤立鸡群的水稻，就是天然的杂交水稻。既然天然杂交稻具有这样强的优势，那么人工杂交稻，也一定有优势。当时，遗传学理论一直否定自花授粉作物有杂交优势。我对此理论提出质疑。随后，我又拜访专家，翻找资料，最终得出结论，既然自然界存在杂交稻，那么人工杂交水稻也一定可以利用。而要想利用这一优势，首先需要找到"天然的雄性不育水稻"。

于是，我又走上曲折的寻找之旅。

1973年，我们协作组历尽千辛万苦才通过测交找到恢复系，攻克"三系"配套难关，才有了中华人民共和国第一代杂交水稻。1995年，第二代以光温敏不育系为遗传工具的杂交水稻——两系法杂交稻研制成功。2011年，我们又启动第三代杂交水稻育种技术的研究与利用，这是以遗传工程雄性不育系为遗传工具的杂交水稻，已初步研究成功。现在，我们甚至开始了第四代、第五代杂交水稻的研制。

科学探索永无止境，我的另一个梦，就是杂交水稻走向世界、覆盖全球。

为了实现这个梦，我们一直在努力。从20世纪80年代至今，我们坚持开办杂交水稻技术国际培训班，为80多个发展中国家培训了14000多名杂交水稻技术人才，我还受邀担任联合国粮农组织首席顾问，帮助其他国家发展杂交水稻。

我已经90岁了，但"老骥伏枥，志在千里"，我要力争让我们的团队早日完成每公顷18吨的高产攻关，做好第三代杂交水稻技术的生产应用。我希望最终能实现"禾下乘凉、覆盖全球"的两大心愿。

（资料来源：袁隆平. 我的两个梦 [J]. 种子科技，2019，37（13）：6-7.）

课堂活动

探索自己的兴趣

活动一：兴趣星空图

1. 请在一张纸上尽可能多地把自己感兴趣的事情全部列出来。即使这些事情你没有做过也没有关系，只要你能够想到，同时觉得感兴趣的都可以写在纸上（图4-1）。

2. 将列出来的感兴趣的事情填写到星空图的星星之中，兴趣强烈一点的填在大星星中，兴趣稍弱一些的填在小一点的星星之中。在星空图之中，可以填满所有的星星，也可以留有空白。如果你的兴趣实在太多，星空图无法完全容纳，那还请你忍痛割舍掉几个强度最弱的兴趣。

3. 现在可以思考一下，这些兴趣之中，哪些是"你曾经体验过很感兴趣"或者"你没有尝试过，但是觉得自己会有兴趣的"？请在这些星星旁边画上一个圈，表示这些事情你有过感官兴趣。

4. 请再思考一下，哪些兴趣是你"有强烈的求知欲，开始深入学习"，或者"曾经进行过系统的学习"？请在这些星星旁边画上第二个圈，代表这些升级为你的自觉兴趣。

5. 最后请仔细思考，有没有哪些自觉兴趣，让你"获得过外界或者自己内心很大的满足感"或者"值得全身心投入很长一段时间"？请在这些星星旁边再画上一个圈，这种有三个圈的星星代表了你的志趣。

注意：如果在你的星空图之中没有三个圈的星星，也不用觉得焦虑，很多人的志趣通常出现时间较晚，可能到35岁才会开始慢慢出现。你不一定要现在就找到志趣，只要你从现在开始有意识地慢慢培养你的兴趣，经常尝试展现自己的自觉兴趣，志趣自然就会出现。

图4-1 兴趣星空图

活动二：兴趣金字塔

在进行了兴趣星空图的梳理之后，为了更加清晰地观察自己的兴趣在三层级中的分布，我们可以将其中的内容转移到兴趣金字塔之中。

按照兴趣星空图中，各种兴趣所处星星旁边的圆圈数目，将兴趣转填到兴趣金字塔之中。一个圈的填入感官兴趣，两个圈的填入自觉兴趣，三个圈的填入志趣。

聚焦，找到合适的兴趣并加大培养的力度。这个过程可能需要你和同伴讨论来完成，请对方帮助你更加全面地剖析自己的兴趣，尽量在感官兴趣或自觉兴趣中聚焦到一至两项进行强化；如果很幸运你已经找到了自己的志趣，请保持，并尝试分出一点时间关注一下其他兴趣，把自己的金字塔尖塑造得更加出彩（图4-2）。

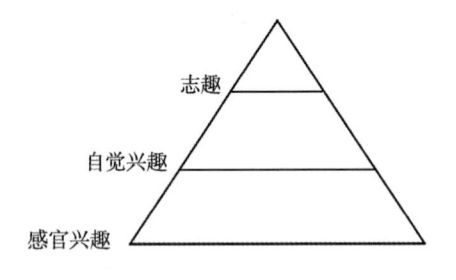

图4-2 兴趣金字塔

[资料来源：古典. 生涯规划师·生涯规划师专业能力培训教程［M］. 苏州：江苏凤凰科学技术出版社，2016.]

二、职业兴趣

（一）职业兴趣的定义

职业兴趣是兴趣在职业方面的表现，是指人们对某种职业活动具有的比较稳定而持久的心理倾向，使人对某种职业给予优先注意，并向往之。

职业兴趣在职业活动中起着重要的作用。职业兴趣是职业选择的重要依据，也是取得职业成就的强大动力，更是成功的重要保证。兴趣是事业的先导，也是人积极探究某种事物的认识倾向，更是人获得知识的巨大动力。我们说的"干一行，爱一行，钻一行"，就是从兴趣入手，培养对所从事专业的兴趣，热爱本职工作，努力钻研其中的知识，并最终在平凡的岗位上做出成绩。需要注意的是，职业兴趣不代表职业能力，但对职业能力有促进作用。

（二）职业兴趣的分类

兴趣是一种无形的动力，每个人都会对他感兴趣的事物给予优先注意并进行积极的探索。职业兴趣是一个人对待工作的态度和对工作的适应能力，表现为有从事相关工作的愿望；拥有职业兴趣将增加个人的工作满意度、职业稳定性和职业成就感。教育和心理学研究者，根据职业的性质和人们的兴趣特点划分出不同的职业兴趣类型。

霍兰德（Holland）根据人格职业类型匹配理论，将职业划分为现实型、研究型、艺术型、社会型、企业型和常规型六类；谢恩（Schein）根据个人理想、需要的特征，把职业分为管理者、技术专家、安全顾问、高度自主需求者、创业者五类；德里弗（Driver）根据职业发展过程特征，把职业分为稳定性职业、线性职业、螺旋式职业、跳换式职业四类。

每个人所具有的兴趣与习惯特点不一定完全符合某种职业的要求，因此要根据自己所喜欢的职业方向调整和发展自己的职业兴趣，向着自己的职业目标努力。

（三）兴趣与职业兴趣的比较

小李同学是2017年的毕业生，可是毕业两年来一直很烦恼，原因是他没找到自己的职业发展方向。他的目标就是希望能多赚点儿钱，能让爸妈过好点儿。毕业后他在一家公司做会计，觉得自己对会计工作不喜欢也不讨厌。但是他一直以来的梦想是做主持人，又觉得自己不够好看，于是想做记者。工作一年左右他辞职了，参加了研究生考试，准备考新闻专业，但是最后没考上。现在他觉得自己似乎对新闻的热情也降低了。

后来他听说有同学在做导游，收入颇丰，也很动心。可是父亲让他考注册会计师，现在他也在准备，主要是觉得考到注册会计师以后收入会好点儿。他有时觉得看书很有意思，解出题也很有成就感，可有时又觉得很烦，不想看书，不知道自己是不是真的就要一辈子做会计了。他觉得两年来，自己一直处于一个十字路口，不知道要往哪儿走，因此也被这个问题折磨得郁郁寡欢。

我们分析后可以看出，造成小李同学苦恼的根本原因是他把兴趣与职业兴趣两者混淆了。小李同学对当主持人非常感兴趣，但这仅仅是一种个人的爱好，人们喜欢什么，不一定就能去从事什么职业，因为由兴趣向职业兴趣的转换，还需要具备诸多因素，其中最关键的因素就是能力。所以职业兴趣＝兴趣＋能力，如果仅仅有兴趣，而无从事这项职业的能力，我们是无法胜任这项工作的，这就是"兴趣"与"职业兴趣"的本质区别。

小李同学想当主持人，由于觉得"自己不够好看"而选择"做记者"，但记者与主持人本身并不属于同一类职业。当他得知导游能赚钱，又对导游产生了兴趣，可以说，他是从一个误区又走向另一个误区。我们选择职业时，必须搞清楚，对某职业有兴趣和从事某项职业完全是两回事情，不能完全以"个人兴趣"作为选择职业的标准，还必须对所选择的职业充分了解，了解职业的工作内容以及任职资格，要从"职业兴趣"角度出发，即从"兴趣"和"能力"等综合因素去考虑，自己是否与所选择的职业相匹配，如果所选择的职业仅符合自身兴趣，但自己并不具备从事这项职业的能力，那么我们是不宜将这样的职业作为职业目标的，否则就会成为将来自身苦恼的根源。

小赵同学从小就对球鞋特别感兴趣，他会研究不同厂商不同鞋子的款式、质地，希望自己有朝一日能从事设计球鞋的工作。大三暑假，他终于如愿在国内一家知名的体育品牌商设计部做实习生，通过几个月的实习，部门领导对他很认可，说他可以直接同公司签订劳动协议。这时小赵同学困惑了，他看到自己设计的鞋子款式大多被舍弃，有个别"幸运"的鞋样，也会被反复修改，最后定稿与自己当初设想的已大不一样，在这个过程中他感受到的不是快乐而更多的是痛苦。如果基于兴趣找到的工作，工作起来不应该是快乐的吗？他到底是应该留下来工作，还是寻找真正适合自己的工作？

与个人兴趣不同的是，职业兴趣不仅强调对工作的兴趣，还强调对工作的责任，在日常生活中，我们对某项事情产生兴趣，完全是以个人兴趣为中心的。而在工作中，我们应该以兴趣和责任为中心，必须为所从事工作的结果承担责任。因为我们所从事的工作内容不是单一的，而是部分内容你感兴趣，另一部分你不感兴趣，例如，你喜欢和人打交道，但是不一定喜欢和各种类型的人打交道；你喜欢软件开发，不太喜欢与人交往，但工作中你又不得不与客户交往，必须按照客户需求开发软件。可见，"职业兴趣"要求我们必须对工作承担责任。尽管选择职业时，我们要特别考虑自身的兴趣，但也绝对不能迷失在"个人兴趣"中。如果遇到所从事的工作与自己的兴趣不相符，也应该认真对待，积极完成工作，这也是职业兴趣的本质特点。综合第一点，再用公式表达就是：职业兴趣 = 兴趣 + 能力 + 责任。

总之，兴趣与职业兴趣既有相同点，又有不同之处。职业兴趣是个人兴趣、能力和责任的集合体，我们选择职业的时候，要充分了解职业的岗位职责和任职要求，要以"职业兴趣"为重要考量标准，不能把个人兴趣当作职业兴趣，也不能完全迷失在"个人兴趣"之中。

第二节　霍兰德职业兴趣理论

基础知识

在前面的内容中，我们了解了兴趣和职业兴趣，也认识到了职业兴趣对人的长远职业发展的影响，那么不同的职业兴趣是如何和职业世界联系起来的，如何利用人的职业兴趣进行职业选择和发展？

一、霍兰德职业兴趣理论的提出

为了更好地描述与处理个体特征与环境特征间的关系，著名的生涯辅导理论专家霍兰德（Holland）在总结前人研究的基础上，发展出了霍兰德职业兴趣理论。该理论把人的兴趣类型和现实的职业环境分别分为六个类型，一个人是否对自己的职业感到满意，能否长期从事某种职业，一定程度上会受到其职业兴趣与其所从事的职业匹配程度的影响。

该理论有一些假设：

（1）霍兰德认为职业选择是人格的一种表现，某类型的职业通常会吸引具有相同人格特质的人，这种人格特质反映在职业上就是职业兴趣。人的兴趣大体可以归纳为六种类型：现实型（Realistic），用首字母 R 表示；研究型（Investigative），用首字母 I 表示；艺术型（Artistic），用首字母 A 表示；社会型（Social），用首字母 S 表示；企业型（Enterprising），用首字母 E 表示；常规型（Conventional），用首字母 C 表示。不同的兴趣类型有着不同的典型特点，比如社会型兴趣占主导的人喜欢人际交往，事务型兴趣占主导的人喜欢规则和秩序。

（2）外界的工作环境也可以分为六种类型，其名称、性质与兴趣类型的内涵一致。比如教师是一个经常跟人打交道的职业，社会型兴趣特点占主导的人更适合该职业，而会计需要对数字等进行细致处理，事务型兴趣特点占主导的人更适合该职业。

（3）个人兴趣类型与职业环境之间的匹配将增加个人的工作满意度、职业稳定度和职业成就感。比如社会型兴趣占主导的人与教师的匹配度高于与会计的匹配度，而事务型兴趣占主导的人与会计的匹配度高于与教师行业的匹配度。

需要注意的是，个人的职业兴趣往往是多方面的，很少只集中在某一种类型上。大家可能或多或少地具备所有六种兴趣，只是偏好程度不同。因此，为了比较全面地描绘个人的职业兴趣，通常用最强的三种兴趣的字母代码来表示一个人的兴趣，这个代码就称为"霍兰德代码"（Holland Code）。

二、霍兰德职业兴趣理论模型

（一）霍兰德六种职业兴趣

1. 现实型（R）

共同特征：愿意使用工具从事操作性工作，动手能力强，做事手脚灵活，动作协调。偏好于具体任务，不善言辞，做事保守，较为谦虚。缺乏社交能力，通常喜欢独立做事。

性格特点：踏实稳重，诚实可靠，感觉迟钝、谦逊、不讲究。

避免的活动：与他人交往。

别人的评价：坦率，注重实际，技艺精湛。

典型职业：喜欢使用工具、机器、需要基本操作技能的工作，要求具备机械方面的才能、体力，或对与物件、机器、工具、运动器材、植物、动物等相关的职业感兴趣并具备相应能力。例如技术性职业（计算机硬件人员、摄影师、制图员、机械装配工）；技能性职业（木匠、厨师、技工、修理工、农民、一般劳动者）。

2. 研究型（I）

共同特征：思想家而非实干家，抽象思维能力强，求知欲强，肯动脑，善思考，不愿动手。喜欢独立的和富有创造性的工作。知识渊博，有学识才能，不善于领导他人考虑问题理性，做事精准，喜欢逻辑分析和推理，不断探讨未知的领域。

性格特点：有韧性，喜欢钻研。好奇心强，独立性强。

避免的活动：说服或者销售活动。

别人的评价：不善社交，有智慧。

典型职业：喜欢智力的、抽象的、分析的、独立的定向任务，要求具备思考或分析的能力，并将其用于观察、估测、衡量、形成理论、最终解决问题的工作。例如科学研究人员、教师、工程师、计算机编程人员、医生、系统分析员。

3. 艺术型（A）

共同特征：有创造力，乐于创造新颖、与众不同的成果，渴望表现自己的个性，实现自身的价值。做事理想化，追求完美，不重实际。具有一定的艺术才能和个性。善于表达、怀旧，心态较为复杂。

性格特点：有创造性，非传统的，敏感，容易情绪化，较冲动，不服从指挥。

避免的活动：常规的和遵从已经建立的规则。

别人的评价：非传统，无序，有创造力。

典型职业：喜欢的工作要求具备艺术修养、创造力、表达能力和直觉，并将其用于语言、行为、声音、颜色和形式的审美、思索和感受，具备相应的能力。不善于事务性工作。例如艺术方面（演员、导演、艺术设计师、雕刻家、建筑师、摄影家、广告制作人），音乐方面（歌唱家、作曲家、乐队指挥），文学方面（作家、诗人、剧作家）。通常艺术兴趣高的人做事倾向于理想化，力求完美。在企业中，艺术的做事不是指人们做艺术工作，而是工作中的艺术，倾向于将事情做得漂亮、有美感、有情调，锦上添花，追求完美。

4. 社会型（S）

共同特征：喜欢与人交往、不断结交新的朋友，善言谈，愿意教导别人。关心社会问题，渴望发挥自己的社会作用。寻求广泛的人际关系，比较看重社会义务和社会道德。

性格特点：为人热情，善解人意，乐于助人。

避免的活动：机械或者技术活动。

别人的评价：善于照顾人，使人愉快，外向。

典型职业：喜欢与人打交道的工作，能够不断结交新的朋友，从事提供信息、启迪、帮助、培训、开发或治疗等事务，并具备相应能力。例如教育工作者（教师、教育行政人员），社会工作者（咨询人员、公关人员）。

5. 企业型（E）

共同特征：追求权力、权威和物质财富，具有领导才能；喜欢竞争，敢于冒险，有野心/抱负；为人务实，习惯以利益得失、权利、地位、金钱等来衡量做事的价值，做事有较强的目的性。

性格特点：善辩，精力旺盛，独断，乐观，自信，好交际，机敏，有支配欲。

避免的活动：科学的、深奥的论题。

别人的评价：有活力，合群，有领导气质。

典型职业：喜欢具备经营、管理、劝服、监督和领导才能，以实现机构、社会及经济目标的工作，并具备相应的能力。例如项目经理、销售人员、营销管理人员、政府官员、企业领导、法官、律师。工作中通常要求管理人员和销售人员要有较强的企业兴趣，企业兴趣强则做事目的性强，务实，推动性也较强。

6. 常规型（C）

共同特征：喜欢常规的、有规则的活动，喜欢按照预先安排好的程序工作。尊重权威和规章制度，细心、有条理，习惯接受他人的指挥和领导，自己不谋求领导职务。喜欢关注实际和细节情况，通常较为谨慎和保守，缺乏创造性，不喜欢冒险和竞争，富有自我牺牲精神。

性格特点：有责任心，依赖性强，高效率，稳重踏实，细致，有耐心。

避免的活动：不明确的、无结构的任务。

别人的评价：谨慎，顺从。

典型职业：喜欢注意细节、高精确度，有系统有条理，且具有记录、归档、据特定要求或程序组织数据和文字信息的职业，并具备相应的能力。例如：邮件分类、档案管理、打字员、统计、秘书、记事员、会计、行政助理、图书馆管理员、出纳员、投资分析员。

（二）霍兰德职业兴趣解析

对于以上六种职业类型，霍兰德设计了一个平面六角图形（图4-3）。这个六角形的六个角分别代表六种职业类型和六种劳动者类型。每种类型的劳动者与六种类型的职业相关联，在图形上以连线表示。霍兰德提出了六角形模型用来解释六种类型之间的关系。

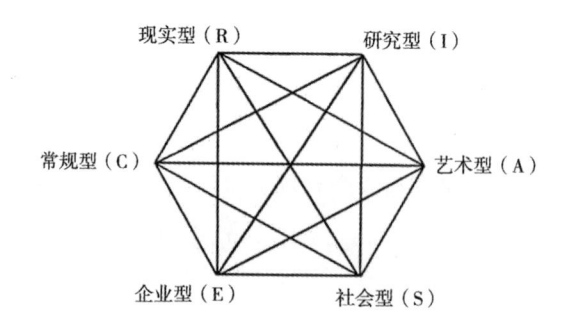

图4-3 霍兰德六角形模型

由图 4-3 可见，每一种类型与其他类型之间存在不同程度的关系，大体可描述为三类：①相邻关系，如 RI、IR、IA、AI、AS、SA、SE、ES、EC、CE、RC 及 CR。属于这种关系的两种类型的个体之间共同点较多，现实型 R、研究型 I 的人就都不太偏好人际交往，这两种职业环境中也都较少机会与人接触。②相隔关系，如 RA、RE、IC、IS、AR、AE、SI、SC、EA、ER、CI 及 CS。属于这种关系的两种类型个体之间共同点较相邻关系少。③相对关系，在六角形上处于对角位置的类型之间即为相对关系，如 RS、IE、SR、EI、AC 及 CA 即是相对关系的人格类型，此种类型的个体之间共同点少。因此，一个人同时对处于相对关系的两种职业环境都兴趣很浓的情况较为少见。

在霍兰德六角形模型中，每种职业人格类型与其邻近的两种类型属于相近关系；与其处于次对角线上的两种类型属于中性关系；与其处于主对角线上的职业人格类型属于相斥关系。因此，霍兰德提出了职业选择时应遵循的几个原则：①适宜原则。即每种职业人格类型的人适宜从事对应类型的职业。例如 S 型人格类型的人从事 S 型职业。②相近原则。即每种职业人格类型的人选择从事与该种人格类型相近类型的职业，比较容易适应。例如 S 型人格类型的人从事与其相邻 E 型或 A 型职业。③中性原则。即人们选择从事与人格类型呈中性关系类型的职业，经过艰苦努力，也较容易适应。例如 S 型人格类型的人从事与其相隔一个类型的 C 型或 I 型职业。④相斥原则。即人们如果选择与人格类型相斥关系类型的职业，则很难适应。例如 S 型人格类型的人从事与其相对立的 R 型职业。

三、霍兰德职业兴趣理论的拓展与应用

（一）理论拓展：ACT 工作世界地图

普立德格（Prediger，1976）在"美国大学测验服务"（American College Testing，ACT）的一连串职业研究计划中，以霍兰德的理论为蓝本，发现在霍兰德这个六角形的兴趣结构下，潜藏着两个双极维度：一个维度为"数据或事务处理"（data）与"心智思考"（idea），另一个维度为"与物接触"（things）与"与人接触"（people）。

（1）数据或事务处理（事实、记录、文件、数字、计算、商业过程、系统性程序）。数据性任务是不与人直接打交道的任务，它通过人来促进商品/服务的消费（如通过组织或传达事实、指示、产品等）。销售代理商、会计以及空中交通管制者

的工作主要是与数据打交道。

（2）心智思考（抽象概念、理论、知识、觉察、洞察力、以新的方式表达或做事情，如用文字、方程式或音乐）。观念性任务是个人头脑中的工作，如创造、发现，解释和综合抽象概念或抽象概念的应用。科学家、音乐家和哲学家的工作主要是与观念打交道。

（3）与物接触（机器、工具、生物、食物、木头、金属等）。物的任务是与人无关的任务，如制造、运输、维修和修理。砖匠、农夫和机械工的工作主要是与物打交道。

（4）与人接触（帮助、照顾人们，为他们服务、提供信息，或者向他们售卖东西）。人的任务是人与人之间的任务，如看护、教育、服务、娱乐、说服或领导他人。总之，是要在人类行为中引起一些改变。

倾向与"人"共事并且在该方面颇具技巧的人能在与他人的交往中获得乐趣，并且喜欢人际交往中的领导、劝说、教导或咨询等事务；对"数据"王国颇感兴趣并具备一定才能的人倾向于和通过词语和符号表达出来的数字和抽象概念打交道；喜欢使用机器、工具、器械的个人则属于喜欢"事物"的人，他们喜欢在实际的物理环境中解决问题；喜欢观念的人可以从事抽象的、富有想象力的工作。

（二）理论应用：个人与环境的适配

"物理类聚，人以群分"，人们通常倾向于选择与自我兴趣类型匹配的职业环境。如具有现实型兴趣的人希望在现实型的职业环境中工作，可以最好地发挥个人的潜能。艺术型的人会寻找艺术型环境，在这样的环境中，他们的创造性、独立性和理想主义能获得珍视。霍兰德提出，个人兴趣类型和职业环境之间的适配将增加个人的工作满意度、职业稳定性和职业成就感。因此，占主导地位的兴趣类型可以为个人选择职业和工作环境提供方向。可以通过自我探索活动或测评工具得出自己的兴趣代码，然后对照找出与之相匹配的职业，从而了解可能有哪些适合自己的工作领域。

需要说明的是，在实际生活中，同时拥有相对的两种兴趣类型（如霍兰德代码为 RS，R 与 S 在六角形模型上处于对角线位置）的人并不少见。在寻找与这样的兴趣类型完全匹配的工作时往往会出现困难，因为同一个工作环境很少会包含相对立的两种状况（如既提供大量与人打交道的机会又提供大量个人单独工作的机会）。这种情况下，可以考虑从事包含自己某种兴趣类型的工作（如 RE 或 SE），而在业余生活中寻求在工作中未能满足的兴趣。

另外，人们常常因为客观条件的限制而感到难以单纯地从事自己喜欢的工作，有不少大学生在选专业时由于缺乏对自我和专业的认知而未能选择与自己兴趣类型适配的专业，或由于父母的意见而被迫选择了与自己兴趣类型截然相反的专业。在现实情况中，能够改换专业的毕竟是少数人。许多大学生常常因此感到痛苦，希望通过考研等途径换专业的人不在少数。那么，面对这种情况，"适配"是否还是一个恰当的、可行的目标呢？

实际上，现实中的适配可以通过多种方式灵活地实现。首先，专业与职业并不是简单的一对一关系，同一个专业其实有相当多的职业可以从事。因此，专业的不适配并不一定意味着职业的不适配。例如，一个希望当律师帮助弱势群体的大学生，他最高的兴趣类型可能是社会型（S），而法律专业常见的职业如律师第一位的兴趣类型则是企业型（E）。这时候，他可能感到自己所学的专业与自己的兴趣不完全匹配。但如果他将来从事"青少年法律援助"之类的工作，则完全可以满足他社会型的兴趣，并很好地与他的专业知识相结合。

其次，专业类型可以与兴趣类型相结合，哪怕是相对的两种类型也是如此。例如，一个喜爱文学（艺术型兴趣较高）而学习计算机专业（实用型）的大学生，可以考虑在毕业后去计算机专业领域的杂志社工作，这样就可以将自己艺术型的兴趣与实用型的专业结合起来，在一定程度上满足自己的兴趣。

再次，当我们倡导在职业选择上寻求个人兴趣与职业环境之间的适配时，"完全的"适配只是我们不断追求的一个理想目标。现实中，我们做不到百分之百的适配，但不必因此而放弃对个人兴趣的重视。我们的职业至少应当在一定程度上体现我们的兴趣，既可以是百分之九十，也可以是百分之四十，而其余的部分可以在生活中的其他方面，通过其他活动（如业余爱好、志愿活动、辅修专业等）来实现。

最后，即使一个人从事与自己的兴趣类型不适配的工作，也没必要沮丧。具体的工作实际上千变万化，很难用简单的类型来划分。例如，像机械修理这样实用型的工作，也可以在其中加上社会型的元素，将它作为一项为客户提供满意服务的职业来从事。由于从事某职业的典型人群通常都趋向于特定的兴趣爱好，这既是他们的长处又可能是他们的弱点。而那个与职业环境不太适配的人，则有可能成为这个群体中独树一帜的人，做出些独特的贡献。

第三节 职业兴趣探索的方法

基础知识

一、正式测评：霍兰德自我探索量表

职业兴趣测试历史可以追溯到 1927 年。最早出现的是斯特朗编制的斯特朗职业兴趣调查表（SVIB），之后是库德编制的库德爱好记录表（KOIS），霍兰德在 20 世纪 50 年代末编制的职业爱好问卷（VPI），就是霍兰德职业兴趣测试的前身。如今，被广泛使用的兴趣测试就是霍兰德职业兴趣测试。

国内目前已引进及自主研发多种版本的霍兰德兴趣测试。在选择测评工具时，需要注意它必须合乎心理测试的一些基本标准（如具有良好的信度和效度，并提供参照常模，如果是自助式测评还需要有较为详细清晰的测评报告等）。

在具体使用的时候，要注意这些测评工具的施测要求，看清指导语。此外，对测评结果的解释非常重要。除了自助式的测评外，国外通常要求由生涯辅导专业人员实施测评，并对测评结果进行专门的解释说明，帮助被测试的人正确理解测评的含义。目前，国内心理测评工具被大量使用，生涯咨询师又比较缺乏，在解释说明方面比较混乱。因此，作为个人，要特别注意不要滥用、迷信测评，被测评结果所误导。

严格地讲，职业兴趣测评的结果不能被解释为"哪种职业适合我"，只能说是根据测评的常模样本，拥有某类型兴趣特征的人通常会更多选择某些类型的职业，并且在这样的职业中感觉比较愉快。同一种职业在不同的机构内，其性质和工作内容可能有很大的不同，所以要具体情况具体分析。做职业兴趣测试的目的是帮助我们增进对自我及工作世界的认识，拓宽职业前景，为未来职业发展提供方向性的指导。因此，不要局限于测试结果所建议的职业，也不要简单地用某些类型给自己贴标签、限制自己。

职业兴趣测评简单、易用，但它的局限性也很明显。有些人因为受自己价值观、能力的影响，选择的答案并不符合自己的实际兴趣。例如，有人的测评报告中，企

业型兴趣很高但她实际上并不喜欢竞争的环境，而仅仅是因为羡慕外企白领的社会地位，在职业兴趣测评中对相关的选项都选择了"喜欢"。还有的人完全不清楚自己的喜好，很难按照职业兴趣测评的要求对各种职业或科目等进行喜欢与否的判断，几次测评得出的结果可能也不一致。出现这种状况，可能是因为这些人的天性与喜好在成长的过程中未能得到尊重，长期受压抑的结果导致了自我认知（包括兴趣）方面的极度混乱，他们可能需要生涯咨询师帮助其进行具体分析，进行对一的辅导，甚至需要先进行心理咨询来处理他们心理层面的问题。另外，还有些人的个人兴趣偏好不明显，六种类型的分值都相差无几。这可能是由于个人受到环境的局限，没有机会发展自己的兴趣，因此显示兴趣未分化的状况。这样的人需要参与各种不同性质的实践活动，以考虑个体在接受测试时是否正处于抑郁状态，因为这会导致各类型分值普遍偏低的状况出现。

另外，在霍兰德类型论中，兴趣被视为人格在职业上的体现，指的是个人与生俱来的偏好。但是，克朗伯兹（Krumboltz，1979）等理论家则对此提出了不同的观点。他们认为，兴趣是个人后天学习（此处的"学习"是广义的学习，指个人在成长经历中学会的东西）的结果。因此，他们建议不要将兴趣测评的结果作为结论，而应当将其作为对以往学习经验的总结和对未来发展的指导，以此为依据帮助个人进行更多的探索和学习。这一点，对我国的大学生尤其具有指导意义。我国的大学生在中小学阶段普遍侧重在学业知识方面的学习，而较少社会实践和探索，因此他们对职业、学科等的兴趣有可能因缺乏实际经验而停留在片面的印象上。如果以职业兴趣类型来标定他们，可能会限制他们进一步的探索和发展。大学生仍然处在生涯发展的"探索期"，重要的不是得出某个确定的职业结果，而是以兴趣类型作为自己探索和定位的参考依据（见表 4 - 1）。

表 4 - 1　霍兰德职业索引—职业兴趣代码与其相应的职位对照表

代码	职位对照
R（实践型）	木匠、农民、操作 X 光的技师、飞机机械师、鱼类和野生动物专家、自动化技师、机械工（车工、钳工等）、电工、无线电报务员、火车司机、长途公共汽车司机、机械制图员、电器师。
I（研究型）	气象学者、生物学者、天文学家、药剂师、动物学者、化学家、科学报刊编辑、地质学者、植物学者、物理学者、数学家、实验员、科研人员、科技作者。
A（艺术型）	室内装饰师、图书管理员、摄影师、音乐教师、作家、演员、记者、诗人、作曲家、编剧、雕刻家、漫画家。
S（社会型）	教师、社会学者、导游、福利机构工作者、咨询人员、社会工作者、学校领导、精神病工作者、公共保健护士。

续表

代码	职位对照
E（企业型）	推销员、进货员、商品批发员、旅游经理、饭店经理、广告宣传员、调度员、律师、政治家、零售商。
C（常规型）	记账员、会计、银行出纳、法庭速记员、成本估算员、税务员、核算员、打字员、办公室职员、计算机操作员、秘书。

下面介绍与你 3 个代号的职业兴趣类型一致的职位表（见表 4-2），对照的方法如下：首先根据你的职业兴趣代号，在下表中找出相对应的职位，例如你的职业兴趣代号是 RIA，那么牙科技术人员、陶工等是适合你的兴趣的职位。然后寻找与你的职业兴趣代号相近的职业，如你的职业兴趣代号是 RIA，那么，其他由这三个字母组合成的编号（如 IRA、IAR、ARI 等）对应的职位，也适合你的兴趣。

表 4-2 与 3 个代码相应的职位对照表

首代码	前三个代码	职位对照
R	RIA	牙科技术人员、陶工、建筑设计员、模型工、细木工、制作链条人员。厨师、林务员、跳水员、潜水员、染色工、电器修理工、眼镜制作师、电工、纺织机械装配、报务员、装玻璃工人、发电厂操作工人、焊接工。
	RIE	专业技术人员（如建筑和桥梁工程、环境工程、航空工程、公路工程、电力工程、信号工程、电话工程、一般机械工程、自动工程、矿业工程、海洋工程、交通工程等）、制图员、家政经济人员、打捞员、计量员、农民、农场工人、农业机器操作、清洁工、无线电修理工、汽车修理工、手表修理工、管子工、线路维修工、盖（修）房工、电子技术员、代木工、机械师、锻压操作工、造船装配工、工具仓库管理员。
	RIC	船上工作人员、接待员、杂志保管员、牙科医生的助手、制帽工、磨坊工、石匠、机器制造工、机车（火车头）制造工、农业机器装配工、汽车装配工、缝纫机装配工、钟表装配和检验工、电动器具装配工、鞋匠、锁匠、货物检验员、电梯机修工、托儿所所长、钢琴调音工、装配工、印刷工、建筑钢铁工人、卡车司机。
	RAI	手工雕刻师、玻璃雕刻师、制作模型人员、家具木工、手工绣花师、手工钩针纺织师、排字工人、印刷拼板工人、图画雕刻师、装订工。
	RSE	消防员、交通巡警、门卫、理发师、房间清洁工、屠夫、锻工、开凿人、管道安装工、出租汽车驾驶员、仓库管理员。
	RSC	汽车驾驶员、货物搬运工、送报员、勘探员、娱乐场所的服务员、起卸机操作工、灭害虫者、电梯操作工、厨房助手。
	RSI	纺织工、纺织工、农业学校的教师、某些职业课程教师（诸如艺术、商业、技术、工艺课程）、雨衣上胶工人。
	REC	抄水表员、保姆、实验室动物饲养员、动物管理员。
	REI	轮船船长、航海领航员、大副、试管实验员。
	RES	旅馆服务员、家畜饲养员、渔民、渔网修补工、水手长、收割机操作工、搬行李工人、公园服务员、救生员、登山导游、火车工程技术员、建筑工人、铺轨工人。

续表

首代码	前三个代码	职位对照
R	RCI	测量员、勘测员、仪器操作者、农业工程技师、化学工程师、民用工程技师、石工程师、资料室管理员、探矿工、煅烧工、烧窑工、矿工、保养工、磨床工、取样员、样品检验员、纺纱工、炮手、绕筒子工、漂洗工、电焊工、锯木工、刨床工、制帽工、手工缝纫工、油漆工、染色工、按摩师、木匠、农民、建筑工人、电影放映员、勘测员助手。
	RCS	公共汽车驾驶员、一等水手、游泳池服务员、裁缝、建筑工人、石匠、烟囱修理工、水磨石工、泥水匠、车工、烟囱修建工、混凝土工、电话修理工、爆炸手、邮递员、矿工、裱糊工人、纺纱工。
	RCE	打井工、吊车驾驶员、农场工人、邮件分类员、铲车司机、拖拉机司机。
I	IAS	普通经济学家、农业经济学家、财政经济学家、国际贸易经济学家、实验心理学家、工程心理学家、心理学家、哲学家、内科医生、数学家。
	IAR	人类学家、天文学家、化学家、物理学家、医学病理学家、动物标本录制者、化石修复者、艺术品管理员。
	ISE	营养学家、饮食顾问、火灾检查员、邮政服务检查员。
	ISC	侦察员、电视播音室修理工、电视修理服务员、验尸室人员、目录学家、医学实验室技师、调查研究者。
	ISR	水生生物学者、昆虫学家、微生物学家、配镜师、视力矫正师、细菌学家、牙科医生、骨科医生。
	ISA	实验心理学家、普通心理学家、发展心理学家、教育心理学家、社会心理学家、临床心理学家、目录学家、皮肤病学家、神经病学家、妇产科医生、眼科医生、五官科医生、医学实验室技术专家、民航医务人员、护士。
	IES	细菌学家、生理学家、化学专家、地质专家、地理物理学专家、纺织技术专家、医院药剂师、工业药剂师、药房营业员。
	IEC	档案保管员、保险统计员。
	ICR	质量检查技术员、地质学技师、工程师、法官、图书馆技术辅助员、计算机操作者、医院听诊员、家禽检查员。
	IRA	地理学家、地质学家、水文学家、矿物学家、古生物学家、石油地质学家、地震学者、声学物理学家、原子和分子物理学家、电学和磁学物理学家、气象学家、设计审核员、人口统计学家、数学统计学家、外科医生、城市规划师、气象员。
	IRS	流体物理学家、物理海洋学家、等离子体物理学家、农业科学家、动物学家、食品科学家、园艺学家、植物学家、细菌学家、解剖学家、动物病理学家、作物病理学家、药物学家、生物化学家、生物物理学家、细胞生物学家、临床化学家、遗传学家、分子生物学家、质量控制工程师、地理学家、兽医、放射治疗技师。
	IRE	化验员、化学工程师、纺织工程师、食品技师、渔业技术专家、材料和测试工程师、电气工程师、土木工程师、航空工程师、行政官员、冶金专家、原子核工程师、陶瓷工程师、地质工程师、电力工程师、口腔科医生。
	IRC	飞机领航员、飞行员、物理实验室技师、文献检查员、农业技术专家、动植物技术专家、生物技师、油管检查员、工商规划师、矿藏安全检查员、纺织品检验员、照相机修理工、工程技术员、程序员、工具设计者、仪器维修工。

续表

首代码	前三个代码	职位对照
C	CRI	簿记员、会计、记时员、铸造机操作工、打字员、按键操作工、复印机操作工。
	CRS	仓库保管员、档案管理员、缝纫工、讲述员、收款员。
	CRE	标价员、实验室工作者、广告管理员、自动打字机操作员、电动机装配工、缝纫机操作工。
	CIS	记账员、顾客服务员、报刊发行员、土地测量员、保险公司职员、会计师、估价员、邮政检查员、外贸检查员。
	CIE	打字员、统计员、支票记录员、订货员、校对员、办公室工作人员。
	CIR	校对员、工程师、海底电报员、检修计划员、发报员。
	CSE	接待员、通信员、电话接线员、售票员、旅馆服务员、私人职员、商学教师、旅游办事员。
	CSR	运货代理商、铁路职员、交通检查员、办公室通信员。
	CSI	簿记员、出纳员、银行财务职员。
	CSA	秘书、图书管理员、办公室办事员。
	CER	邮递员、数据处理员、航空邮件检查员。
	CEI	推销员、经济分析师。
	CES	银行会计、记账员、法人秘书、速记员、法院报告人。
E	ECI	银行行长、审计员、信用管理员、地产管理员、商业管理员。
	ECS	信用办事员、保险人员、进货员、海关服务经理、售货员、购买员、会计。
	ERI	建筑物管理员、工业工程师、农场管理员、护士长、农业经营管理人员。
	ERS	仓库管理员、房屋管理员、货栈监督人。
	ERC	邮政局长、渔船船长、机械操作领班、木工领班、瓦工领班、驾驶员领班。
	EIR	科学、技术和有关周期出版物的管理员。
	EIC	专利代理人、鉴定人、运输服务检查员、安全检查员、废品收购人员。
	EIS	警官、侦察员、交通检查员、安全咨询者、合同管理者、商人。
	EAS	法官、律师、公证人。
	EAR	展览室管理员、舞台管理员、播音员、训兽员。
	ESC	理发师、裁判员、政府行政管理员、财政管理员、工程管理员、职业病防治员、商业经理、办公室主任、人事负责人。
	ESR	家具售货员、书店售货员、公共汽车驾驶员、日用商品售货员、护士长、自然科学和工程的行政领导。
	ESI	博物馆管理员、图书馆管理员、古迹管理员、饮食业经理、地区安全服务管理员、技术服务咨询者、超级市场管理员、零售商品店店员、批发商、出租汽车服务站调度。
	ESA	博物馆馆长、报刊管理员、音乐器材售货员、广告商、导游、（轮船或班机上的）事务长、飞机上的服务员、船员、法官、律师。

续表

首代码	前三个代码	职位对照
A	ASE	戏剧导演、舞蹈教师、广告撰稿人、报刊专栏作者、记者、演员、英语导游、外语翻译。
	ASI	音乐教师、乐器教师、美术教师、管弦乐指挥、合唱队指挥、歌星、演奏家、哲学家、作家、广告经理、时装模特。
	AER	新闻摄影师、电视摄像师、艺术指导、录音指导、丑角演员、魔术师、木偶戏演员、骑士、跳水员。
	AEI	音乐指挥、舞台指导、电影导演。
	AES	流行歌手、舞蹈演员、电影导演、广播节目主持人、舞蹈教师、口技表演者、喜剧演员、模特。
	AIS	画家、剧作家、编辑、评论家、时装艺术大师、家具设计师、包装设计师、布景设计师、服装设计师、新闻摄影师、演员、文学作者。
	AIE	花匠、皮衣设计师、工业产品设计师、剪影艺术家、复制雕刻品大师。
	AIR	建筑师、画家、摄影师、绘图员、环境美化工、雕刻家、包装设计师、陶器设计师、绣花工、漫画家。
S	SEC	社会活动家、退伍军人服务官员、工商会事务代表、教育咨询者、宿舍管理员、旅馆经理、饮食服务管理员。
	SER	体育教练、游泳指导。
	SEI	大学校长、学院院长、医院行政管理员、历史学家、家政经济学家、职业学校教师、资料员。
	SEA	娱乐活动管理员、国外服务办事员、社会服务助理、宗教教育工作者。
	SCE	部长助理、福利机构职员、生产协调人、环境卫生管理人员、戏院经理、餐馆经理、售票员。
	SRI	外科医师助手、医院服务员。
	SRE	体育教师、职业病治疗师、体育教练、专业运动员、房管员、儿童家庭教师、警察、引座员、传达员、保姆。
	SRC	护理员、护理助手、医院勤杂工、理发师、学校儿童服务人员。
	SIA	社会学家、心理咨询者、学校心理学家、政治科学家、大学或学院的系主任、大学或学院的教育学教师、大学农业课程教师、大学工程和建筑课程的教师、研究生助教、成人教育教师。
	SAC	理发师、指甲修剪师、包装艺术家、美容师、整容专家、发型设计师。
	SAE	听觉病治疗者、演讲矫正者。
	SAZ	图书馆管理员、小学教师、幼儿园教师、学前儿童教师、中学教师、师范学院的教师、盲人教师、智力障碍人的教师、聋哑人的教师、学校护士、牙医助理、飞行指挥员。
	SIE	营养学家、饮食学家、海关检查员、安全检查员、税务稽查员、校长。
	SIC	描图员、兽医助手、诊所助理、体检检查员、监督缓刑的工作者、娱乐指导员、咨询人员、社会科学教师。
	SIR	理疗员、救护队工作人员、手足病医生、职业病治疗助手。

— 111 —

二、非正式评估法

（一）霍兰德兴趣岛生涯度假计划

恭喜你！你获得了一次免费度假游的机会，有机会去下列六个岛屿中的一个。唯一的要求是你必须在这个岛上呆满至少半年的时间。请不要考虑其他因素，仅凭自己的兴趣按一、二、三的顺序挑出你最想前往的三个岛屿（在本活动中请以兴趣而不是能力作为选择的标准）。

● 岛屿 R：自然原始的岛屿。岛上保留有原始森林，自然生态保持得很好，有各种各样的野生动物。岛上居民生活状态还相当原始，他们以手工见长，自己种植花果蔬菜、修缮房屋、打造器物、制作工具，喜欢户外运动。

● 岛屿 I：深思冥想的岛屿。岛上人迹较少，建筑物多僻处一隅，平畴绿野，适合夜观星象。岛上有多处天文馆、科技博览馆以及科学图书馆等。岛上居民喜好观察、学习、探究、分析，崇尚和追求真知，常有机会和来自各地的哲学家、科学家、心理学家等交换心得。

● 岛屿 A：美丽浪漫的岛屿。岛上充满了美术馆、音乐厅，街头雕塑和街边艺人，弥漫着浓厚的艺术文化气息。当地的居民很有创新和直觉能力，他们保留了传统的舞蹈、音乐与绘画，许多文艺界的朋友都喜欢来这里找寻灵感。

● 岛屿 S：友善亲切的岛屿。岛上居民个性温和、十分友善、乐于助人，社区均自成一个个密切互动的服务网络，人们重视互助合作，重视教育，关怀他人，充满人文气息。

● 岛屿 E：显赫富庶的岛屿。岛上的居民善于企业经营和贸易，能言善道，以口才见长。岛上的经济高度发展，处处是高级饭店、俱乐部、高尔夫球场。来往者多是企业家、经理人、政治家、律师等，曾数次在这里召开财富论坛和其他行业的巅峰会议。

● 岛屿 C：现代、有序的岛屿。岛上建筑十分现代化，是进步的都市形态，以完善的户政管理、地政管理、金融管理见长。岛民个性冷静保守，处事有条不紊，善于组织规划，细心高效。

如果是在团体内做这个活动，可以将房间分为 6 个区域，分别代表上述 6 个岛屿。按自己的第一选择岛屿就座。如果同一小组的人数太多，可分为两组。

选择同一岛屿的人交流一下：自己为什么选择这个岛屿，看大家有什么共同的兴趣爱好，归纳为关键词。根据大家的交流给自己的小组命名并选取一个标志物（或 logo），用白纸制作一张本小组的宣传图。每个小组请一位代表用两分钟时间展示自己小组的图，并分享一下自己小组成员共同的特点。提示：这六个岛屿实际上代表着霍兰德提出的六种类型。做完这个活动后，你应当能得出自己最有兴趣的前三个类型，亦即你的霍兰德代码，并对六种类型的基本特征有所了解。

- 我最想前往的三个岛屿：＿＿＿＿＿＿、＿＿＿＿＿＿、＿＿＿＿＿＿
- 我们的岛屿名称：＿＿＿＿＿＿＿＿＿＿＿＿＿＿
- 岛屿标志物及其含义：＿＿＿＿＿＿＿＿＿＿＿＿
- 岛屿关键词：＿＿＿＿＿＿＿＿＿＿＿＿＿＿＿＿

需要注意的是，这只是对你兴趣类型的一个初步判断。因为霍兰德理论比较复杂，初学者对霍兰德类型的掌握不深入，再加上社会期望和缺乏自我认识等原因，个人不易准确地判断自己的职业兴趣类型，因此最好通过职业兴趣测试来加以确认。

（二）兴趣自我探索

找一个安静的时间和不被打扰的环境，对以下内容分别写下至少三个答案："你最喜欢的活动/电视节目/书籍""你最擅长的事情""你最崇拜的人"，分别说说其中的原因，尤其是其中最吸引自己的点是什么，然后看看它们像霍兰德类型中的哪个字母。

(1) 你最喜欢的三个活动、三个电视节目、三本书籍分别是什么？为什么喜欢？

_____

_____

(2) 你最擅长的三件事情是什么？为什么擅长？

_____

_____

(3) 你最崇拜的三个人是谁？为什么崇拜他？

_____

_____

请从以上回答中，按照顺序依次写出最能够描述你上述特点的霍兰德代码。

也可以具体、详细地回答下列问题。回答时特别注意问题的第二部分，即"为什么"感兴趣的部分。如有可能，请与一位同伴相互讲述自己对问题的思考和回答。同伴可以提问、帮助讲述的人发掘细节和原因。这个练习的目的是帮助你回忆并梳理日常生活中有关个人兴趣的一些代表性事件、增进自我觉察，因此仔细思考和讲述的过程非常重要。

（1）我的白日梦：请列举出三种你非常感兴趣的职业（摒除所有现实的考虑）。这些工作中的哪些特征吸引着你？

（2）请回忆三个从事某件事情时令你感到快乐（满足）的经历。请详细地描述这三个画面，是什么令你感到如此快乐（满足）？

（3）从小到大你担任过哪些职务？你喜欢的是哪些职务？不喜欢的是哪些？请具体说明为什么。

（4）你最崇拜（敬佩）的人是谁？他对你产生了什么影响？你最像他的是什么地方？最不像他的是什么地方？

（5）你最喜欢看哪种杂志？这些杂志中的哪些部分吸引着你？或者，如果你到书店看书，你通常会停留在哪类书架前（不是仅仅因为学习需要的情况下）？

（6）除了单纯的娱乐放松以外，你最喜欢看哪几类电视节目？节目中有什么吸引着你？

_____

_____

（7）你喜欢浏览哪类网站？你喜欢看网站的哪部分内容？它们属于哪个专业？

_____

_____

（8）休闲的时候，如果只是出于兴趣的考虑，你最想做什么或学什么？这里面又是什么吸引着你？

_____

_____

（9）你最喜欢的科目是什么？为什么喜欢它（们）？

_____

_____

（10）我们生活中都有过某些时刻，因为全神贯注于做某件事情而忘了时间。什么样的事会让你如此专注？

_____

_____

（11）你的答案里面有什么共同点吗？是否可以归纳为什么主题或者关键词？这些主题或关键词可能和霍兰德的哪些类型相对应？你如何能够让这样的主题在你今后的生活中得到更充分地彰显？

_____

_____

说明：对最后一个问题的回答将有助于你总结和归纳前面所有的问题，并将你在日常生活中的一些表现与本章节所讲的职业兴趣类型挂起钩来。所归纳出的主题或关键词是你今后在做职业决策时需要尽可能纳入的一些关键因素。

第四节　兴趣与生涯发展的关系

基础知识

兴趣对职业生规划的影响主要表现在以下三个方面。

一、兴趣是职业生涯选择的重要依据

兴趣是最好的老师，是一种强大的精神力量。兴趣可以使人集中精力去获得所喜欢的职业知识，启迪智慧并创造性地开展工作。当一个人对某种职业发生兴趣时，就能积极地感知和关注该职业的知识、动态，并且积极思考，大胆探索。兴趣不仅能使一个人情绪高涨，保持丰富的想象力，而且能增强克服困难的决心。反之，"强按牛头不喝水"，是不会取得良好效果的，当然也就很难在该职业上发挥个人的优势、做出巨大贡献。正像你在日常生活中喜欢从事自己感兴趣的活动一样，具有一定兴趣类型的你更倾向于寻找与此有关的职业，特别是在外界环境限制较小时，你更倾向于选择自己感兴趣的职业。

（一）**最理想的职业选择：人职协调**

依据霍兰德职业兴趣六角形模型，最为理想的职业选择就是尽可能找到跟自己兴趣类型重合的项目或行业，实现人职协调。比如，现实型的人可以选择餐饮、加工制造；艺术型的人可以开办公关公司、演艺公司、花店、婚庆公司。这时，我们会对自己从事的职业活动表现出肯定的态度，有求知欲、探索欲，能吸引自己的注意力，会使我们乐在其中、全力以赴。一个感兴趣的行业或一份感兴趣的工作会使我们对自己、对事业都充满信心，不论遇到怎样的困难和挫折，都会义无反顾地追求自己情有独钟的事业。

（二）**可接受的职业选择：人职次协调**

当然了，就大学生求职的现实而言，过于执着地追求人职协调会在无形中增加我们求职的难度，缩小我们的选择范围。其实我们还有一种可接受的职业选择，就是寻找与兴趣接近的职业。比如社会性的人可以做企业性的工作，由于两种类型在六角模型上处于相邻位置，它们的关系密切、共同点很多。我们经过努力和调整也

能适应职业环境，实现人职次协调。

(三) *最糟糕的职业选择：人职不协调*

最糟糕的职业选择是什么？就是选择了跟自己的兴趣根本对立的职业，让艺术型的人待在办公室里做行政工作，让研究型的人去做销售经理……在这种情况下，人很难适应所处的环境和所做的事情，也不太能感受到工作的乐趣，甚至无法胜任该工作。这就是人职不协调的结果。

进入陌生的职场，开创自己的事业，其实是一件比较辛苦和困难的事情。而兴趣、理想与热情正是支持我们坚持到底的动力，甚至决定着事业未来的发展。我们大多数人实际上都同时具有很多种兴趣，如果我们的几种兴趣在职业六角形上紧挨在一起，比较接近（比如同时具有社会型和企业型），那么根据兴趣来选择职业将会比较容易。但是也有一些人，会觉得自己的兴趣非常广泛，在根据兴趣进行职业选择时将面临较多的犹豫不决的情况。这往往是由于几种职业兴趣在六角形上的位置隔得比较远，甚至是相互对立的，在选择职业时所面临的内在冲突就会比较多。此时，兴趣在职业选择时发挥的作用就会不太明显，而更多地需要依靠性格、价值观等做出决策。

二、兴趣可以提高工作效率，充分发挥个人才能

一个人对某一方面的工作有兴趣时，原本枯燥的工作会变得丰富多彩、趣味无穷。兴趣使工作不再是一种负担，而是一种享受。因为兴趣可以调动人的精力，以敏锐的观察力、高度的注意力和丰富的想象力投入工作，促进能力的发挥。因此职业兴趣可以影响一个人在特定任务和活动中所投入的时间和精力，也可以促使员工在面对感兴趣的工作任务时主动选择提升与完成任务所需的知识和技能。国内外的研究也发现，职业兴趣与培训绩效的相关性较高，这表明职业兴趣对工作场所中员工的知识和技能的学习行为特别重要。兴趣和能力的合理结合会大大提高工作效率。有关研究表明，如果一个人对所从事的职业感兴趣，能发挥其全部工作才能的80%～90%，并且长时间保持高效率而不感到疲劳；如果对工作没兴趣，只能发挥全部才能的20%～33%，且容易感到精疲力竭。

三、兴趣是保证职业稳定、职场成功的重要因素

兴趣是智力开发的"孵化器"，是工作动力的主要源泉之一。对于一个人来说，

对工作感兴趣，就愿意钻研，就容易出成就——这正是兴趣的作用所在。一般来说，兴趣是职业生涯适应的一个基本方面，可以为职业生涯选择提供有效的信息。兴趣主要用于预测工作满意度和工作稳定性。工作满意度是职业生涯适应的一大标志。在其他条件相似的情况下，从事自己感兴趣的职业不但让你感到满意，而且能够让你的工作单位感到满意，并由此导致工作的长期性和稳定性。此外，多方面的兴趣可以使人善于应付多变的环境。如需变换工作，只要自己感兴趣，就能够很快地适应新的工作，求职成功，并能够很快在新的岗位上开展新的工作。因此，兴趣是影响职场成功的一个重要因素，它能将你的潜能最大限度地调动起来，使你长期专注于某一方向并做出努力，取得令人瞩目的成绩。

一个人如果能够根据自己的爱好去选择职业，他的主动性就会得到充分发挥。即使过程让人感到十分疲倦和辛劳，也总是能保持兴致勃勃、心情愉快；即使困难重重也决不灰心丧气，而是竭尽所能、百折不挠地去克服它，甚至废寝忘食，如醉如痴。爱迪生就是个很好的例子，他几乎每天都在实验室里辛苦工作十几小时，在那里吃饭、睡觉，但丝毫不以为苦，"我一生中从未间断过一天工作"。他宣称："我每天都感到其乐无穷。"

因此，在选择长期、稳定的职业生涯时，不仅需要知道自己有能力从事什么样的工作，更重要的是需要知道自己对哪类工作感兴趣。只有将能力和兴趣结合起来考虑，才更有可能规划好职业生涯并取得职业生涯的成功。

延伸阅读

李开复：成功就是成为最好的你自己

美国作家威廉·福克纳说过："不要竭尽全力去和你的同僚竞争。你应该在乎的是，你要比现在的你强。"

现代社会有个通病，就是希望每个人都照一个模式发展，衡量每个人是否"成功"采用的也是一元化的标准：在学校看成绩，进入社会看名利。尤其是在今天的社会，人们对财富的追求首当其冲，各行各业对一个人的成功的衡量标准，更多地以个人财富为指标。但是，有了最好的成绩就能对社会有所贡献吗？有名利就一定能快乐吗？

真正的成功应是多元的。成功可能是你创造了新的财富或技术，可能是你为他人带来了快乐，可能是你在工作岗位上得到了别人的信任，也可能是你找到了回归自我、与世无争的生活方式。每个人的成功都是独一无二的。所以，凌志军在其《成长》一书中得出的重要结论是"成为最好的你自己"。也就是说，成功不是要和别人相比，而是要了解自己，发掘自己的目标和兴趣，努力不懈地追求进步，让自己的每一天都比昨天更好。

为了成为最好的你自己，最重要的是要发挥自己所有的潜力，追逐最感兴趣和最有激情的事情。当你对某个领域感兴趣时，你会在走路、上课或洗澡时都对它念念不忘，你在该领域内就更容易取得成功。更进一步，如果你对该领域有激情，你就可能为它废寝忘食，连睡觉时想起一个主意，都会跳起来。这时候，你已经不是为了成功而工作，而是为了"享受"而工作了。毫无疑问，你将会从此得到成功。

相对来说，做自己没有兴趣的事情只会事倍功半，有可能一事无成。即便你靠着资质或才华可以把它做好，你也绝对没有释放出所有的潜力。因此，我不赞同每个学生都追逐最热门的专业，我认为，每个人都应了解自己的兴趣、激情和能力（也就是情商中所说的"自觉"），并在自己热爱的领域里充分发挥自己的潜力。

比尔·盖茨曾说："每天清晨当你醒来的时候，都会为技术进步给人类生活带来的发展和改进而激动不已。"从这句话中，我们可看出他对软件技术的兴趣和激情。1977 年，因为对软件的热爱，比尔·盖茨放弃了数学专业。如果他留在哈佛继续读数学，并成为数学教授，你能想象他的潜力将被压抑到什么程度吗？2002 年，比尔·盖茨在领导微软 25 年后，又毅然把首席执行官的工作交给了鲍尔默，因为只有这样他才能投身于他最喜爱的工作——担任首席软件架构师，专注于软件技术的创新。虽然比尔·盖茨曾是一个出色的首席执行官，但当他改任首席软件架构师后，他对公司的技术方向做出了重大贡献，更重要的是，他更有激情、更快乐了，这也鼓舞了所有员工的士气。

比尔·盖茨的好朋友，美国最优秀的投资家，华伦·巴菲特也同样认可激情的重要性。当学生请他指示方向时，他总这么回答："我和你没有什么差别。如果你一定要找一个差别，那可能就是我每天有机会做我最爱的工作。如果你要我给你忠告，这是我能给你的最好忠告了。"

比尔·盖茨和华伦·巴菲特给我们的另一个启示是，他们热爱的并不是庸俗的、一元化的名利，他们的名利是他们的理想和激情带来的。美国一所著名的经管学院曾做过一个调查，结果发现，虽然大多数学生在入学时都想追逐名利，但在拥有最多名利的校友中，有90%是入学时追逐理想而非追逐名利的人。

我刚进入大学时，想从事法律或政治工作。一年多后我才发现自己对它没有兴趣，学习成绩也只在中游。但我爱上了计算机，每天疯狂地编程，很快就引起了老师、同学的重视。终于，大二的一天，我做了一个重大的决定：放弃此前一年多在全美前三名的哥伦比亚大学法律系已经修成的学分，转入哥伦比亚大学默默无名的计算机系。我告诉自己，人生只有一次，不应浪费在没有快乐、没有成就感的领域。当时也有朋友对我说，改变专业会付出很多代价，但我对他们说，做一个没有激情的工作将付出更大的代价。那一天，我心花怒放、精神振奋，我对自己承诺，大学后三年每一门功课都要拿A。若不是那天的决定，今天我就不会拥有在计算机领域所取得的成就，而我很可能只是在美国某个小镇上做一个既不成功又不快乐的律师。

即便如此，我对职业的激情还远不能和我父亲相比。我从小一直以为父亲是个不苟言笑的人，直到去年见到父亲最喜爱的两个学生（他们现在都是教授），我才知道父亲是多么热爱他的工作。他的学生告诉我："李老师见到我们总是眉开眼笑，他为了让我们更喜欢我们的专业，常在我们最喜欢的餐馆讨论。他在我们身上花的时间和金钱，远远超过了他微薄的收入。"我父亲是在70岁高龄，经过从军、从政、写作等职业后才找到了他的最爱——教学。他过世后，学生在他抽屉里找到他勉励自己的两句话："老牛明知夕阳短，不用扬鞭自奋蹄。"最令人欣慰的是，他在人生的最后一段路上，找到了自己的最爱。那么，如何寻找兴趣和激情呢？首先，你要把兴趣和才华分开。做自己有才华的事容易出成果，但不要因为自己做得好就认为那是你的兴趣所在。为了找到真正的兴趣和激情，你可以问自己：对于某件事，你是否十分渴望重复它？是否能愉快地、成功地完成它？你过去是不是一直向往它？是否总能很快地学习它？它是否总能让你满足？你是否由衷地从心里（而不只是从脑海里）喜爱它？你的人生中最快乐的事情是不是和它有关？当你这样问自己时，注意不要把你父母的期望、社会的价值观和朋友的影响融入你的答案。

如果你能明确回答上述问题，那你就是幸运的，因为大多数学生在大学四年里都在摸索或悔恨。如果你仍未找到这些问题的答案，那我只有一个建议：给自己更多的机会去接触更多的选择。记得我刚进卡内基·梅隆的博士班时，学校有一个机制，允许学生挑老师。在第一个月里，每个老师都使尽全身解数吸引学生。正因为有了这个机制，我才幸运地碰到了我的恩师瑞迪教授，选择了我的博士题目"语音识别"。虽然并不是所有学校都有这样的机制，但你完全可以自己去了解不同的学校、专业、课题和老师，然后从中挑选你的兴趣所在。你也可以通过图书馆、网络、讲座、社团活动、朋友交流、电子邮件等方式寻找兴趣爱好。唯有接触你才能尝试，唯有尝试你才能找到你的最爱。我的同事张亚勤曾经说："那些敢于去尝试的人一定是聪明人。他们不会输，因为他们即使不成功，也能从中学到教训。所以，只有那些不敢尝试的人，才是绝对的失败者。"希望各位同学尽力开拓自己的视野，不但能从中得到教益，而且也能找到自己的兴趣所在。

思考与解答

1. 我好像没有什么兴趣，不知道自己到底喜欢什么，怎么办？

答：每个人都会有自己的喜好，可以问问自己，在没什么喜好时，做些什么是有乐趣的？或者你也可以回顾下上小学之前自己喜欢玩的游戏，让有趣的体验在你身体里、心里复苏，然后再探索自己的兴趣爱好是什么。当然，也有一种可能，即你的兴趣真的并不那么明显，那么这也是你兴趣特点的一部分，可以思考下如何将这部分整合进你未来的生涯发展中。

2. 我的兴趣太多，该怎么选择？

答：首先需澄清你是真的对这些事务都有持久的热情还是只有三分钟热度。如果是前者，那也许你是一个多才多艺的人。要祝贺你，因为这样的人有着非比寻常的才能与创造力。像达·芬奇就是一位，他既是著名的画家，又是数学家、发明家。你所要考虑的只是如何管理好你的时间，以尽可能多地发挥你的才能。如果你只是像猴子掰苞米一样不断地对新事物发生兴趣随后又感到厌倦，有可能是因为你还没有找到能真正激发你热情的东西，你需要更多地尝试。

3. 我现在所学的专业不是我的兴趣所在，除了考研换专业还有别的出路吗？

答：当然有！其实现在许多职业对于专业的限制都没有那么僵化。同一种专业可以从事多种不同的职业，而从事同一种职业的人也可能来自许多不同的专业。相对于专业知识技能，很多用人单位在招人时也更看重个人的综合素质。而专业知识技能，也不见得非要通过大学本科学习才可以获得。社会上各种各样的培训班、学历班、认证等都可以帮助我们获得工作所需的专业技能。许多大型公司还会为新员工专门提供专业知识技能培训。因此跨专业找工作并非不可能。

同时，复合型人才越来越吃香。我们前面讲到：几乎每一种兴趣都可以与某种职业联系起来。你可以考虑一下你的专业和个人兴趣是否有可能结合起来，甚至形成你个人独一无二的优势。比如，一位喜欢文学写作却学了计算机专业的同学可以考虑从事电脑杂志编辑的工作，喜欢戏剧表演却学了会计专业的同学也许可以在某个剧院担任会计，等等。

4. 做不符合自己兴趣的事情就不能成功吗？

答：虽然任何事情都不是绝对的，但一个人做自己不感兴趣的事情，必然会感到勉强、厌烦、心理上有抵触感，至少也会觉得比较费劲。带着这样的态度去做事情，相对而言会降低成功的可能性。想想看，我们一生当中和一天当中最好的时间往往都是花在我们的工作上，而这段时间里我们却感到不愉快，这岂不是极大的浪费？许多调查研究表明，兴趣与个人的职业满意度、职业稳定性和职业成就感有直接的联系。因此，我们主张在选择职业时既要考虑现实可能性，也要考虑满足自己的职业兴趣，把它们适度地结合起来。

课后练习

1. 完成一个职业兴趣测评，确认自己的霍兰德代码。
2. 完成附录"我的生涯规划档案"中的兴趣部分。

第五章
职业性格

学习目标

01 认识到每个人都有与众不同的特质,性格与职业的最佳匹配使得我们成为更有效的工作者

02 能够用性格理论探索自己的性格。了解自己的性格特征,知道性格特征与职业的关系

03 通过对性格的了解,分析自己理想的工作方式

课堂引导

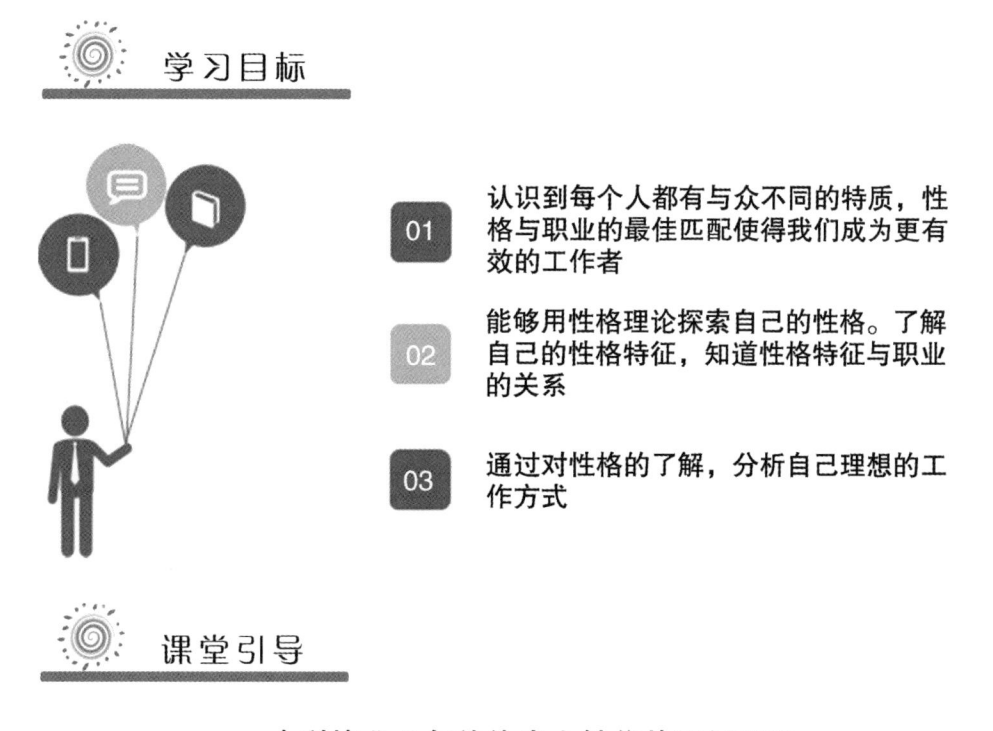

本科毕业 5 年就能当上销售片区经理吗

小张是合肥学院 2017 级信息管理与信息系统专业的学生,是一个来自农村的男孩,家庭条件比较困难,长相普通,属于扔进人堆里就找不见的那种类型。由于他说话语速偏快,加上咬字不清,着急的时候说话还有点结巴,经常让刚接触他的人听不懂他在说什么。但是小张很上进,也是个爱交流的人。在大一的各门课程的课

堂上，他都是最认真、最积极发言的一个，从来不怕同学们背后笑他。由于积极为班级服务，他被大家推选为班级的班长。大学四年，他充分利用各种机会锻炼自己的组织能力和语言表达能力，积极参加各种学校社团活动，从最开始说话都不利索的社团小委员成长为大三的社团负责人。与此同时，他还大量积累自己的人脉，广泛结交了各个专业的任课老师和其他各学院的同学。

毕业的时候，由于和专业课老师建立了深厚的师生感情，通过自己的努力，也让老师看到了他身上的认真和闯劲儿，经过老师介绍，他进入了安徽一家有名的外商投资企业做销售。班里的同学都认为这份工作不适合他，因为小张虽然热心、爱帮助人、爱与人聊天，可是他经常对你讲一些大道理，让不怎么接触社会的同学们觉得他谈论的都是些很偏远、很空洞的东西，所以大家一致认为他做销售，一定会把客户侃晕了。五年过去了，小张现在已经是这家外商投资企业在安徽某片区的销售经理了，事业做得蒸蒸日上，得心应手。在一次同学的聚会上，小张的风采折服了在场的所有同学。他依然比较喜欢谈论大道理，但已经有了很多个人感悟在里面。他依然和大学的老师和同学们保持着密切的联系，只要你想了解的情况，他基本都能知晓。他还是那么热心，已经能够利用自己的资源为同学们介绍工作了。

现在的小张，早已靠自己的拼搏改善了家里的经济状况，工作闲下来的时候就带着父母家人出去旅游。比起班级里的其他同学，小张在职业道路上走在了前面。

【案例思考】

你认为小张的性格有哪些特点呢？请用3～5个词来描述。

小张现在职业生涯发展得这么顺利，与他的性格有什么关系呢？

职业规划师说，小张其实是个有全局观的人，同学们觉得他不适合销售，是因为大家对外面的工作世界很陌生，小张的公司正是看中了他能够从宏观上为客户着想的能力。你觉得呢？

第一节　性格概述

基础知识

前面的章节里我们已经学习了什么是职业兴趣，本节将对性格进行探索，明确性格的定义，性格与人格、气质的关系，对性格的结构特征进行分析，解读性格形成的因素。

刚进入大学的时候，我们会在各种各样的场合做自我介绍，每个人都会提到自己是一个什么性格的人。随着学习的深入，我们又开始考虑：我的性格适合我的专业吗？大学毕业以后我是继续读研呢，还是工作呢？我的性格又适合什么样的工作呢？我内向、不善于交际，能在工作中有所发展吗？我外向、充满好奇心，耐不住寂寞，做得了科研吗？无论每个人的性格差别有多大，性格本身没有好坏之分。如果你能将你的性格中有优势的一面在你未来的职业生涯中体现，那么你将是一个高效率的工作者。为了迎合上级、同事、同学、朋友、家长等外界环境对我们的期望，我们会不断地调整自己的性格来适应。有些方面即使你改变了，但是你心里似乎总有个声音在喊：这不是我想要的！而如果工作环境能够和你内心的真实想法一致，你是不是能够更轻松自如地面对和处理？所以找到你的性格本色，是可以为你未来职业生涯的发展起到促进作用的。

一、性格定义

恩格斯曾经引用过欧文的这样一句话："人的性格是先天组织与人在自己的一生中，特别是在发育时期所处的环境这两个方面的产物。"性格在我们的生活中占有很重要的位置。我们经常会听到同学们在谈及自己的朋友时会说："他性格特别好。"那么，到底什么是性格？我们经常看到的血型说、星座命理分析是不是就是所谓的性格？性格又是怎么形成的，是先天的还是个体在后天环境中形成的？性格和我们的职业又有什么关系？

（一）什么是性格

性格（Personality）源于拉丁语 Persona，原意是指演员在舞台上戴的面具，是用来在戏剧中表明人物身份和性格的。早在两千多年前，古希腊学者提奥弗拉斯特塔（Theophrastus）提出，性格指的是人的特征、标志、属性、特性等。关于性格的定义较多，一般采用心理学家的定义：性格是人对现实的稳定态度和习惯化行为的总和，表现为个体独特的心理特征。性格是在社会生活中逐渐形成的，同时也受个体的生物学因素影响。

首先，性格表现为人对现实的态度和与之相适应的行为方式。性格是在社会实践活动中、在与客观环境相互作用的过程中形成的。当客观事物作用于个体时，人往往会对它抱有一定的态度，并做出与这种态度相应的行为活动。个体对客体的态度和行为方式通过不断重复得以保存和巩固下来，就构成了个人所特有的、稳定的态度和习惯化的行为方式。这种主体对客体的态度体系和行为方式标志着性格的本质特点。例如有的人遇到危险和困难能够临危不乱、从容应对；有的人则懦弱胆小、畏首畏尾；有的人待人谦虚谨慎；有的人说话盛气凌人。这些表现体现在人对现实的态度和行为方式的心理特征上就是性格。

其次，性格是个体稳定的个性心理特征。在某种情况下，那种一时的、情境性的、偶然的表现，不能构成人的性格特征。一个人在一个偶然的场合表现出胆怯的行为，不能据此就认为这个人性格胆小。一个人在某种特殊条件下，一反常态地发了脾气，也不能就据此认为这个人性格暴躁。只有那些经常的、一贯的表现才会被认为是个体的性格特征。

最后，性格又是个性中具有核心意义的心理特征。人的性格是后天获得的一定思想意识及行为习惯的表现，是客观的社会关系在人脑中的反映。所以，性格能影响人的气质、能力的表现特点与发展方向。

我们每个人都有自己的独特个性，从而导致每个人看待问题、处理事情的风格和方式会有差异。由于一个人的性格涉及其心理过程和个性特征的各方面，因此性格对职业生涯规划有着十分重要的影响。性格到底是什么时候出现在我们生命里的呢？科学家通过研究发现，刚刚出生没几天的小婴儿们就能够在行为方式上表现出不同。有的爱哭爱笑爱闹，有的性格比较安静，科学家们认为这些差别可能就是我们后来性格差异的最初来源。随着年龄的增长，婴儿的某些表现就会被不断地强化或者被改变。但实际上，在生命最初的几周内，性格所表现出来的不同特点将会持续下去，也就是我们后来性格的一些差异，如内向和外向之间的差异，在我们生命的最初几年就可以观察到。

其实我们性格的最初形成是从幼儿园时期开始的，当我们还是幼儿园小朋友的时候，已经能够对事物表现出兴趣、爱好和能力方面的差异。如有的小朋友喜欢上画画课，有的小朋友喜欢上音乐课，有的小朋友喜欢上手工课。用性格的定义来说，幼儿园时期的我们已经初步地形成了对人、对事、对自己、对集体的一些比较稳定的态度和一些习惯化的处理方式。上小学之后，在大人们有意识、有目的地为我们设立的一些集体活动中，我们的自我意识有了进一步的发展，如春游、运动会等。逐渐地，我们形成了自己特有的一些原则，待人接物的态度也得到了进一步强化。这一时段老师和家长很容易成为我们模仿的对象和心里认定的权威。进入少年时期，我们会逐渐认识和评价自己的个性和内心体验，也能够自觉地了解别人的个性特点。稳定的道德理想和道德信念开始形成，我们在道德行为方面也更加有原则性和自觉性。到了青年时期，随着知识经验的积累、抽象逻辑思维的形成以及道德意识和道德情感的发展，我们各项价值观已经初步稳定并有了一定的系统性。这个时候我们的性格发展趋于平稳，接人待物的态度和习惯化的行为方式更加稳定，但是直觉的情绪体验明显减少，开始有意识地控制自己的行为方式。我们会在外界的期待下，对自己的性格进行完善或者伪装，以便使我们能够与外界和谐相处。

（二）性格与人格、气质的关系

性格（Persondity）＝天性＋人格。性格的形成既受先天因素的影响，又在后天环境中形成。

1. 气质学说

天性，天生的气质（先天形成），是一个人在正常、轻松的状态下，对"信息搜集"和"决定形成"所采取的无意识的、天生的真实反应，是被"设定"的。基因、血型、气质等是直接决定和影响天性的因素。关于天性的研究在心理学上采用较多的是气质学说，最出名的是由古希腊医生希波克里特提出的四种气质类型：多血质、胆汁质、黏液质、抑郁质。

（1）多血质。多血质又称活泼型，敏捷好动，善于交际，在新的环境里不感到拘束。在工作学习上富有精力且效率高，表现出机敏的工作能力，善于适应环境变化。在集体中精神愉快、朝气蓬勃。愿意从事符合实际的事业，能迅速地把握新事物，在有充分自制能力和纪律性的情况下，会表现出巨大的积极性。兴趣广泛，但情感易变，如果事业上不顺利，热情可能消失，其速度与投身事业一样迅速。从事多样化的工作往往成绩卓越。

（2）胆汁质。胆汁质又称不可遏止型或战斗型。具有强烈的兴奋过程和比较弱的抑郁过程，情绪易激动，反应迅速，行动敏捷，暴躁而有力；在语言上、表情上和姿态上都有一种强烈而迅速的情感表现；在克服困难上有不可遏止和坚忍不拔的劲头，而不善于考虑是否能做到；性急，易爆发而不能自制。这种人的工作特点带有明显的周期性，埋头于事业，也准备去克服通向目标的重重困难和障碍。但是当精力耗尽时，易失去信心。

（3）黏液质。这种人又称为安静型，在生活中是一个坚持且稳健的辛勤工作者。由于这些人具有与兴奋过程相均衡的较强的抑制力，所以行动缓慢而沉着，严格恪守既定的生活秩序和工作制度，不为无所谓的动因而分心。黏液质的人态度持重，交际适度，情感上不易激动，不易发脾气，也不易流露情感，能自制，也不常常显露自己的才能，具有从容不迫和严肃认真的品德，以及性格的一贯性和确定性。这种人能长时间坚持不懈，有条不紊地从事自己的工作。其不足是有些事情不够灵活，不善于转移自己的注意力。惰性使他因循守旧，表现出固定性有余，而灵活性不足。

（4）抑郁质。有较强的感受能力，易动感情、情绪体验的方式较少，但是体验持久而有力，能观察到别人不容易察觉到的细节，对外部环境变化敏感，内心体验深刻，外表行为非常迟缓、扭捏、怯弱、怀疑、孤僻、优柔寡断且容易恐惧。

多血质的典型代表有王熙凤、孙悟空，胆汁质的典型代表有张飞和李逵，黏液质的典型代表有曹操、薛宝钗，抑郁质的典型代表就是林黛玉。

2. 人格

人格，包含价值观和思维、行为模式（后天塑造），是一个人在智商、教育、文化背景、经历等生长环境作用下，对"信息搜集"和"决定形成"所采取的有意识的、主观的一贯反应。人格具有丰富的内涵，人格的内涵反映了人格的多种本质特征。

（1）独特性。人格最突出的特点就是独特性，是指一个人的人格是在遗传、环境、教育等先后天因素的交互作用下形成的。人格结构多样性的组合，使得每个人都具有自己独特的人格特征。所以，尽管不同的人具有某些相同的个别特征，但是整体的人格是不会完全相同的。

（2）稳定性。人格具有稳定性，一旦形成某种人格，就相对稳定下来。在行为中偶然发生的、一时性的心理特性，不能称为人格。这种稳定性具有跨时空的性质，同时也不是刻板的，它随着人所处环境、事件的发生而发展、变化。

（3）整体性。人格是由多种成分构成的一个个有机整体，具有内在的一致性，受自我意识的调控。一个人的各种个性倾向、心理过程和个性心理特征都是在其标准比较一致的基础上有机地结合在一起，绝不是偶然的随机组合。

（4）功能性。人格在一定程度上会影响一个人的生活方式，甚至会决定某些人的命运。它作为一个动力倾向系统的结构，不是受客观环境任意摆布的。

（5）复杂性。人格的复杂性是指人格具有多元化、多层面的特征。

（6）倾向性。个体在形成人格的过程中，时刻体现了每个个体对外界事物特有的动机、愿望、定势和亲和力，从而形成了每个人特有的行为方式和个性倾问。

二、性格的结构特征

由于性格包含人的心理活动的不同侧面，因而具有不同的性格特征，这些特征在不同人身上以一定的结构结合成为有机整体，一般认为性格有以下四个结构特征。

（一）性格的态度特征

人对现实的态度体系是性格最重要的组成部分，在性格结构中处于核心地位，它是指个体对自己、他人、集体、社会以及对工作、劳动、学习的态度特征。例如，有的人爱祖国、乐于助人、谦虚、诚实、和善，有的人则自私自利、自负、善于狡辩、虚伪等；对待工作有的人认真、细心、勤劳，而有的人则马虎、粗心、懒惰等。

（二）性格的意志特征

性格的意志特征是指个体自觉地确定目标，调节支配行为，从而达到目标的性格特征，包括对行为方式和水平的调节，如顽强拼搏、当机立断。性格的意志特征可以和意志品质联系起来，可以理解为意志品质在性格中的体现。例如，有的人在生涯发展中是有明确的目标和目的还是被动蛮干，遇到事情时是主动积极还是消极被动，在紧急或困难面前是沉着稳定、勇敢果断还是优柔寡断、惊慌失措。

（三）性格的情绪特征

性格的情绪特征是指一个人情绪活动的强度、稳定性、持续性以及主导心境方面的特征。性格的情绪特征主要指的是一个人的情绪状态，如朝气蓬勃说的就是性格的情绪特征。情绪强度方面的特征表现在一个人受情绪的感染和支配的程度，以及情绪受意志控制的程度，如有的人情绪来得快而强，有的人情绪产生得慢而弱。情绪的稳定性、持续性方面的特征表现在一个人情绪的稳定、持久或起伏波动的程度上，如情绪活动的强度、稳定性、持久性和主导心境等方面的特征。例如，有的人性格忽冷忽热，对喜欢的事物保持三分钟热度；有的人在生活中始终保持热情、饱满的情绪。

（四）性格的理智特征

性格的理智特征是指个体在感知、记忆、想象、思维等认知过程中表现出来的认知特点和风格，具体表现在：在感知方面有被动感知型、主动观察型、详细罗列型和概括型等，在想象方面有幻想型和现实型，主动想象型和被动想象型；在思维方面有独立思考型和盲目模仿型，灵活型和刻板型，创造型和保守型等。

三、性格的形成

影响性格形成的因素是多方面的，一般认为性格的形成和发展受到遗传、家庭、学校教育、社会环境等因素的影响。

（一）遗传的作用

人的神经系统类型在性格形成中有一定的作用，人的气质影响性格特征的外部表现。例如，在不利的客观条件下，抑郁质的人比胆汁质的人容易成为懦夫；而在顺利的条件下，胆汁质的人比抑郁质的人容易成为勇士。多血质的人善于与人交往，而黏液质的人难以与人相识。研究还表明，神经系统的某些遗传特性也可能影响某些性格的形成，加速或延缓某些行为方式的产生和发展。关于精神分裂症患者发病率的研究表明，父母均为精神分裂症患者，其子女的发病率为68.1%；父母一方为患者，其子女的发病率为16.4%；家族中无病史者，其子女的发病率为0.85%。可见，对性格有缺陷的人来说，遗传的因素有一定的作用。但是，性格作为人对现实的态度及行为方式的系统，主要是由社会关系决定的。遗传对性格的形成有些影响，但它不起主要的作用。对同卵双生子的研究表明，在不同环境中长大的同卵双生子，气质特征非常相似，而性格却明显不同；且随着他们年龄的增长，分开生活的时间越长，性格的差别也越大。神经系统的遗传特性可以影响一个人接受刺激的能力、动作反应的速度和灵活性，但不能决定一个人的性格特征。在一个家庭内，父母与子女之间，兄弟姐妹之间，可能有完全不同的生活道路，出现完全不同的性格，这显然不是由遗传因素决定的。

（二）家庭的影响

家庭是社会的基本单位和社会生活中各种道德观念的集合，也是个体出生后最先接触并长期生活的场所。因此，家庭被称为"制造人类性格的工厂"。家庭的教育态度和教育方式对个体性格的形成与发展起着直接的影响作用。研究证明，父母教育方式不同，个体会形成不同的性格特征。家庭生活气氛和父母的性格特征对个体的性格也有明显影响，例如，家庭成员互助互爱、民主团结、通情达理，和睦相处，则有助于个体良好性格特征的形成，反之，家庭生活气氛紧张，家庭成员经常争吵、打斗，则会导致个体不良性格特征的形成，还有，家庭的经济地位、父母的文化素养、为人处世方式、个体出生顺序等因素也潜移默化地影响着个体性格特征的形成与发展。

（三）学校教育的作用

学校教育是有目的、有计划、有组织地按照一定社会政治经济的要求和个体身心发展规律，对其所实施的德、智、体、美、劳诸方面影响，以使其形成一定的知识、技能和个性。学校教育和教学对个体性格的形成起主导作用。

（1）学校教育的方针、内容、方法，教师的榜样、态度，学校的校风、班风、传统、规章制度、师生关系、团队生活、课外活动等，都影响学生性格的形成。

（2）教师的榜样作用对学生性格的形成也有重要作用。教育是通过教师和学生的双边活动来完成的。学生常常把教师作为自己的楷模，教师的榜样作用有形无形地影响学生性格的形成。师生关系始终是教育人际关系中的主要关系，这种关系也直接影响学生性格的形成。师生关系主要表现为三种：民主型、权威型、放任型。

（3）学校中的集体组织及其活动，特别是班集体的特点、要求、舆论、评价等，对学生性格的形成与发展有重要的影响。集体对性格的形成有特殊的意义。学生参加集体生活，接受集体的委托与要求，受到集体舆论的影响，这一切都对其性格发展有重要影响。

（四）社会环境的影响

社会环境对个体性格形成的影响主要是通过文化媒介传播进行的，如社会舆论、报纸杂志、电影电视等都对其性格的形成、发展产生这样或那样的影响，文化媒介中的英雄榜样、典型人物、偶像明星等常常是个体学习和模仿的对象，正面的形象和行为能激起他们强烈的情感和丰富的想象，成为他们效仿的对象和前进的动力。而格调低下、庸俗恶劣的文化媒介则会污染儿童的心灵，给儿童个体带来不良诱导和不健康的联想、体验。

（五）社会实践活动的作用

家庭、学校教育、社会环境因素等都是性格形成的外部条件，虽然它们对性格的形成和发展起着巨大的影响作用，但却不能直接形成人的性格。它必须通过内部因素才能起作用。性格形成的过程，实际上就是主体把其接受的外部社会要求，逐渐内化为自己内部要求的过程。在这个内化过程中，个人的理解和领悟，个人的需要、动机和态度起着调节和控制作用。如果外部要求与自己的态度相吻合，就可能转化为内部要求，并见之于行动，形成自己的态度体系和稳定的行为方式。如果外部要求不符合个人的需要和动机，那么客观的要求就很难转化为内部需要，当然，也就不能形成个人的性格特征。

在个体的成长过程中，自我意识明显地影响着性格的形成。个体的自我意识与性格是同步发展的，个体把自己从客观环境中区分出来是性格形成的开始。从这以后，他们便开始了自己教育自己、自己塑造自己的努力。随着个体自我意识的发展，这种自我教育、自我塑造的力量就会越来越强。归根到底，人与环境的相互作用，即人的社会实践活动对性格的形成起决定作用。

第二节　探索性格密码

基础知识

性格探索的工具比较多，本节将主要介绍使用广泛的 MBTI 工具。通过 MBTI 工具了解自己的性格密码，根据密码判断自己在性格上的倾向性。

每个人天生有自己擅长的一面，也有自己不擅长的一面（就如我们的左手、右手）。它没有好坏对错之分，性格也是如此。如果能够找到一个适合的环境，使我们在其中发挥自己的长处和优势，那么我们会很自信，并且往往会取得佳绩。相反，如果要求我们做不擅长的事情，那么多半会感到不舒服、不自在，并且可能干不好工作。

成功心理学的最新研究认为：在外部条件给定的前提下，一个人能否成功，关键在能否准确识别并全力发挥其天生优势性格。性格可以影响职业选择，虽然职业成功不仅仅取决于性格，但是性格肯定影响职业目标的选择与定位。性格类型测试有很多，常用的有 MBTI 性格类型量表、荣格的 DISC 性格分析和卡特尔 16PF 人格特征量表、九型人格测试等，但是用得最多、最普遍的是 MBTI 性格类型理论。

一、MBTI 理论介绍

MBTI 全称 Myers Briggs Type Indicator，是一种迫选型、自我报告式的性格评估工具，用以衡量和描述人们在获取信息、做出决策、对待生活等方面的心理活动规律和性格类型。它的理论基础来源于瑞士心理学家荣格（Carl Jung）的性格理论，由美国的心理学家布里格斯（Katherine C. Briggs）和其女儿迈尔斯（Isabel Briggs Myers）共同研究开发成为心理测评工具。

1913 年，在国际精神分析大会上，荣格首次提出个性的两种态度类型：内倾和外倾。1921 年，他在专著《心理类型学》一书中又进行了详细的阐述，并提出了四种功能类型，即理性功能的相互对立的两种类型——思维功能与情感功能，以及非理性功能的相互对立的两种类型——感觉功能和直觉功能。荣格将两种态度类型和四种功能类型组合起来，形成了八种个性类型：外倾思维型、外倾情感型、外倾直觉型、外倾感觉型、内倾思维型、内倾情感型、内倾直觉型、内倾感觉型。

布里格斯和她的女儿迈尔斯在荣格的两种态度类型和四种功能类型的基础上，又增加了判断和知觉两种类型，由此组成了个性的四维八极特征，它们彼此结合就构成了 16 种个性类型。经过二十多年的研究，她们将这一理论运用到职业选择的实践中，通过大量的个案分析，总结出与不同性格类型相对应的职业体系，编制成"迈尔斯－布里格斯类型指标"。迈尔斯又在荣格的优势功能和劣势功能、主导功能和辅助功能等概念的基础上，进一步提出功能等级等概念，并有效地为每一种类型确定了其功能等级的次序，提出了类型的终生发展理论，对心理类型理论做出了新的贡献。

MBTI 性格类型揭示了一个人深层的"本我"、真实的我、自我的核心，最本能、最自然的思维、感觉、行为模式，而不是在别人面前所表现出来的表面的性格特征。通过 MBTI 性格类型理论，可以帮助我们了解自己和他人的性格倾向，更好地理解自己的优点和缺点，更好地接受和包容他人，使我们明白为什么人与人之间会在思维、观念、行为上产生不同与差异，为什么不同的人对不同的事物感兴趣，为什么不同的人擅长不同的工作。

近年来，MBTI 性格类型理论成为当今世界上应用最广泛、最为著名和权威的性格测试工具，它被翻译成 20 多种语言，每年的使用者多达 200 多万，世界著名的迪士尼公司、百事可乐公司、西南航空公司等企业都在使用这种方式进行员工测试。据统计，世界前 100 强企业中有 89% 的公司都引入了 MBTI 作为招聘选拔、人职匹配、组织诊断、改善团队沟通及人际关系的重要方法。

二、MBTI 测评体系

MBTI 衡量的是个人的类型偏好（Preference），或称作倾向。所谓偏好，是一种天生的倾向性，也是一种特定的行为和思考方式。这种偏好并无优劣之分，却形成了人与人之间的不同。它们各自识别了一些人类正常和有价值的行为，也可能成为误解和偏见的来源。MBTI 用四维度二分法来评估一个人的类型偏好，每个维度偏好二分法均由两极组成（见表 5-1）。

表 5-1　MBTI 的四个维度

能量倾向	你更喜欢将自己的注意力集中于何处？你从何处获得活力？	（E）外倾——（I）内倾维度 Extroversion—Introversion
接受信息	你如何获取信息？	（S）感觉——（N）直觉维度 Sensing—Intuition
处理信息	你是如何作出决定？	（T）思考——（F）情感维度 Thinking—Feeling
行动方式	你如何与外部世界打交道？	（J）判断——（P）知觉维度 Judging—Perceiving

（一）个性的第一层：外倾型（Extroversion）-内倾型（Introversion）

个性类型的第一个层面与我们对周围世界的互动有关，解释能量释放到何处。个性类型的第一个层面如表 5-2 所示，根据判断标准，选择自己在这个维度上的倾向性写在下面的横线上。

表 5-2　个性类型的第一个层面

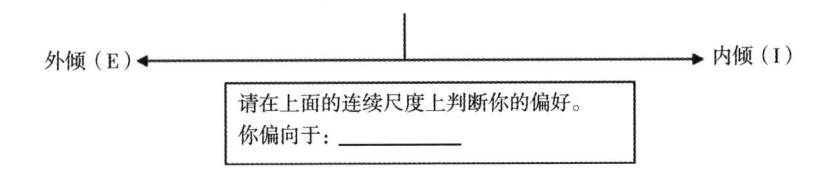

E 外倾型的人	I 内倾型的人
与他人在一起感到振奋	独自一人时感到兴奋
希望成为注意的焦点	避免成为注意的焦点
先行动，再思考	先思考，再行动
喜欢边想边说边出声，易于被了解，愿与人共享	个人信息注重隐私，只与少数人共享信息
说的比听的多	听的比说的多
热情地交流，精神抖擞	不把热情表现出来，显得矜持
反应迅速，喜欢快节奏	思考后再反应，喜欢慢节奏
较之精深更喜欢广博	较之广博更喜欢精深

外倾（E）◀──────────────▶ 内倾（I）

请在上面的连续尺度上判断你的偏好。
你偏向于：＿＿＿＿＿

（二）个性的第二层：感觉型（Sensing）—直觉型（Intuition）

个性类型的第二个层面与我们平时注意的信息有关。有一些人注重事实，有些人则注重愿望。个性类型的第二个层面如表 5-3 所示。根据判断标准，选择自己在这个维度上的倾向性写在下面的横线上。

表 5-3　个性类型的第二个层面

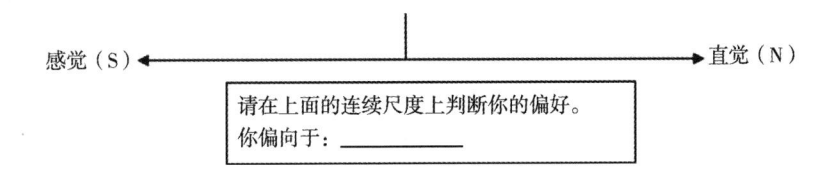

S 感觉型的人	N 直觉型的人
相信确定而有形的事物，相信看到、听到的	相信灵感和推理，相信"第六感"（直觉）
喜欢具有实际意义的新主意	喜欢新主意和新概念，只出于自己的意愿
崇尚现实主义与常识	崇尚想象力和新事物
喜欢运用和琢磨已有的技能	喜欢学习新技能，但掌握之后容易厌倦
留心特殊的和具体的，喜欢细节	留心普遍和有象征性的，使用隐喻和类比
循序渐进地给出信息	跳跃式的以一种绕圈的方式给出信息
着眼于现在	着眼于未来
只相信可以测量、能够记录下来的	相信字面以外的信息

感觉（S）◀──────────────▶ 直觉（N）

请在上面的连续尺度上判断你的偏好。
你偏向于：＿＿＿＿＿

（三）个性的第三层：思维型（Thinking）-情感型（Feeling）

个性类型的第三个层面涉及个人做决定和结论的方式，见表5-4。根据判断标准，选择自己在这个维度上的倾向性写在下面的横线上。

表5-4 个性类型的第三个层面

T 思维型的人	F 情感型的人
后退一步，客观分析问题	向前看，关心行动给他人带来的影响
崇尚逻辑、公正和公平，有统一标准	注重情感与和睦，看到规则的例外性
自然地发现缺点，有吹毛求疵的倾向	自然地想让别人快乐，易于理解别人
可能被视为无情、麻木、漠不关心	可能被视为感情化、无逻辑、脆弱
认为诚实比机敏更重要	认为诚实与机敏同样重要
认为合乎逻辑的感情才是正确的	认为所有感情都是正确的，无论是否有意义
受获得成就欲望驱使	受被人理解的驱使
按逻辑做决定	按爱好和感觉做决定

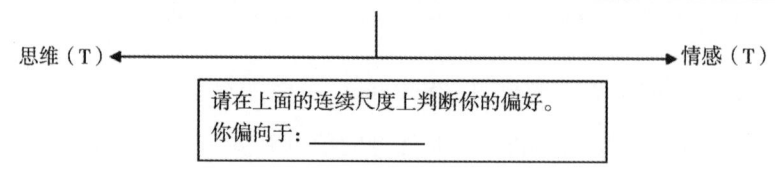

思维（T）←──────────────→ 情感（T）

请在上面的连续尺度上判断你的偏好。
你偏向于：＿＿＿＿

（四）个性的第四层：判断型（Judgment）-知觉型（Perception）

个性类型的第四个层面所关注的是一个人更愿意有条理还是随意地生活，见表5-5。根据判断标准，选择自己在这个维度上的倾向性写在下面的横线上。

表5-5 个性类型的第四个层面

J 判断型的人	P 知觉型的人
做完决定后感到快乐	因保留选择的余地而快乐
具有"工作原则"：先工作再玩（有时间的话）	具有"玩的原则"：先玩再工作（有时间的话）
确立目标并按时完成任务	当有新的情况时便改变目标
想知道自己的处境	喜欢适应新环境
注重过程	注重结果
通过完成任务获得满足	通过着手新事物而获得满足
把时间看成有限的资源，认真对待时间	把时间看成无限的资源，认为时间期限是活的
重条理性、计划性	重机动性、自由变通

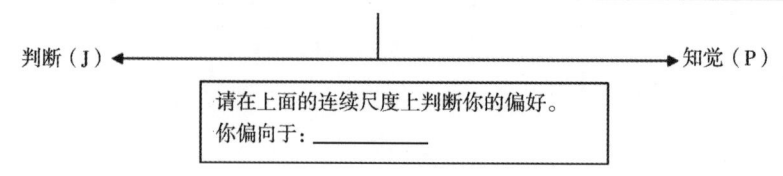

判断（J）←──────────────→ 知觉（P）

请在上面的连续尺度上判断你的偏好。
你偏向于：＿＿＿＿

在 MBTI 的测评结果中，每个维度上一个人只能是一种偏好，如一个人是内倾的就不会是外倾的，一个人是感觉型的就不会是直觉型的。但是这并不代表一个人处于一项维度的某一偏好时，他的性格就是极端的一种倾向。在实际中，大部分的人同时具有一个维度两个倾向的特点，而不是只有其中一个倾向的特点。例如，一个人是内倾的，这就意味着他在绝大多数情况下自然的反应是内倾的，但是也有外倾的时候。在特别的情境下，他也会表现出外倾的倾向。每个人在某一维度上，会表现出对某倾向的一定偏好。当我们处于偏好的倾向时，我们往往表现更佳，感觉更有效率，并且精力充足。

事实上，由于环境的限制，我们常常不能按照自己天性所喜好的那样生活。例如，社会往往要求我们用一种有规律、有计划的方式生活，要求我们多与人打交道。这就好像在右利手居多的社会，左利手不得不改用右手一样。因此，在我们判断自己更偏向于哪一方面的时候，要注意区分到底是处于天生的倾向性还是出于社会的期望，关注哪些是我们的第一反应，哪些通常处于我们天生的偏好。

根据前面四个维度的特点描述与体验，初步探索你的性格编码，然后在下面写下自己的 MBTI 类型代码。

我的 MBTI 代码

能量倾向：_____ 接受信息：_____

处理信息：_____ 行动方式：_____

三、16 种 MBTI 性格类型

MBTI 理论从人们的能量倾向、接受信息、处理信息和行为方式四个维度的不同偏好，把人的性格分为 16 种类型，见表 5-6。

表 5-6 MBTI 16 种人格类型

守护者 SJ		技艺者 SP		理论者 NT		理想家 NF	
需求安全稳定		需求感官刺激		需求理性知识		需求自我认定	
ESTJ	督导者	ESTP	促进者	ENTJ	指挥者	ENFJ	教师
ISTJ	视察者	ISTP	工艺者	INTJ	策划者	INFJ	咨询师
ESFJ	提供者	ESFP	表演者	ENTP	发明家	ENFP	得胜者
ISFJ	保护者	ISFP	创作者	INTP	建筑师	INFP	治疗师

（一）ISTJ 型：内倾＋感觉＋思维＋判断

基本特征：安静、严肃，以周到、可靠取胜；实干，注重事实、现实，负责任；理性地决定要做的事情，之后便可排除干扰坚定地付诸实施；乐于将事情处理得井井有条，包括工作、家庭、生活；重视传统与忠诚。

劣势：不喜欢变动，死板、僵硬，对改变适应性差；比较固执，见到实际应用的结果后才肯接受新观点，不能很好地理解他人，对自己认识不足。

（二）ESTJ 型：外倾＋感觉＋思维＋判断

基本特征：实干、现实、注重事实；决断、迅速地执行决策；善于组织人完成任务或项目，着力于以可能的最有效方式达到目的；注重日常细节；有清晰的逻辑标准并能系统地遵守。

劣势：在工作中不太留意别人的反应和情感，天生喜欢批判，不虚心听取意见，有时甚至会粗暴无礼；对不遵守程序的人或对重要细节不重视的人缺乏耐心；不能容忍工作没有效率，追求目标时总想凌驾于他人之上。

（三）ISFJ 型：内倾＋感觉＋情感＋判断

基本特征：安静、友好、负责任、谨慎；恪守自己的义务；周到、勤恳、精确；忠诚、体贴，能注意到并记住那些对自己重要的人的细节，关心他人的感受；努力在家里和工作中营造有序与和谐的工作环境。

劣势：过于现实，很难全面地观察问题，准确预见情况的可能性；对自己的需求判断不果断，灵活性差，难以适应突然的变化；若认为自己不被需要或不被欣赏，容易灰心丧气。

（四）ESFJ 型：外倾＋感觉＋情感＋判断

基本特征：热心、认真负责，有合作精神；希望有和睦的工作环境，并在工作中努力营造这种气氛；喜欢与他人一起按时、准确地完成任务；忠诚，即使在细小的事情上也能坚持到底，能注意到他人日常生活所需并努力满足；希望因为自己所为能被人感激、欣赏。

劣势：对批评过于敏感，在紧张的环境中容易倍感压力；过于关注他人对自己的肯定和表扬，一旦没有就会失望；做决定过快，有点固执己见。

（五）ISFP 型：内倾＋感觉＋情感＋知觉

基本特征：安静、友好、敏感且和善；享受当下的时刻以及周遭发生的事情；

忠诚于自己看重的人和价值观；不喜欢意见不一、冲突；不会将自己的观点与价值观强加于人。

劣势：对别人的批评相当敏感，容易把别人的批评和否定看得很重；不喜欢提前做准备，时间安排有困难；工作中轻易就接纳别人的行为，不考虑隐含的含义和动机。

（六）ESFP 型：*外倾＋感觉＋情感＋知觉*

基本特征：外向，友善，包容；热爱生活，重视物质上的享受；喜欢与别人共事；会将常识运用到工作中，奉行现实，力求将工作变得有趣；灵活、自发，容易适应新的人以及环境；把与他人一起尝试新的技能看作是最好的学习。

劣势：把体验和享受生活放在第一位，工作中不是特别尽职尽责；易受干扰且分心，不善于提前做好计划和察觉行动征兆；易冲动发脾气，易情绪焦躁，不能独自工作，对不相关事物和言外之意悟性不够。

（七）ISTP 型：*内倾＋感觉＋思维＋知觉*

基本特征：宽容、灵活、安静的观察者，直至出现问题才迅速寻找解决方法；能迅速处理大量的数据来找到问题的核心；对原因和结果感兴趣，运用逻辑原理组织事实；看重效率。

劣势：缺乏语言交流的兴趣和能力；对抽象和复杂的理论缺乏耐心，工作中对别人的要求和情感无动于衷，容易产生疲劳感和倦怠感。

（八）ESTP 型：*外倾＋感觉＋思维＋知觉*

基本特征：灵活、忍耐力强、实际，注重结果；对理论和抽象的概念感到厌烦；喜欢精力充沛地解决问题，专注于眼前，有自发性，享受与他人在一起的每一刻；享受物质上的舒适，在实践中学习能达到最好的效果。

劣势：目光有时不够长远，只关注眼前；在工作中不能很好地遵守规章和制度，对他人的感受不敏感，对工作的期限和日程安排不能很好地遵守。

（九）INFJ 型：*内倾＋直觉＋情感＋判断*

基本特征：寻求思想、关系、物质等之间的意义和联系；希望了解人类的动机，富有观察力；恪守自己牢固的价值观；对如何更好地为公益服务有清晰的观点；在实践自己的想法时条理清晰且决断。

劣势：思维单一，缺乏灵活性和弹性；过于追求尽善尽美；与人交流时想法、方式比较复杂，难以获得他人的理解。

（十）ENFJ 型：外倾＋直觉＋情感＋判断

基本特征：温情，有同情心，反应敏捷，有责任感；非常关注别人的情绪、需要和动机；善于发现他人的潜能，并希望能帮助他们实现；能够成为个人或群体成长和进步的催化剂；忠诚，对赞美和批评都能做出积极的回应；在团队中能很好地帮助他人，并有鼓舞他人的领导能力。

劣势：过于认真，容易动感情，把人理想化；做决定过快，不善于解决冲突和清除表面掩盖下的问题；对待批评和指责过于个人化、情绪化；有时会注意不到事情的精确性。

（十一）INTJ 型：内倾＋直觉＋思维＋判断

基本特征：在实现自己的想法和达成自己的目标时有创新的想法和非凡的动力，能迅速洞察到外界事物间的规律并形成长期的远景计划；一旦决定做一件事就会开始规划并直到最后，具有怀疑精神，独立，对自己和他人的能力和表现都要求非常高。

劣势：对自己和他人要求严格，过于独立，在工作中对他人不够包容，容易固执己见；缺乏恒心，一旦创造性地解决问题后会迅速对该事情缺乏兴趣。

（十二）ENTJ 型：外倾＋直觉＋思维＋判断

基本特征：坦诚、果断，有天生的领导能力；能发现组织中的不合理性和低效能性，进而创立全面的解决问题的系统并付诸实施，善于做长期的计划和设定目标；通常见多识广，博览群书，喜欢拓宽自己的知识面并将其分享给他人；在表达观点时具有说服力。

劣势：重视工作，认为工作至上，工作中挑剔、严厉，爱发号施令；性子急，可能会因为急于做决定而忽视事情发生、发展的细节；不善于鼓励、肯定、赞扬他人。

（十三）INFP 型：内倾＋直觉＋情感＋知觉

基本特征：理想主义者，忠于自己的价值观及自己所重视的人；想让外部世界的生活与自己的价值观相符；有好奇心，迅速发现各种可能性，再加速想法的执行；试图了解别人，协助别人发展；适应力强，柔顺，有弹性，如果与他们的价值观没有抵触，往往能包容他人。

劣势：制订计划时缺乏实际性；如果丧失对工作的控制力，可能会丧失对工作的兴趣；如果工作趋势没有向他们想象的方向发展，也会情绪低落，在竞争中处于弱势。

（十四）ENFP 型：*外倾＋直觉＋情感＋知觉*

基本特征：热情洋溢、富有想象力，认为生活充满很多可能性；能迅速找出事情和信息的联系，基于自己的判断解决问题；需要别人的大量肯定，乐于欣赏和支持别人；灵活、自然、不做作，有很强的即兴发挥的能力，语言流畅。

劣势：缺乏条理性，有时候遇到事情不能分清楚主次顺序；不喜欢从事重复、例行的工作，缺乏细节性；独自工作时效率较低。

（十五）INTP 型：*内倾＋直觉＋思维＋知觉*

基本特征：对任何感兴趣的事物，都要探索一个合理的解释；喜欢理论和抽象的事情，喜欢理念思维多于社交活动；安静，满足，灵活性强，适应力强；对感兴趣的事情有非凡的能力去专注且深入地解决问题；具有怀疑精神，有时批判，常常善于分析。

劣势：某些观点可能无法实现；他们的观点、思想对他人来说难以理解，可能因丧失兴趣而不能坚持下来；对琐碎的事情缺乏耐心，对别人的反应、感想迟钝。

（十六）ENTP 型：*外倾＋直觉＋思维＋知觉*

基本特征：敏捷、睿智，机灵、坦率，有激励别人的能力；在解决新的、具有挑战性的问题时足智多谋；善于发现理论上的可能性而后再用战略的眼光分析；善于理解别人；不喜欢例行公事，很少会用相同的方法做相同的事情，能不间断地发展新的爱好。

劣势：当创造性地解决问题后就会对该事情丧失兴趣；不愿意从事具体工作，缺乏恒心；不喜欢例行公事，不喜欢重复单调的事情，坚持以自己的方式行事；经常打断别人的说话，可能会因过分自信而导致能力发挥欠佳；可能会不可靠，不负责任。

无论你是哪种性格，性格类型没有对错，而在工作或人际关系上，也没有更好或更坏的组合。每一种性格类型对每一个人都能带来独特的优点。哪种性格类型最符合你，是由你自己来做最后判断的。你的性格分析结果是根据你回答问题的选择来分析出你最有可能属于哪一种性格类型，但是只有你自己才知道你真正的性格类型。

我们探讨性格类型，你可以用性格类型去理解自己，但不能把它作为你做或不做任何事情的借口。不能让性格类型左右你对任何事业、活动或人际关系的选择标准。要留意自己对类型的偏见，避免负面地把别人定型。

第三节 性格与职业的匹配

基础知识

人的性格类型与职业之间具有关联性，不同性格类型对不同职业有不同的适应性，性格与职业相匹配是人职匹配的重要内容。

一、正确认识职业性格

1909 年美国波士顿大学教授弗兰克·帕森斯（Frank Parsons）提出人职匹配理论，又称为帕森斯的特质因素理论，这是职业选择最经典的理论之一。帕森斯在其《选择一个职业》一书中明确地提出，人与职业相匹配是职业选择的焦点，并阐明职业选择的三大要素和条件。其核心观点包括：第一，个人有自己独特的人格模式，每种人格模式都有与其相适应的职业类型；第二，在选择职业时，首先需要清楚地了解个人的态度、能力、兴趣、局限性等；第三，要了解职业选择成功的需要和条件，以及不同岗位的优缺点、酬劳、机会等；第四，以个人和职业的互相配合作为职业辅导的最终目标。

帕森斯的理论内涵就是在清楚认识、了解个人主观条件和社会职业要求的基础上，将条件与要求相比照、匹配，从而选择一种职业需求与个人特长匹配最得当的职业。总的来说，人职匹配分为两种类型：一是因素匹配，如所需专门知识和技能的职业与掌握该种特殊知识技能的择业者相匹配；二是特性匹配，如具有感性、敏感、完美主义等人格特质的人，适合从事创造类、艺术类的职业。性格与职业匹配是人职匹配的重要内容之一，我们了解自己的职业性格，就是为了更好地选择与自己性格相匹配的职业。

什么是职业性格？职业性格是指人们在长期特定的职业生活中所形成的与职业相联系的、稳定的心理特征。例如有的人在工作中要求严苛、一丝不苟，所有的事情都是尽善尽美地完成；有的人则是在工作中保持高效率，遇到问题或争执时能够勇敢、果断地做出抉择；有的人则在工作中规则性不高，但是创意不断、思维跳跃，总能想办法解决困难。这些特点和特征的总和就是这个人的职业性格。相应地，每一类职业也有其要求的标准或特征。例如作为一名法官，就需要在工作中有原则、有准则，在量刑时必须客观、公正，不能受个人感情的影响；作为一个管理者，要有宽广的胸怀，能用人之长、容人之过、关心下属，如果不具备相应的职业性格，就很难成为一个好的管理者。

性格对职业选择有着非常重要的影响，职业心理学家勃兰特曾经做过一个实验。他追踪调查了一批大学毕业生，将他们的个性、在校学习成绩、智力与他们毕业五年后的收入做了一下比较，结果显示：事业成功和智力的相关度是0.18，和学习成绩的相关度是0.32，与个性的相关度是0.72。这个实验实证了事业发展与个性匹配的关联度最高，也就是说，当一个人所做的工作与自己的个性越契合，他事业成功的可能性越大。

二、性格类型对职业选择的影响

研究表明，性格影响一个人对职业的适应性，一定的性格适合于从事一定的职业；同时不同的职业对人有不同的性格要求，性格对职业选择的影响非常大。

（一）MBTI性格类型的职业倾向

前面通过介绍MBTI理论，每个人都会找到自己性格上的MBTI代码，这十六种性格代码都有自己的优势和劣势，也都适合不同的职业类型。MBTI 16种性格代码各有其职业倾向性，如表5-7所示。

表5-7 MBTI 16种类型职业倾向

SJ 传统主义者	SP 经验主义者
NT 概念主义者	NF 理想主义者

1. SJ（传统主义者）——忠诚的监护人

"现实的决策者"有很强的责任心与事业心，喜欢解决问题，忠诚、按时完成任务，关注细节，强调安全、礼仪、规则、结构和服从，喜欢服务于社会需要。坚定、尊重权威和等级制度，持保守的价值观。充当保护者、管理员、稳压器、监护人的角色。大约有50%SJ偏好的人为政府部门及军事部门工作，并且显现出卓越成就。企业中层管理者中大多是这种特点的人。在美国执政过的41位总统中，有21位是SJ，如杜鲁门、摩根等。

2. SP（经验主义者）——天才的艺术家

"适应的现实主义者"有冒险精神，反应灵敏。在任何要求技巧性强的领域中游刃有余，常常被认为是喜欢活在危险边缘寻求刺激的人。喜欢处理大量的事情和紧急事件，解决具体问题和面对压力，如西奥多·罗斯福、富兰克林·罗斯福、肯尼迪、丘吉尔、里根。大约有60%左右SP偏好的人喜欢艺术、娱乐、体育和文学，被称赞为天才的艺术家，如麦当娜、音乐大师莫扎特、周润发、刘德华等，均属于SP偏好的人。

3. NT（概念主义者）——科学家、思想家的摇篮

"有逻辑性且机敏"，天生有好奇心，喜欢梦想，有独创性、创造性、洞察力，有兴趣获得新知识，有极强的分析问题、解决问题的能力，产出高质量的新观点，希望自己的观点和成就被他们所尊重的人看重，是独立的、理性的、有能力的人。NT是思想家、科学家的摇篮。大多数有NT偏好的人喜欢物理、研究、管理、电脑、法律、金融、工程等理论性和技术性较强的工作。达尔文、牛顿、爱迪生、瓦特这些发明家、科学家均是这种特点的人。

4. NF（理想主义者）——理想主义者、精神领袖

"热心且有洞察力"，在精神上有极强的哲理性，善于言辩、充满活力、有感染力、能影响他人的价值观并鼓舞其激情。帮助别人成长和进步，具有煽动性，被称为传播者和催化剂，用"教导"的方式帮助他人。约有一半的人在教育界、文学界、宗教界、咨询界以及心理学、文学、美术和音乐等行业展示着他们的非凡成就，在令人鼓舞和和谐的环境中被认同和支持。

（二）MBTI性格类型对职业选择的倾向

有研究数据表明，在MBTI的四个维度中，S-N、T-F两种维度的组合与职业的选择更为相关（Hammer and Macdaid，1992）。

ST型的人更关注通过实效和实际的方式应用详细资料，如商业领域。一位ST型的心理咨询硕士将会成为心理测评和应用方面的专家。

SF型的人喜欢通过实践的方式帮助别人，如健康护理和教育领域。例如，一位

SF 型的心理咨询硕士将关注自己的管理、督导技能，以发展和促进同事之间有效的工作关系。

NF 型的人希望能通过在宗教、咨询、艺术领域的工作来帮助别人。例如，一位 NF 型的心理咨询硕士将成为临床专家来帮助人们成长、发展，学习如何更好地了解自己和他人。

NT 型的人更关注理论框架，如科学、技术和管理，喜欢挑战。例如，一个 NT 型的心理咨询硕士将运用他的战略重点和管理技巧，成为人力资源领域的管理者。

工作安全感则受 IJ、IP、EP、EJ 的影响最大，其中 EJ 类型的人最容易有工作安全感，而 IP 类型的人常常在工作中对组织、未来等缺乏安全感。

三、性格与职业匹配的有效建议

（一）结合自身性格制订职业规划

在即将就业时，或在工作中面对较大的困惑和瓶颈时，应对自身的性格特征进行全面分析和总结，得出自身的性格类型和主要优缺点，总结自身的兴趣爱好，并对自身的知识技能和优势方面进行综合评估，进行科学系统的职业规划。性格作为职业选择中的重要影响因素，应当成为未来职业选择中的重要参考。可借助于职业咨询师的指导，在其专业意见指导下，明确自身能做什么、想做什么，进而进行职业的选择和长远规划。在完成职业规划后，对其进行不断的反馈和评估，并在执行的过程中依据实际情况进行适当调整，以确保个人的职业生涯能够顺利，实现个人追求和目标。

（二）以性格特征和兴趣爱好指导择业

在职业规划完成后，应将性格特征和兴趣爱好作为择业的重要参考。尽管个人的职业选择受到的影响因素较多，来自社会和家庭的压力较大，但应当综合多种因素，从个人的长远发展出发，进行职业的选择。应分析自身的性格特征，结合性格分类标准，判断自身属于哪种性格，其优缺点在哪儿，并充分发挥自身的性格优势。同时，依据平时的兴趣爱好，判断其是否与某种职业以及个人能力优势相符合。进而选择相应的职业，达到性格与职业的匹配与契合。在确定意向职业后，分析该职业的具体需求，发挥自身的优势所在，实现职业的准确定位，获取个人良好的职业未来。

（三）让自身性格适应当前工作

对于已经步入职场和已经参加工作的人，如受社会和家庭等客观因素影响较大，无法进行职业的更换，可依据性格的可塑性，让自身性格逐步适应当前工作。经过后期的实践和调整，人能够主动进行性格的规划和调整，使其符合职业特点，满足职业需求。例如，个人为内向型性格，可多与人沟通交流，多参加社交活动，逐渐培养自信并锻炼自身在公共场合说话的能力，将性格慢慢向外向型发展；个人为外向型性格，可多阅读书籍，通过静坐和沉思，使自身更加沉稳成熟，以适应相应的职业需求。实现性格的调整和塑造，对自身未来的职业发展有一定的帮助和促进。

（四）在职业中完善自身性格

人在职业和工作可能面临性格与职业间的矛盾，经由调整和塑造后，能逐步适应了工作环境和职业特征，在逐渐实现性格与职业的契合，之后，可不断进行自我性格的完善，通过主动干预实现自我性格的完善和优化，对自身的性格缺陷进行挖掘，找到性格的不足之处，进而采取有效的办法和策略。经过不断的学习和实践，对个性和性格上的缺陷进行弥补。此过程属于对性格的理性化和适当性调整，是实现对情绪的控制而不是对个性的压制，能够促进个人的职业发展，还能实现人际关系的优化。

趣味测评

性格心理测试

【训练目的】

这份心理测试是由中国现代心理研究所以著名的美国兰德公司（战略研究所）拟制的一套经典心理测试题为蓝本，根据中国人心理特点加以适当改造后形成的心理测试题，目前已被一些大型企业，如联想、长虹、海尔等公司作为对员工心理测试的重要辅助试卷。

【训练要求】

每题只能选择一个答案。

【训练过程】

1. 你更喜欢吃哪种水果？

   A. 草莓　　B. 苹果　　C. 西瓜　　D. 菠萝　　E. 橘子

2. 你平时休闲经常去的地方是哪儿?

A. 郊外　　B. 电影院　C. 公园　　D. 商场　　E. 酒吧　　F. 练歌房

3. 你认为容易吸引你的人是怎样的人?

A. 有才气的人　B. 依赖你的人　C. 优雅的人　D. 善良的人

E. 性情豪放的人

4. 如果你可以成为一种动物,你希望自己是哪种?

A. 猫　　B. 马　　C. 大象　　D. 猴子　　E. 狗　　F. 狮子

5. 天气很热,你更愿意选择什么方式解暑?

A. 游泳　　B. 喝冷饮　C. 开空调

6. 如果必须与一个你讨厌的动物或昆虫在一起生活,你能容忍哪一个?

A. 蛇　　B. 猪　　C. 老鼠　　D. 苍蝇

7. 你喜欢看哪类电影、电视剧?

A. 悬疑推理类　　B. 童话神话类　　C. 自然科学类　　D. 伦理道德类

E. 战争枪战类

8. 以下哪个是你身边必带的物品?

A. 打火机　　B. 口红　　C. 记事本　　D. 纸巾　　E. 手机

9. 你出行时喜欢坐什么交通工具?

A. 火车　　B. 自行车　C. 汽车　　D. 飞机　　E. 步行

10. 以下颜色你更喜欢哪种?

A. 紫　　B. 黑　　C. 蓝　　D. 白　　E. 黄　　F. 红

11. 下列运动中哪一个你最喜欢(不一定擅长)?

A. 瑜伽　　B. 自行车　C. 乒乓球　　D. 拳击　　E. 足球　　F. 蹦极

12. 如果你拥有一座别墅,你认为它应当建立在哪里?

A. 湖边　　B. 草原　　C. 海边　　D. 森林　　E. 城中区

13. 你更喜欢以下哪种天气现象?

A. 雪　　B. 风　　C. 雨　　D. 雾　　E. 雷电

14. 你希望自己的窗口在一座30层大楼的第几层?

A. 7层　　B. 1层　　C. 23层　　D. 18层　　E. 30层

15. 你认为自己更喜欢在以下哪一个城市中生活?

A．丽江　　B．拉萨　　C．昆明　　D．西安　　E．杭州　　F．北京

【训练总结】

性格心理测试评分标准表

序号\分值	A	B	C	D	E	F
1	2	3	5	10	15	
2	2	3	5	10	15	20
3	2	3	5	10	15	
4	2	3	5	10	15	20
5	5	10	15			
6	2	5	10	15		
7	2	3	5	10	15	
8	2	2	3	5	10	
9	2	3	5	10	15	
10	2	3	5	8	12	15
11	2	3	5	8	10	15
12	2	3	5	10	15	
13	2	3	5	10	15	
14	2	3	5	10	15	
15	1	3	5	8	10	15

180分以上：意志力强，头脑冷静，有较强的领导欲，事业心强，不达目的不罢休。外表和善，内心自傲，对有利于自己的人际关系比较看重，有时显得性格急躁，咄咄逼人，得理不饶人，不利于自己时顽强争取，不轻易认输。思维理性，对爱情和婚姻的看法很现实，对金钱的欲望一般。

140～179分：聪明，性格活泼，人缘好，善于交朋友，心机较深。事业心强，渴望成功。思维较理性，崇尚爱情，但当爱情与婚姻发生冲突时会选择有利于自己的婚姻。金钱欲望强烈。

100～139分：爱幻想，思维较感性，以是否与自己投缘为标准来选择朋友。性格显得较孤傲，有时较急躁，有时优柔寡断。事业心较强，喜欢有创造性的工作，不喜欢按常规办事。性格倔强，言语犀利，不善于妥协。崇尚浪漫的爱情，但想法往往不切合实际。金钱欲望一般。

70～99分：好奇心强，喜欢冒险，人缘较好。事业心一般，对待工作随遇而安，容易妥协。善于发现有趣的事情，但耐心较差，敢于冒险，但有时较胆小。渴

望浪漫的爱情，但对婚姻的要求比较现实。不善理财。

40~69分：性情温良，重友谊，性格踏实稳重，但有时也比较狡黠。事业心一般，对本职工作能认真对待，但对自己专业以外的事物没有太大兴趣，喜欢有规律的工作和生活，不喜欢冒险，家庭观念强，比较善于理财。

40分以下：散漫，爱玩，富于幻想。聪明机灵，待人热情，爱交朋友，但对朋友没有严格的选择标准。事业心较差，更乐于享受生活，意志力和耐心都较差，我行我素。有较好的异性缘，但对爱情不够坚持认真，容易妥协。没有财产观念。

（引自 https：//www.wendangwang.com/doc/04031baa82aa9538c14caf4a）

课堂活动与课后练习

1. 完成自己的MBTI性格测试，确认性格类型，并完成下述内容。

你的MBTI偏好类型。

结合本章所学，记录下最能描述你自己的语句。

根据你的MBTI类型偏好，罗列出你比较感兴趣的职业，并按照兴趣高低排序。

2. 职业判断。

列出你曾经想从事的三个职业，用你学到的MBTI相关知识判断这三个职业适合你吗？如果你要去面试其中一个职位，你可以用MBTI来描述你在这个职位上的优势和劣势吗？如何描述？

3. 挑选一本名人（心中的榜样或偶像）传记仔细阅读，列出书中名人的性格特点，比较一下你与其在性格上的异同，以其性格来激励你之后的生涯规划。

第六章

职业能力

学习目标

01 学生能够掌握能力与能力倾向的概念、区别与联系，掌握主要职业能力的分类及内涵

02 能够应用职业能力倾向测验、成就故事法进行自我职业能力倾向探索，能够结合大学专业，分析不同职业技能在相关行业领域中的重要性

03 能够培养自我效能感，坚定信心，在大学期间自觉提高自己的职业能力

课堂引导

能力成就梦想

2021 年，北京某知名央企来武汉招聘，该单位正是武汉某高校 2017 级会计专业本科毕业生刘佳心仪已久的企业，于是她毫不犹豫地参加了宣讲会，然而，因该企业更希望招男生，刘佳的简历在投递时就被直接拒绝了。为了心中的梦想，她仍然坚持去了武汉大学、华中科技大学、武汉理工大学的校招会，向该企业投递了自己的简历。前前后后，她被拒绝了 6 次。

其中，在一次宣讲会上，该企业要求所有求职者进行 3 分钟的即兴演讲，当时和她一起面试的都是留学生和 985 高校的研究生，但她仍坚持在会议大厅演讲。那次虽然她还是被拒绝了，但是她学习到了竞争对手的自信，学习到了他们从容面试的技巧与方法。当她第 7 次向该企业投递简历时，她被正式通知参加终面。在面试过程中，除了专业测试外，还要即兴介绍自己的大学生活及未来人生规划。因刘佳平时就非常自律，大一入学时，就在老师的帮助下，确立了自己的职业方向和目标，制订了良好的职业发展规划。她勤奋好学，每天早上 6 点前起床，晚上自习至 11 点，数年如一日，学习成绩及综合测评四年均排名专业第一。除了学习本专业知识外，为了更好地实现自己的职业理想，她还自学了其他相关专业知识，并顺利通过了初级会计证、银行从业资格证、基金从业资格证、期货从业资格证、证券从业资格证、英语六级等考试，并取得相应证书。同时，为了更好地提高会计实操能力，她还积极利用寒暑假及课余时间去会计师事务所实习，在实习过程中，她主动向同事求教，不断提升自己的专业能力。实习的经历也让她更好地认识了自己，知道了自己所需、所求和所能，并不断修正她的未来职业规划。在大学期间，她除了专心学习外，还担任班级学习委员，积极带领大家一起参加各种学科竞赛和志愿服务活动，在工作中，她认真负责，组织能力、演讲能力和沟通协调能力都得到了极大的提高。因为她的坚持，还有她优秀的专业成绩以及出色的现场表现，她最终如愿签约，并落户北京。

第一节　能力的概念和分类

基础知识

"你有什么样的能力？"是每一个人在求职时都要面对的问题，不管这个问题是不是直截了当地表达出来的。能力是用人单位最关心的问题，也是我们最需要证明的，怎样发现、培养和表现自己的能力，从而在劳动力市场中拥有竞争力，是非常关键的。能力与个人的职业满意度、工作适应性以及职业稳定性有直接关系。

一、能力的概念

能力是人们成功完成某种活动所必需的个性心理特征，它是个体将所学的知识、技能和态度在特定的活动或情境中进行类化、迁移与整合所形成的能完成一定任务的素质。简单地讲，能力就是能否完成一件事的证明，速度和质量是它的评价标准。比如：网站开发人员最基本的能力是写代码，能否根据网站需求将网站开发出来就是具备这种能力的证明。

能力不仅包含了一个人现在已经达到的水平，而且包含了一个人所具有的潜力。比如"她有跳舞的能力"，其实指的就是其表现出来的特性有身材匀称、协调性好、节奏敏感度高等。虽然现在她可能还不会跳舞，但如果接受一定的训练，她的舞会跳得比一般人更好。

能力的产生和发展与社会生活分不开，它是综合的心理条件，必须在社会活动中形成并且表现。职业能力和职业实践互为因果，从事一定的职业活动需要有相应的能力为前提，但在实践过程中不断涌现出来的新问题、新要求则会促使相应能力水平的持续提高。因此，每个人只有在活动中努力发现和积极培养自己的能力，才能为今后从事的职业活动做好准备。

能力是个性心理特征的综合表现。绝大多数的活动都需要多种能力相互配合，只具备单一的能力往往无法完成任务。例如，学生在学习时，就需要记忆力、理解力和概括能力等多种能力共同作用；外交官从事外交工作时，要具有灵活而敏捷的思维、较好的语言表达、较强的记忆等能力；飞行员参与飞行训练，则需要良好的直觉辨别能力和注意分配能力，同时还需要动作反应灵活协调、情绪稳定、意志坚强等心理品质，这些心理品质都属于能力的不同方面。每一种职业活动都需要特定的能力组合，能力倾向会影响个体的职业发展。

能力的形成与发展受多种因素影响，除了先天因素外，还有环境、教育和社会活动等后天因素。能力是这些因素相互作用的结果，能力的大小与受教育的程度和个人的主观努力有直接的关系。能力是存在个体差异的，这表现在质和量两个方面。在质上，每个人有自己的特殊能力。例如，有的人擅长绘画和音乐，有的人擅长运算和分析，有的人能过目不忘，有的人想象力超群。另外，就同种能力，个体间也表现出不同的差异。如语言能力，不同的人就在其形象性、生动性或逻辑性等方面各有所长，这都适合于不同职业活动的要求。在量上，职业能力的个体差异主要表现在能力的发展水平和发展速度的差异。从发展水平上来看，人的能力会有大小高低之分，这种差别集中表现在人的工作效率和成就水平上。例如，美国福特公司在

20世纪40年代,由于老福特缺乏管理方面的才能,情况每况愈下,1945年每月亏损900多万美元,整个组织濒临破产。同年,老福特退休后,让受过高等教育颇有管理才能的孙子接班,结果当年就扭亏为盈,赚了2000万美元。经过几年努力,福特公司又重振雄风,资本总额高达116亿美元,使福特家族成为美国最富有的家族之一。盈亏之别,在于老、小福特管理能力高低之不同。

从能力的发展速度上来看,差异主要表现在人们职业适应性的大小或强弱、职业技能转换的快慢和成就表现的早晚上。例如,有人职业角色转换快速,适应性强;有人则定性较强,不适应变动;有人少年得志;有人则大器晚成。这种差异不光表现在不同的个体间,并且不同类型的能力在发展、衰退的时间和程度上,也有所区别。有研究显示,创造力发展的最佳阶段,化学家是26～36岁,数学家是30～39岁,心理学家是30～39岁,声乐工作者是30～34岁,诗歌创作者是25～29岁,绘画者是32～36岁,医学工作者是30～39岁。

二、能力的分类

在选择职业时,我们要寻求个人能力与职业技能要求的适配,我们需要清楚能力有哪些分类,从而清楚自己具备什么样的能力,职业又要求什么样的能力。

课堂活动

夸夸我自己

请在5分钟内尽可能多地写下自己所拥有的能力,与你的同伴分享,看看谁写得多。大家写的一样吗?有什么不同?

_____

_____

汇总大家所写的能力。

可以将它们分类吗?可以分为几类?

_____

_____

按照不同的分类标准,能力有不同的分类划分方法。

（一）按获得方式分

能力获得可通过先天生成和后天培养两种方式，根据获得方式不同，能力可分为"能力倾向"和"技能"两大类。

能力倾向是相对于能力的显性和隐性，或者是相对于现实性与潜在性而言的。个体潜在性的能力即为能力倾向，它与生俱来，经过培养可以外化，也可能因为未被开发而荒废。而现实性或显性的能力即在活动过程中体现出来的，能被人直接感知到的能力，也就是我们日常所说的能力。

每个人都有多种能力倾向，而且由于先天因素的不同，每个人能力倾向的领域和程度均有所不同。通过一定的学习和专门训练，可以使潜在的能力水平得以提高，而具有了外在的能力，甚至实现能力倾向领域的转化。比如由于遗传因素、家庭熏陶或启蒙教育的关系，有人从小就对音乐感兴趣，这是一种能力倾向。如果这个人意识到了他的音乐能力倾向，并有意识地加以训练，这种音乐能力倾向程度则会越来越深，表现越来越明显，从而最终转化为外在的音乐能力。

技能则指经过后天学习和练习培养而形成的能力，如阅读能力、人际交往能力、表达能力等。在现实生活中，个人的能力水平往往是能力倾向和技能两方面的结果。比如在东京奥运会上刷新了亚洲纪录的短跑运动员苏炳添有着非常强大的先天身体素质，但即使如此，苏炳添依旧每天保持八小时以上的训练，才能够获得如今的成就。但同时，我们要注意不要将两者混为一谈，比如，我们常常会听到某人说"我这方面的能力不行"，那么，他是真的不具备这方面的天赋，还是由于缺乏机会培养和练习。事实上，像人际交往能力、沟通能力等，主要有赖后天的练习。许多人际交往技能不佳的人，往往是由于其在青少年时期家庭教育不当、只注重学习成绩而不注重其他技能的培养造成的。在成年以后，他们可以通过听讲座、看书、向人请教乃至心理咨询等方式改善自己这些方面的技能。正如中国古话所讲的，"勤能补拙"，先天的不足可以通过后天的努力得到弥补。其实，每个人都有无限的学习、成长的能力，但许多人成年以后就开始固步自封了。我们如果像孩子一样，勇于、勤于学习，并且不怕失败和挫折，那么很多技能是可以通过练习而获得的。就像《卖油翁》中所讲的："无他，唯手熟尔。"

（二）按使用领域分

根据不同任务对能力的要求不同，能力可分为"一般能力"和"特殊能力"。

一般能力是指顺利完成各种活动所必备的基本能力，这种能力最集中体现在认知活动中，可称之为认知能力或认知智力。如观察力（对事物的观察、理解和判断等）、记忆力（记忆的速度、准确性、持久性等）、思维力（对事物的分析、综合、抽象和概括等）、想象力（想象的主动性、新颖性等）和语言能力（语言的丰富性、流畅性等），这些方面均是个体在认知活动中表现出来的能力。

特殊能力是指顺利完成某种特殊活动所必备的专门能力，与某些职业活动紧密相关，也可称特长。如计算能力，音乐能力、动作协调能力、语言表达能力、空间判断能力、写作能力等。

在人的成长发展中，一般能力和特殊能力有机地结合着，一般能力是特殊能力的基础，为特殊能力的发展与发挥创造有利条件。比如，从事建筑规划的设计师，要具备绘画等特殊能力；优秀的外科医生，要具备精细手术的动手能力以及书写病历的文书能力等特殊能力，除了这些必要的特殊职业能力，他们还要具备观察能力、记忆能力、想象能力以及一定的分析思维能力等一般职业能力。在职业活动中，注重发展自己的特殊能力的同时，也应注重一般能力的发展，这样才能提高职业活动的效率。

三、能力倾向的认知：多元智力论

关于人的天赋，传统的智力理论通常以语言能力和数理逻辑能力为整体评判的标准，也就是人们常说的IQ。1983年，美国哈佛大学教授、发展心理学家加德纳（Howard Gardner）反驳了传统智力理论的观念，他把智力定义为"是在某种社会和文化环境的价值标准下，个体用以解决自己遇到的真正难题或生产及创造出某种产品所需要的能力"。他认为，智力是由同样重要的多种能力而不是一两种核心能力构成，一方面，智力不是一种能力而是一组能力；另一方面，智力不是以整合的方式存在，而是以相互独立的方式存在的。这一理论被称为多元智力理论（The Theory of Multiple Intelligence）。加德纳的研究表明，人类至少有7种不同的智能。

（一）言语—语言智力

个体听、说、读、写的能力。这种智力在作家、演说家、记者、编辑、节目主持人、播音员、律师等职业上有更加突出的表现。

（二）逻辑—数理智力

个体运算和推理的能力。从事与数字有关工作的人士特别需要这种有效运用数字和推理的智力。他们学习时靠推理来进行思考，喜欢提出问题并通过实验以寻求答案，寻找事物的规律及逻辑顺序，对科学的新发展有兴趣。

（三）视觉—空间智力

个体感受、辨别、记忆、改变物体的空间关系并借此表达自己思想和情感的能力。空间智力可以划分为形象的空间智力和抽象的空间智力两种能力。形象的空间智力为画家的特长；抽象的空间智力为几何学家特长。建筑学家形象和抽象的空间智力都擅长。

（四）音乐—节奏智力

个体感受、辨别、记忆、改变和表达音乐的能力。这种智力主要是指人敏感地感知音调、旋律、节奏和音色等的能力，表现为个人对音乐节奏音调、音色和旋律的敏感以及通过作曲、演奏和歌唱等表达音乐的能力。这种智力在作曲家、指挥家、歌唱家、乐师、乐器制作者、音乐评论家等人员那里都有出色的表现。

（五）身体—动觉智力

个体运用四肢和躯干的能力；善于运用整个身体来表达想法和感觉，以及运用双手灵巧地生产或改造事物的能力。这类人很难长时间坐着不动，喜欢动手建造东西，喜欢户外活动，与人谈话时常伴有手势或其他肢体语言。他们学习时透过身体感觉来思考。运动员、舞蹈家、外科医生、手艺人都有这种智力优势。

（六）交往—交流智力

个体与人相处和交往的能力。人际关系智力，是指能够有效地理解别人及其关系，并与人交往的能力，包括四大要素：①组织能力，包括群体动员与协调能力；②协商能力，指仲裁与排解纷争能力；③分析能力，指能够敏锐察知他人的情感动向与想法，易与他人建立密切关系的能力；④人际联系，指对他人表现出关心，善解人意，适于团体合作的能力。

（七）自知—自省智力

个体认识、洞察和反省自身的能力。这种智力主要指认识自己的能力，正确把握自己的长处和短处，把握自己的情绪、意向、动机、欲望，对自己的生活有规划，能自尊、自律、会吸收他人的长处。

这七种智力在个人的智力结构中处于同等重要的地位，每个人都同时拥有这七种智力，但它们在个人身上以不同的方式、不同的程度组合，从而使得每个人的智力各具特点。从这个意义上说，加德纳的多元智力理论告诉我们：对于世界上的每一个人来说，不存在谁更聪明的问题，只存在不同个体在哪个方面聪明的问题。每个人都是独特的。正如中国古人所言："天生我材必有用。"如果个人能将自己独特的天赋充分发挥出来，那么，每个人都可以是出色的。

四、技能的分类

"技能"一词常出现在简历制作及面试环节，准确的技能描述来自于对自身技能的正确认知，其对于个人自信心的树立以及在求职过程中的胜出具有非常重要的意义。技能与工作的适配程度，极大程度上影响着一个人工作的体验感和工作效率。当技能无法满足工作需求时，往往会使人感到焦虑甚至产生挫败感，导致工作效率低下；当技能和工作的要求相匹配时，最容易发挥自己的潜能，能够事半功倍，并且在工作中获得一种满足感；当一个人的技能远远超出工作要求时，又会觉得工作缺乏挑战性，找不到成就感。因此，准确地理解技能的分类，从而厘清自己具备什么技能，以及与之相匹配的职业，对职业生涯的规划尤其重要。

对个人技能的认识，建立在对技能分类的了解上。辛迪·梵和理查德·鲍尔斯将技能分为三种类型：①专业知识技能；②可迁移技能（或通用技能）；③自我管理技能。通常，人们会比较容易想到自己所具有的专业知识技能，但实际上后两种技能更为重要。它们使我们有可能不局限于自己所学的专业，可以在更广的范围内选择职业；它们对我们在竞争中胜出具有关键性作用，并且使我们能够在工作中得以更长久地发展；用人单位对它们的重视程度，也往往超过了对单纯专业知识技能的重视。

（一）专业知识技能

专业知识技能是指那些需要通过专门的教育或者培训才能获得的具有一定专业性和系统性的知识或能力，即个人通过学习所掌握的各项科学文化知识科目。它们常常与我们的专业学习或工作内容直接相关，是一些特殊的学科内容，必须经过有意识的、专门的教育培训才能掌握。比如在银行的招聘启事中，银行提出的金融、会计等专业，本科以上学历，学习成绩本专业前30%等要求，考察的都是专业知识技能。又如，你是否掌握英语的语法、营销理论或医学知识等。专业知识技能一般用名词来表示。

专业知识技能是不可迁移的，也就是说，它们必须经过有意识的、专门的培训才能掌握。例如，你知道了英语的语法，但不一定知道德语的语法；你学握了管理学知识，但并不一定能掌握医学知识。

许多大学生由于不喜欢自己的专业，在找工作时往往陷入两难的境地。一方面，他们认为工作必须"专业对口"，但是又不喜欢自己的专业，不想将之作为从事一生的职业；另一方面，如果"专业不对口"，自己不是"科班出身"，则担心自己与专业出身的应聘者相比缺乏竞争力，甚至觉得很难跨越专业的鸿沟。在这种情况下，似乎唯一可行的方式就是通过考研来改换专业。

事实上，专业知识技能并非只有通过正式的专业教育才能获得。除了学校课程，接受系统的专业教育外，课外培训、专业会议、讲座、研讨会、自学、资格认证考试等方式都可以帮助个人获得知识技能。此外，通过业余爱好、娱乐休闲、社团活动、岗前培训、在职教育等渠道也都可以获取知识技能。例如，某著名的会计师事务所在对新员工的培训中，第一年的主要内容就是针对非专业学生补充财会基础知识。由此可见，即使是一些专业要求较高的职业如会计师等，其专业技能也可以在就职后的培训中获得。实际上，越是大的公司，越是看重个人的综合素质（也就是"自我管理技能"与"可迁移技能"），而不那么在意个人是否已经具备专业知识。不少外企在校园招聘时都已不再区分学生的专业背景。

因此，如果想从事本专业之外的工作而又不愿或不能重新选修一个专业的话，仍然有许多途径可以帮助我们获得相关的知识技能。在招聘中，专业知识技能并不是用人机构所重视的唯一技能。当前现存的状况是知识技能的重要性被夸大，以至于许多学生在校内选修很多的课程，在校外参加各种培训班并考取一大堆证书，而这些仅能证明你个人的专业知识技能。

（二）自我管理技能

第二种技能是新迪尼·法恩（Sidney Fine）称为的适应性技能（Fine and Wiley，1971）或理查斯·鲍尔斯（Bolles）称为的"自我管理"技能。这种技能经常被看作人格特质或个人品质而不是技能，因为它们被用来描述人或说明人具有的某些特征。这些特征或适应性技能可以帮助你更好地适应周围的环境，在周围文化环境中更好地调整自己。适应性技能与你如何与人相处、如何维持生活、如何管理和维护自己（在穿衣、吃饭、清洁、时间管理、睡眠和住房等方面）、如何应对权威以及如何应对环境等相关。自从你开始与人交往，你就已经开始被迫处理这诸多事情。既然适应性技能是用来描述人或说明人的某些特征的，它们在描述中通常以形容词和副词的形式出现。

自我管理技能是指个体在不同环境中是如何管理自己的，是勇于开拓创新还是循规蹈矩，是认真还是敷衍了事，能否在压力下保持镇定，是否对工作有热情，是否有自信等。这些特征是能够通过主观努力培养和训练得到的，能够帮助个人更好地适应周围的环境。

自我管理技能是成功所需要的重要品质．是个人最有价值的资产。对大学生来说，在校期间良好的自我管理技能显得尤为重要。自我管理技能无论是一个人先天具有的还是后天习得的，都需要练习。它可以从非工作（生活）领域迁移到工作领域。也就是说，这些技能并不是通过专门的课程学习到的，而是在日常生活中随时随地培养的。

这些技能是企业非常看重的，因为它们有助于个人协调处理复杂的工作事件，是成功所需要的品质。事实上，人们被解雇或离职，更多的时候是缺乏自我管理技能而不是缺乏专业能力。

一个人是如何使用自己的专业知识、以什么样的态度从事工作的，这甚至比工作内容本身更为重要。良好的自我管理技能能够帮助个体更好地适应周围的环境、应对工作中出现的问题。正是这样一些品质和态度，将个人与许多其他具有相同知识技能的候选人区别开来，最终得到一份工作，并能够适应新的环境和规则，在工作中取得成就，获得加薪和晋升的机会。

（三）可迁移技能

在大学期间，我们学习的课程有专业课，也有通识课，学习的内容既有专业能力，又有通用能力，而通用能力之间是可以迁移的。因专注领域不同，各种职业对工作人员能力的要求体现着个性化的不同。但同时，有一些基础能力，是不受职业限制，被各类职业所需要的，主要包括学习能力、分析解决问题能力、研究创新能力、人际交往能力、沟通表达能力、组织协调能力、环境适应能力等。因为这些能力可以在各类职业间迁移运用，所以称其为"可迁移性能力"。所谓可迁移技能，就是一个人能做的事，如教学、组织、设计、安装、计算、分析、决策、维修等。可迁移技能一般用动词来表示。几乎所有的工作中，或多或少地会用到这些技能，因此，可迁移技能也被称为"通用技能"。

随着信息时代的到来，新技术日新月异地发展，知识的更新换代不断加快，这意味着个体需要不断学习新的知识技能才能跟上时代的发展。例如，二三十年前，我们对手机、计算机还几乎闻所未闻，但如今它们却在我们的生活中占据了极其重要的位置，而与它们相关的行业知识也都是近些年来才出现，并且处于飞速发展变化中。正因为如此，当今的时代越来越强调"终身学习"。"学习能力"（可迁移技能）已经比拿到某个专业的学位（知识技能）更为重要。

与专业知识技能相比，可迁移技能无所谓更新换代，并且无论你的需求和工作环境有什么样的变化，它们都可以得到应用。例如，你在公开演讲中的沟通表达技巧，同样可以应用于企业宣传、授课培训中。随着我们工作经验和生活阅历的增加，可迁移技能还会得到不断发展。索尼技术中心市场部经理曾说："我在聘用一个人时，最为看重的是他的人际沟通能力。这项能力极其重要，因为必须有能力与人交谈才能获得需要的信息。我把80%的时间用在与索尼其他部门打交道上，我的员工也花费大量时间与本部门之外的人打交道。"

事实上，专业知识技能的运用也都是在可迁移技能基础之上的。举例来说，你的专业知识技能也许是英语，但你将怎样运用它？是做一名翻译工作者，还是做一名英语教师？是做一名英语文学创作者，还是做一名外交工作者？翻译工作需要你有搜集整理的能力；英语教师和外交工作者都要求你有良好的表达能力，才能将英语知识传授给学生或使谈判成功；英文作家更需要你有调查研究能力。无论选择以上哪项工作，都是通过可迁移技能来运用你的英语知识技能。从这个意义上说，在求职的时候，你可能并未从事过将要应聘的职务，但只要你具备这个职务所需求的各项技能，就可以证明自己完全有资格去胜任它。因此，无论你是"科班出身"还是"半路出家"，都完全可以跨专业从事你理想中的职业，尤其是那些对知识技能要求不是很高且可迁移技能占重要地位的职业。例如，你并不是营销专业的学生，但凭着良好的人际交往技能，你曾经担任过某杂志的校园代理，并在地区销售评比中取得过第二名的好成绩，从可迁移技能的角度看，这样的经历足以使你成功地应聘一个公司的销售职位。

其实，就像水面上露出的冰山一角，专业知识技能是最容易被识别的，但是专业知识技能如何被使用，使用的效果如何，却恰恰取决于隐藏在水面下的更大的冰山底座，也就是可迁移技能和自我管理技能。在职业规划中，当需要勾画出个人最核心技能的时候，可迁移技能是最需要被最先和最详细叙述的。因为它是你最能持续运用和最能够依靠的技能。

优秀的你可能已经获得了许多可迁移的技能，如协作、组织、计算、操作、设计和思考，又如交流的基本技能：倾听、说服、面试、交谈等。这些技能可以应用到职业世界的各个领域，基本上没有行业阻隔。在你的生涯规划中应当大力发展，在各行各业都可以用得上。

五、自我效能感

与能力相关的还有一个重要概念，就是自我效能感（Self-Efficacy）。所谓自我效能感是指人对自己的能力，以及运用该能力将得到何种结果所持的信心或把握程度。研究发现，在实际生活和工作中，对个人行为起决定作用的往往不是个人实际能力的高低，而是个人的自我效能感。

比如，成人学习人际交往技能或学习英语并不比孩子学走路或学说中国话更难，唯一的区别可能只在于：我们从来不会认为有哪一个孩子学不会走路或说中文，但我们却常常怀疑自己能否学会与人交往或娴熟地使用英语。在心理咨询中，我们也常常见到有的人本来能力很不错，也得到他人的很多肯定，却由于自卑而束缚了自己，做事情畏首畏尾，不能充分发挥自己的才能。这些，都充分说明了自我效能感对个人发展的影响。

延伸阅读

"90后"袁隆平差点当上空军飞行员

考上空军飞行员，差点进国家游泳队，英语超流利，还会骑马……作为"养活"了全中国人的国宝级科学家，可爱的"90后"袁隆平爷爷，因为纪录片《时代我》中透露的诸多令人称奇的技能，再度被大家圈粉，被称为"乘风破浪的爷爷袁隆平"。

技能一：空军

提起袁隆平，所有人最先会想到的都是其"杂交水稻之父"等名号，但你知道袁隆平大学期间的梦想吗？他曾报考空军预备飞行员，并顺利通过测试。

据悉，当时由于朝鲜战争爆发，不少爱国青年都踊跃报名参军，保家卫国，年轻的袁隆平也报名了招考。

当时，空军从西南农学院800多名学生中选拔飞行员，只有8个人合格。袁隆平被选上了，让他参加空军预备班，并参加了庆祝八一建军节晚会，原本第二天就要去空校正式受训。但后来国家考虑在校大学生参加国家经济建设更重要，所有通过的大学生都退回，继续留校学习，袁隆平因而得以继续求学。

技能二：游泳国家队

没有当上空军飞行员的袁隆平，其实在游泳上也是一把好手。这个技能，还要从他在北碚读大学时说起，那时他的宿舍前面是嘉陵江，袁隆平和同学经常下到江里游泳。有时到江对岸城区办事或看电影，别人都花3分钱买票坐木船过河，袁隆平和几位游泳高手把上衣和外裤脱了顶在头上，游过嘉陵江。袁隆平认为，这样不仅节省了钱，更重要的是锻炼了身体，愉悦了身心。

在袁隆平的记忆里，嘉陵江水的味道就是家的味道。而关于游泳，袁隆平还有一段轶事。

据西南大学党委宣传部部长、抗战历史文化研究专家潘洵教授介绍，袁隆平曾在读高中一年级的1947年暑假，就获得过汉口赛区男子百米自由泳第一名和湖北省男子百米自由泳第二名。1952年，贺龙元帅主持西南地区运动会，袁隆平拿了川东游泳比赛第一名，代表川东区到成都参赛。

没想到的是，成都小吃又多又好吃，袁隆平一时贪吃，把肚子吃坏了，影响了比赛的发挥，只得了个第四名。而前三名都被吸收进了国家队，他则被淘汰掉了。

就这样，国家少了一个专业运动员，多了一个非常重要的农业学家。

技能三：开车

说到开车，就不得不提全世界仅有的两张特殊驾驶证，一张属于英国女王，另一张则属于我们的袁隆平院士。

为了方便工作，那时候已经70岁高龄的袁隆平老先生开始考虑为自己购入一辆小轿车，但我国的相关规定是申请小型汽车以及其他类型汽车的年龄必须在18周岁到70周岁。这个情况被相关的部门了解到，最后决定为袁隆平先生发放驾驶证。不过这个驾驶证十分特殊，和其他人的驾驶证都不一样，仅限于从家里到试验田的距离，驾照上面还多加了七个大字——"袁隆平院士惠存"。

技能四：外语

袁隆平不仅在水稻领域厉害，还非常擅长说英语。可以说，袁隆平爷爷的口语水平比大部分中国大学生的水平还高，从袁隆平爷爷接受采访的视频里就能看出他语法标准、词汇量丰富，交流起来没有丝毫负担。

技能五：骑马

关于骑马技能，袁隆平说最早还是在菲律宾，那时候他从来没骑过马，但就是胆子非常大，不怕，骑上就走，还不需要别人牵。

或许是冥冥之中自有安排，也幸亏当初袁隆平没有去当空军。

如今，他的技术养活了几乎全中国人，而只有在大家都吃得饱、穿得暖的情况下，我们国家才会越走越好，越走越远！

（资料来源：徐俊芳．"90后"袁隆平差点当上空军飞行员［N］．文汇报，2020－07－06.）

第二节　职业能力与职业的匹配

基础知识

当一个人的职业能力和工作的要求相匹配时，最容易发挥自己的潜能，保持高的自我效能感。相反，当一个人去做自己力所不能及的工作时，就会感到焦虑，影响工作成效。职业的选择过程，就是一个寻求个人职业能力与职业技能要求匹配的过程。

一、能力与生涯发展的关系

做自己能够胜任的工作，培养和发展自己的技能，发挥个人的潜能，常常是个人选择职业时希望得到满足的需求。

在对个体的工作适应问题研究多年的基础上，心理学家罗圭斯特与戴维斯提出了明尼苏达工作适应论。该理论提出：当工作能够满足个人的需求时，个人会感到

"内在满意",即个人目标能以实现,个人成就感能得到满足。内在满意主要通过衡量个人价值观与企业文化及奖惩制度之间的适配性来评估。而当个人能够满足工作的要求时,个人能够达到"外在满意",即令自己的雇主、同事感到满意。外在满意主要可以通过衡量个人职业技能与工作的技能要求之间的配合程度来进行评估。当个人能够同时达到内在和外在满意时,个人与环境之间的关系就比较协调,个人的工作满意度会比较高,在该工作领域也能持久发展。在对"内在满意"和"外在满意"这两个指标的衡量当中,能力都占有很重要的地位。由此可见,能力与个人的职业满意度、工作适应性以及职业稳定性具有直接的相关关系。

能力和职业生涯发展的关系体现在以下几个方面:一是能力和工作要求相匹配的时候,潜力最容易得到发挥,如果我们从事的工作和我们所具备的能力相匹配,比如教师这个职业,如果你所具备的能力能够达到教师的职业要求的时候,你就会感到这个职业给予了你发展的平台,自己能在这个职业上创造绩效,获得职业发展的满足感。二是如果我们的能力与所从事的职业要求不相匹配时,就会产生负面情绪。比如当你在与能力不匹配的职业中,特别努力地去完成工作,但仍与同事的工作业绩有差距,那么这时,你不仅体会不到职业成功的愉悦,往往还会产生一种压力。在这点上,还有一种情况,是当我们的能力远远超出我们所从事的工作要求的时候,我们不仅很难获得成就感,而且时间长了以后,我们会逐渐觉得厌倦、乏味。

二、职业能力探索途径

(一)职业能力倾向测验

能力倾向是一种潜在的特殊能力,尚未接受教育训练前就存在的潜能,与经过学习训练而获得的才能是有区别的。职业能力倾向是个体成功地从事某种工作有关的能力因素,是一些在不同程度上有所贡献的心理因素。不同职业对能力的要求不同,个体能力也存在较大差异。

职业能力倾向测验是一种测量人们从事某种职业或活动潜在能力的评估工具,具有诊断和预测功能,可以判断一个人的能力优势与成功发展的可能性,为人员甄选、职业设计与开发提供科学依据。目前常见的职业能力倾向测验有以下几种:一是一般能力倾向成套测验(GATB),该测验是由美国就业服务中心编制,有9个分测验,即智力、言语能力、数字能力、空间能力、形象知觉、文字知觉、动作协调、手指灵活、手臂灵活；二是特殊职业能力测验（DAT），由美国心理公司出版，是目前世界上应用最广的测验，它分为8个分测验，即表达、数字能力、抽象推理、文书速度与正确性、机械推理、空间关系、拼写、言语运用；三是职业能力安置量表（CAPS），由美国教育与工业测验服务中心出版，分为8个分测验，即机械推理、空间关系、言语推理、数学能力、言语运用、字词知识、知觉速度与准确性、手指速度和灵活性。

对能力进行适当评价可以帮助我们结合职业兴趣，选择适合自己的、能够展示自己才华的职业。能力测验一般包括智力测验、能力倾向测验、特殊能力测验和创造力测验等。你可以从学校或公司的职业发展中心或在线职业测评网站获得相关信息。

大多数职业需要几种能力的综合。职业能力测试是个人进行自我认知，明确自身能力特点的一种工具。同时要值得注意的是，并不是不具有职业要求的相应能力就不能从事这一职业，由于职业能力特别是专门能力可以在职业实践中培养出来，择业者可以发挥自己的能动性，在工作中培养和发展自己的职业能力，使之适应职业的需要。

（二）成就故事法

我们可以通过讲述自己的成就故事，来发现和探索我们的各项能力。成就故事就是你在成长过程中有意制订目标并且克服困难完成的事情。成就故事不一定是惊天动地的大事情，或者是获得一些大的奖项，只要你自己觉得比较满意的，或者是获得过一些他人认可的故事，都可以，可以是在工作或学习上的，比如说你参加活动的经历，获奖的经历，参加教育培训的经历，完成工作的经历等。也可以是课外活动或家庭生活中发生的，比如同学聚会，一次美好而难忘的旅游等，只要符合两条标准就可以被视为"成就"：

（1）你喜欢做这件事时体验到的感受。

（2）你为完成它所带来的结果感到自豪。

在撰写成就故事时，每一个故事都应当包含以下要素：

当时的情况（Situation）——你当时面对着什么样的困难、什么样的挑战，当时的背景情况是什么样子的？

面临的任务/目标（Task/Target）——是指你的目标和任务是什么，你的职责有哪些？

采取的行动/态度（Action/Attitude）——你具体做了什么？你是怎么去做的？

取得的结果（Results）——结果怎么样？

我们称作 STAR 法讲成就故事。

我们可以在反思和撰写成就故事的过程当中去发现能力。比如有同学说，自己曾经参加了一次街头促销的工作，最后取得了不错的成果，单纯地听这样一件事情，我们并没有看出来他有哪些典型的能力，但是若他讲得更加详细一点，比如说："当时是冬天，我在接近零度的街头进行促销宣传的工作，我非常细心地去观察人群当中哪些人可能是我的潜在的客户，然后进行耐心的讲解，对他们的特点进行一些相应的介绍，我用三个小时的时间完成了其他组员用五个小时完成的任务，最后取得了小组第一的成绩。"那么听完这样的一个故事，你就会发现他有更多的能力呈现，这位同学的坚持、忍耐、细心观察等很多能力都展示了出来。

我们再来看一个例子：

雯雯同学曾经负责组织学院的一个团队，参加全校的情景剧比赛。该学院在这项比赛的历年成绩上都不是很好，同学们的参与性也都比较低。雯雯是负责人，所以她的目标是期望能够提高参赛的成绩。她的行动是，联系了各个班级，积极动员同学们参赛，组织大家精心策划剧本，协调同学们之间的矛盾，帮助同学们纠正发音，改进表演，最后这件事情的结果：他们代表学院获得了全校二等奖的好成绩。

通过这个故事的分析，我们可以发现在这个过程当中，雯雯同学运用了这样的组织协调、策划、写作能力、表演能力、编导能力、解决问题的能力等。

因此我们可以通过成就故事的写作去发现自己的技能，你写下的成就故事越多，你对自己技能的探索也就会越多。在很多的成就故事当中，你频繁、经常使用的那些技能，有可能就是你最擅长的技能。

技能训练

我的成就故事

请写下生活中令你有成就感的具体事件 3~5 个，然后对其进行分析，来探索和发现自己的三大技能（尤其是可迁移技能）。这些"成就事件"不一定是工作或学习上的，也可以是课外活动或家庭生活中发生的，比如同学聚会、一次美好而难忘的旅行等。

在撰写成就故事时，每一个故事都应当包含以下要素：

（1）你想达到的目标，即需要完成的事情。

（2）你面临的障碍、限制或困难。

（3）你的具体行动步骤，即你是如何一步步克服障碍、达成目标的。

（4）对结果的描述，即你取得了什么成就。最好能够量化评估（用某种方法衡量或以数据说明）。

看看在这些故事中是否有重复出现的技能，它们就是你喜爱施展也擅长的技能。将这些技能按优先次序加以排列。

我使用的技能如下：

①专业知识技能：＿＿＿＿＿＿＿＿＿＿＿＿＿＿＿＿＿＿＿＿＿＿＿＿＿＿＿＿

②可迁移技能：＿＿＿＿＿＿＿＿＿＿＿＿＿＿＿＿＿＿＿＿＿＿＿＿＿＿＿＿＿

③自我管理技能：＿＿＿＿＿＿＿＿＿＿＿＿＿＿＿＿＿＿＿＿＿＿＿＿＿＿＿＿

同伴对我使用的技能的分析如下：

①专业知识技能：＿＿＿＿＿＿＿＿＿＿＿＿＿＿＿＿＿＿＿＿＿＿＿＿＿＿＿＿

②可迁移技能：＿＿＿＿＿＿＿＿＿＿＿＿＿＿＿＿＿＿＿＿＿＿＿＿＿＿＿＿＿

③自我管理技能：＿＿＿＿＿＿＿＿＿＿＿＿＿＿＿＿＿＿＿＿＿＿＿＿＿＿＿＿

比较自己对技能的分析与同伴对你的分析之间的区别和联系，最后写出以下结果：

我喜爱并经常使用且擅长的技能如下：

①专业知识技能：＿＿＿＿＿＿＿＿＿＿＿＿＿＿＿＿＿＿＿＿＿＿＿＿＿＿＿＿

②可迁移技能：＿＿＿＿＿＿＿＿＿＿＿＿＿＿＿＿＿＿＿＿＿＿＿＿＿＿＿＿＿

③自我管理技能：＿＿＿＿＿＿＿＿＿＿＿＿＿＿＿＿＿＿＿＿＿＿＿＿＿＿＿＿

（三）来自他人的认可

这种认可可能以你所得到的奖励（如获得学校演讲比赛二等奖）、升职（如被同学们选为班长）的形式体现，也可能以他人对你直接的书面或口头表扬的形式出现（比如你的服务对象对你的好评）。不过更多的时候，它也许只是一种微妙的认可，需要细心思考和回顾：你是否曾经从大多数人中被选出来担当更大的责任？或者被老师选出来专门负责某一事务？而这是否意味着你在某个方面的能力比其他同学更加出色，或是更认真负责？你的同学、朋友或上司是否总是依靠你来完成某件事情？他们认为你特别擅长做的事情是什么？如果一个了解你的人（老师、领导、雇主、同学、服务对象、同事）要向别人推荐你，他/她可能会说些什么？如果你离开了现在位置（无论是你的宿舍还是你在学生社团或兼职实习的位置），你的同学或同事会因为你的离去而感到有什么样的不适或困难吗？

对所有这些问题的回答，有可能反映出你个人所擅长的、为人称道的能力和品质。如果你感到回答这些问题有困难，可以直接与周围的人谈谈，请他们帮助你。也有可能，你觉得自己跟周围的人交往都太少，那么，是时候扩大你的人际交往范围了。别总是埋首于书本之中，应该行动起来，多参加一些实践活动。

课堂活动

才能识别

认真想一想，问问自己。我是喜欢使用与人交往的技能？还是与物打交道的技能？还是处理信息的技能？做一个调查吧，看看你的父母、亲属、同学、朋友是怎样评价你的能力的？

我擅长做的事：＿＿＿＿＿＿＿＿＿＿＿＿＿＿＿＿＿＿＿

父母对我的评价：＿＿＿＿＿＿＿＿＿＿＿＿＿＿＿＿＿＿＿

亲属对我的评价：＿＿＿＿＿＿＿＿＿＿＿＿＿＿＿＿＿＿＿

同学对我的评价：＿＿＿＿＿＿＿＿＿＿＿＿＿＿＿＿＿＿＿

朋友们对我的评价：＿＿＿＿＿＿＿＿＿＿＿＿＿＿＿＿＿＿

（四）技能词汇表

技能词汇表的一个好处是词汇比较丰富，可以启发思路，让个人更全面地看到自己所拥有的技能（表6-1）。

表6-1 可迁移技能词汇表

指示	处理	恢复	精简	建议	激励	建设	发明	联络	管理	推理	保存
摄影	领导	识别	讲述	教学	分类	解释	审核	驾驶	操作	设计	比较
提升	简化	攀登	演讲	安装	证明	描绘	阅读	决定	指导	定位	系统化
保护	制造	演出	计算	倾听	劝告	申请	分析	适应	观察	想象	提问
沟通	交际	组织	校对	修改	收集	预见	调解	治愈	训练	烹调	纠正
评估	发展	定义	评价	打扫	唱歌	绘图	记录	研究	列表	适时	展示

自我管理技能词汇表

诚实	正直	自信	开朗	合作	耐心	细致	慎重	认真	负责	可靠	灵活
幽默	友好	真诚	热情	投入	高效	冷静	严谨	踏实	积极	主动	豪爽
勇敢	忠诚	直爽	现实	执着	机灵	感性	善良	大度	坚强	随和	聪明
稳重	热情	乐观	朴实	渊博	机智	敏捷	活泼	灵活	敏锐	公正	宽容
勤奋	镇定	坦率	慷慨	清晰	明智	坚定	乐观	亲切	好奇	果断	独立
成熟	谦虚	理性	周详	客观	平和	坚忍	开放	多才多艺		彬彬有礼	
善解人意 || 吃苦耐劳										

第三节　职业能力培养与提升

基础知识

大学生在校期间不断加强对自身能力的提升巩固是破解大学生就业难的关键所在，认真地去探索内心真正想要的职业和我们未来想要的生活，利用大学的宝贵时光，认真地去提高自己的能力，应对未来的需求，让我们未来能够有更多选择的机会。

一、职业能力提升的途径

职业能力是未来职业胜任和发展的基础，大学阶段是能力积累的重要时期，大学生可以通过以下几种具体途径来培养和提升自身的职业能力。

(一) 科学评估，找准目标，合理规划

据万学教育职业能力事业部一次对北京市综合性重点大学生的调研显示：62.2%的大学生对自己的职业生涯无规划，32.8%的学生规划不明确，仅有4.9%的学生有明确的设计。毕业即失业，很多学生大学四年一晃而过，毕业后，面对职场，不知自己能做什么，就业迷茫。大学是人生的关键期，个体在生理、心理及智力等方面均处于人生的黄金时期，它也是我们进入职场前的一个重要的能力储备期。

首先，我们要树立正确的职业理想，充分利用各种线上、线下渠道和资源进行职业分析，如通过生涯人物访谈、查阅专业职业网站、职业实习与体验等途径，了解职业所在行业现状及发展前景，具体岗位对人才的能力要求等。

其次，我们要进行合理的自我能力探索与认知，借助前面所介绍的成就故事法、能力测评法等，对自己的职业能力及其倾向进行科学评估。

最后，我们要对照职业和社会发展对人才能力的具体要求，找出自身差距，锁定能力提升目标，有的放矢，并根据实际情况，合理制订短、中、长期能力提升计划。

（二）勤思好学，自主学习，终身学习

"业精于勤，荒于嬉；行成于思，毁于随。"职业能力的提升，有赖于我们多学多练多思，在日常学习和实习工作中，要多观察，勤思考，在学习中进步，在进步中成长。

当今时代，随着信息技术和网络技术的迅猛发展，各种信息变化迅速，知识更新周期加速；经济全球化趋势明显，各行各业都在向多样化、现代化发展，商务经营方式日趋灵活多样，各种虚拟机构、无边界组织日益增多，传统的终身雇用关系可能很难存在。正如美国前教育部长理查德·莱利（Richard Riley）所说："10年后最迫切需要人才的工作，现在还根本不存在。"面对不断变化的市场环境，不断学习新知识，掌握新技能，终身学习将成为未来生存之必然。我们也应不断提升自身的职业能力与素养，以应对时代的挑战。

（三）勤实践，善总结，学思行，全面提升个人核心竞争力

勤思好学是培养职业能力的基础，职业实践是培养和提升职业能力的重要途径，个体的职业能力只有在实际工作中才能不断得到发展、强化和提高。因此，大学生在校期间，应积极参与各种实践活动，提高自身的实践动手能力等。例如，认真做好各类课程的课内见习与实践，充分利用学校提供的实习机会，将理论知识运用于实践，同时还应主动参加一系列校园社会实践活动及创新创业比赛等，充分培养自己的实践能力、社交能力、创新创业能力等。在学习、实践训练之余，我们还应不断进行反思，总结归纳，探寻规律，反馈改进，以形成闭环的能力培养与提升系统，学思知行，知行合一，全面提升自己的核心竞争力。

二、职业能力的发展与管理

（一）能力的发展分为以下三个阶段

第一阶段：学习知识。从"无知无能"到"有知无能"，在对某一领域的知识毫不了解的情况下，通过学习可以获得此领域的知识。

第二阶段：固化技能。从"有知无能"到"有知有能"，在获得相关领域的知识后，通过练习可以固化此领域的技能。

第三阶段：内化才干。从"有知有能"到"无知有能"，掌握此领域的技能后，通过长期反复的实践可以将此领域的技能内化为才干。

简而言之，能力的修炼可以用九个字表示：学知识，用技能，攒才干。

（二）职业能力的管理

每个人都会有很多的能力，可是这些能力如何管理，才能有利于职业发展呢？

能力根据高低以及喜欢与否可分为：优势、退路、潜能和盲区。对这四个区域的能力管理的策略分别如下。

1. 优势

核心区的能力一定是你现在的能力，如果为这方面的能力策略提取一个关键词，那就一定是"打造品牌"。这部分的能力一方面需要你不断地聚焦、精进，确保它具有竞争性；另一方面，你需要"刻意使用"。刻意使用是提醒你不要仅仅自己闷头使用，你要主动宣传、刻意传播。让这个能力形成你的个人品牌。这样，核心区的能力就能源源不断地给你带来各种机会与资源。比如：姚明的优势区就是有打篮球的身高和技术，所以他努力成了篮球巨星。

2. 退路

这部分的能力是你过去的能力，常常是你在过去用得还不错，在生存阶段被迫锻炼起来的。虽然使用这部分的能力不能带给你很大收益，但它们可以成为你的基础保障，不至于一无所有。所以这一部分的能力请时不时抽点时间回顾练习，保证自己仍然能够掌握它们，不至于荒废。同时，也可以对这部分能力进行重新定位，看看是否能进一步发展深入；或者与你所感兴趣的能力一起组合使用，发挥优势、带动发展。

3. 潜能

这部分往往会是你希望未来很优秀的能力，这部分的能力你很有兴趣，最关键的措施就是要加大投入、刻意学习。在学习的过程中，一定不要同时学习过多的能力，人的精力都是有限的，越聚焦效果越好，而且越少越容易形成你的品牌。我们建议你每一段时间内同时开始学习的能力是 1~3 个，不要超过 3 个。比如说，你对设计很感兴趣，但是现在自身能力不足，那么要先接纳自己现在的状态，然后投入时间和精力去学习，并且经常练习这个技能，以达到熟练。

4. 盲区

这部分的能力你需要认真面对，正视自己在这方面的不足。然后你需要积极地回避它，回避的具体方式有授权与合作。你的盲区有可能就是他人的优势能力。与这样的人合作彼此都能受益；同时，如果你能把这些能力相关的任务授权给自己的手下，那也是一个不错的选择。如果领导交付你这种任务，你可能需要看情况，尝试与你的领导沟通，与此相比，可能承担其他任务量更大但你更擅长的任务会是一个更好的选择。比如，在工作中你发现组织活动对你来说特别困难，每次组织都一团糟，那么对这种情况你需要躲避，如果领导交付你这种任务，你可能需要尝试与你的领导沟通，去承担一些任务量更大但你更擅长的工作。如果你是领导者，你可以授权给合适的下属去完成。

三、用人单位最重视的技能

用人单位通常在大学毕业生身上寻求的，也是使这些学生有资格担任某一职位的东西，包括他们的教育背景、经验和态度的综合素质。有些领域需要专门的知识或证书（如医学、程序设计、化工等），但大部分职业并不要求有什么特殊的知识技能，而需要的是一些更为普遍、一般性的技能和素质（即可迁移技能和自我管理技能，根据美国"全国大学与雇主协会"（National Association of Colleges and Employers）的调查，美国雇主们最为重视的技能和个人品质按顺序排列如下：

（1）沟通能力。

（2）积极主动性。

（3）团队合作精神。

（4）领导能力。

（5）学习成绩。

（6）人际交往能力。

（7）适应能力。

（8）专业技术。

（9）诚实正直。

（10）工作道德。

（11）分析和解决问题的能力。

我们可以看到，其中的第（1）、（4）、（6）、（7）、（11）都属于可迁移技能、第（2）、（3）、（9）、（10）都是自我管理技能，而知识技能排在第（5）和第（8）。

在美国劳工部及美国生涯咨询和发展协会（National Career Development Association）对雇主进行的另一份调查结果也显示：雇主们非常重视员工的自我管理技能和可迁移技能。具体如下：

（1）善于学习。

（2）读、写、算的能力。

（3）良好的交流能力，包括听、说能力。

（4）创造性思维和解决问题的能力。

（5）自尊、积极、有奋斗目标。

（6）有个人和事业开拓能力。

（7）交际、谈判能力及团体精神。

（8）良好的组织和领导能力。

事实上，中国雇主们所看重的同样是这些能力，许多企业在招聘人才时不仅看其学习成绩，更重视其他的综合能力，如良好的沟通、表达能力，较强的分析组织能力及领导能力，尤其是团队精神。

延伸阅读

大学必学的十大工作技能

有一家名企的负责人提出：当你具备了以下大部分技能，不管你是否名牌大学的毕业生，都可以在名企的校园招聘中占得先机！

第一，培养职业精神（职业能力）。

（1）自我勉励。即使未能达成目标，也得能够对自己说你付出了足够的努力，值得拥有你所追求的一切。（积极的心态）

（2）诚实，即诚信（为人准则）。

（3）安排时间。第一天能做的就别拖到第二天（做事风格）。

（4）理财。很多大学生还未到月底就把月初家里打到卡上的钱花光了。

第二，培养肢体技能。

（1）保持健康。不因生病或睡过头而缺课（身体本钱）。

（2）良好的仪表。在你想让其对你留下深刻印象的人面前展现良好的仪表（个人仪表）。

（3）每分钟准确无误地输入60~80个字。

（4）清晰的笔记。永远不要不带做笔记的纸笔就去开会。

第三，口头交流（沟通能力）。

（1）一对一交流。你将始终需要锻炼一对一的交流技巧。但当你毕业时，你应该善于发现自己或别人的对话中的误导现象。

（2）当众演讲。可以在上课提问等活动中获得。

（3）用视频演示。至少在一门课上制作过Power Point文档，并在一些小型会议上演讲。

第四，书面交流（书面表达能力）。

（1）良好的写作。你能迅速简明地写下你的建议，且必须使别人理解你的观点。

（2）编辑与校对。当你得到一份粗略的草稿时，你能一眼找出其中不切题的部分、动词的问题以及缺少题目的段落。

（3）使用文字处理工具。你能用Word制作一份看起来专业的简历，并用电子邮件发送出去。你能够使用以下功能：检查拼音和语法错误；剪切、复制和粘贴，修订，符号与数字，查找与替换，页眉和页脚，样式和格式，插入表格，边框与阴影以及文字统计。

（4）发送电子信息。

第五，与他人共事（人际交往能力）。

（1）建立良好的人际关系。有意识地与教授、同学、学生组织的伙伴以及在兼职或学习中遇到的各种人建立良好的关系。

（2）团队合作。你能在不同的团队环境下与人合作。

（3）教导他人。至少有3次教学的机会，并成功帮助他人培养关键的技能。

第六，影响他人（领导与组织能力）。

（1）高效管理。在社会工作中有效的管理过至少3名员工。

（2）成功销售。你至少有2次经历说服他人购买一个产品或捐款等。

（3）参与活动。参加一次学生组织的活动和一次学院级别的活动，并在其中参与某种决策过程。

（4）有效的领导。至少在一个现有的机构或团队项目中担任主要的领导职务。

第七，收集信息（信息的分析与收集能力）。

（1）使用图书馆资源。在不同领域中使用图书馆分类检索系统和数据库。

（2）使用商务数据库。

第八，使用定量工具。

（1）使用数字。能够完成工作领域中将要面对的任何普通的计算问题，包括指定与调整计划的预算。

（2）使用图表和表格。每当你看到一堆数字时，你能将它们用图表或表格的形式展示出来，并用它们来说明观点。

（3）使用电子制表程序。当你看到大量需要分析的数据时，仔细想象如何用电子制表软件来处理，你能安装电子制表软件并制作表格和图表。

第九，提出与回答恰当的问题（自我定位与分析能力）。

（1）发现偏差。每当你读到或听到某些信息时，立刻问自己这些信息的背后动机是什么，以及能做些什么来检验其准确性。

（2）注意细节。你能"读懂"你拿到的文件，并判断问题的前因后果。抓住文件里的每一个要点，或找出事情所有的原因和意义。

（3）运用知识。你能够做出解释和检验解释，并以它们为基础对你自己的生活进行预测。

（4）评价行动与政策。以具体的标准指定目的，帮助你评价自己在找工作过程中的表现。

第十，解决问题。

（1）确定问题。参加至少3次不同的团体会议，计划某一件事或考虑某一活动，你要能够让人们清楚地了解问题是什么以及如何衡量它？

（2）发展解决问题。你帮助一个学生组织或管理机构执行一项方案，以及解决一些确定的问题。

（3）实施解决方案。你能以时间为顺序就你如何发展并努力执行某一具体问题的解决方案写一份纲要。

趣味测评

职业能力自测

请你根据自己的实际情况，回答下列每一个问题。

第一组	强	弱
1. 善于表达自己的观点	（　）	（　）
2. 阅读速度快，并能抓住中心内容	（　）	（　）
3. 能清楚地向别人解释难懂的概念	（　）	（　）
4. 对文章的字、词、段落的理解、分析和综合的能力	（　）	（　）
5. 掌握词汇量的程度	（　）	（　）
6. 你读书期间的语文成绩	（　）	（　）
总计次数	（　）	（　）

第二组		
1. 目测能力（如测量长、宽、高等）	（　）	（　）
2. 解应用题的速度	（　）	（　）
3. 笔算能力	（　）	（　）
4. 心算能力	（　）	（　）
5. 使用工具（如计算器、算盘等）的计算能力	（　）	（　）
6. 读书期间的数学成绩	（　）	（　）
总计次数	（　）	（　）

第三组		
1. 作图能力	（　）	（　）
2. 画三维的立体图形	（　）	（　）
3. 看几何图形的立体感	（　）	（　）
4. 想象盒子展开后的平面形状	（　）	（　）
5. 想象立体物体的能力	（　）	（　）
6. 玩拼板游戏	（　）	（　）
总计次数	（　）	（　）

第四组

1. 发现相似图形间的细微差异　　　　　　　　　（　）（　）

2. 识别物体的形状差异 （ ）（ ）

3. 注意到多数人所忽视的物体的细节部分 （ ）（ ）

4. 检查物体的细节 （ ）（ ）

5. 观察图案是否正确 （ ）（ ）

6. 善于改正计算中的错误 （ ）（ ）

总计次数 （ ）（ ）

第五组

1. 快速而正确地抄写资料（诸如姓名、日期、电话号码等） （ ）（ ）

2. 发现错别字 （ ）（ ）

3. 发现计算错误 （ ）（ ）

4. 发现图表中的细小错误 （ ）（ ）

5. 在图书馆很快地查找编码卡片 （ ）（ ）

6. 持久工作的能力（如较长时间地进行资料抄写） （ ）（ ）

总计次数 （ ）（ ）

第六组

1. 操作机器的能力 （ ）（ ）

2. 玩电子游戏或瞄准打靶 （ ）（ ）

3. 运动中身体的协调和灵活性 （ ）（ ）

4. 打球（如篮球、排球、乒乓球、羽毛球等）的姿势与水平 （ ）（ ）

5. 手指的协调性（如打字、珠算等） （ ）（ ）

6. 身体平衡的能力（如走平衡木等） （ ）（ ）

总计次数 （ ）（ ）

第七组

1. 灵巧地使用手工工具（如榔头、锤子等） （ ）（ ）

2. 灵巧地使用很小的工具（如镊子、缝衣针等） （ ）（ ）

3. 弹乐器时手指的灵活度 （ ）（ ）

4. 动手做一件小手工艺品 （ ）（ ）

5. 很快地削水果（如苹果、梨） （ ）（ ）

6. 修理、装配、拆御、编织、缝补一类活动 （ ）（ ）

总计次数 （ ）（ ）

第八组

1. 善于在陌生的场合发表自己的意见　　　　　　（　）（　）

2. 去新场所并结交新朋友　　　　　　　　　　　（　）（　）

3. 你的口头表达能力　　　　　　　　　　　　　（　）（　）

4. 善于与人友好交往并协同工作　　　　　　　　（　）（　）

5. 善于帮助别人　　　　　　　　　　　　　　　（　）（　）

6. 擅长做别人的思想工作　　　　　　　　　　　（　）（　）

总计次数　　　　　　　　　　　　　　　　　　　（　）（　）

第九组

1. 善于组织集体活动　　　　　　　　　　　　　（　）（　）

2. 在集体活动或学习中，经常关心他人的情况　　（　）（　）

3. 在日常生活中能经常动脑筋、出点子　　　　　（　）（　）

4. 冷静、果断地处理突然发生的事情　　　　　　（　）（　）

5. 在工作中你认为自己的工作能力　　　　　　　（　）（　）

6. 善于解决朋友、同事之间的矛盾　　　　　　　（　）（　）

总计次数　　　　　　　　　　　　　　　　　　　（　）（　）

统计：现在将每组回答的"强""弱"的总次数，填入下表：

组别	相应的职业能力	强（次数）	弱（次数）
第一组	语言能力		
第二组	数理能力		
第三组	空间判断能力		
第四组	察觉细节能力		
第五组	书写能力		
第六组	运动协调能力		
第七组	动手能力		
第八组	社会交往能力		
第九组	组织管理能力		

职业能力自测结果分析：

在强（次数）栏中找出两个数字最大的组，这两个组所表示的能力就是你职业能力最强的方面，然后你可以对照下面的分析，看到你适宜从事的职业有哪些。你也可在弱（次数）栏找出两个数字最大的组，这两组所反映的职业能力对你来说最弱，你应该避免从事要求这两方面职业能力的职业。

第一组：语言能力。你具有对词、句子、段落、篇章的理解能力，以及善于清楚而正确地表达自己的观念和向别人介绍信息的能力。你最适宜从事的职业有：外销员、商务师、导游、演员、导演、编辑、播音员、节目主持人、教师、律师、审判员等。

第二组：数理能力。你能迅速而准确地运算，并具有在快速准确地进行计算的同时，进行推理、解决应用问题的能力。你最适宜从事的职业有：会计、银行职员、保险公司职员、税务员、审计员、统计员、自然科学家、计算机工程师等。

第三组：空间判断能力。你具有对立体图形以及平面图形与立体图形之间关系的理解能力，包括能看懂几何图形，对立体图形的三个面的理解力，识别物体在空间运动中的联系，解决几何问题。你最适宜从事的职业有：技术员、工程师、服装设计师、艺术家、家具设计师、建筑师、摄影师、家电维修专家、自然科学家、军官、司机等。

第四组：察觉细节能力。你对物体或图形的有关细节具有正确的知觉能力，对于图形的明暗、线的宽度和长度能做出区别和比较，可以看出其细微的差别。你最适宜从事的职业有：技术员、工程师、电工、房管员、咨询师、运动员、教练员、导演、图书馆管理员、会计、银行职员、保险公司职员、审计员、统计员、编辑、播音员、自然科学家、计算机工程师等。

第五组：书写能力。你具有对印刷品、账目、表格等细微部分正确知觉的能力，善于发现错字和正确地校对数字。你最适宜从事的职业有：教师、公务员、社会科学家、秘书、打字员、编辑、银行职员、咨询师、经理、记者、作家等。

第六组：运动协调能力。你的眼、手、脚、身体能够迅速准确和协调地做出准确的动作和运动反应，手能跟随眼所看到的东西迅速行动，具有正确控制的能力。你最适宜从事的职业有：运动员、教练员、演员、工人、农民、服装设计师、家具设计师、美容师、电工、司机、服务员、导游、医生、护士、药剂师、导演、警察、战士等。

第七组：动手能力。你的手、手指、手腕能迅速而准确地活动和操作小的物体，在拿取、放置、调换、翻转物体时手能做出精巧运动和腕部的自由运动。你最适宜从事的职业有：医生、护士、药剂师、运动员、教练员、自然科学家、工人、农民、技术员、工程师、服装设计师、家具设计师、艺术家、美容师、售货员、服务员、保育员、摄影师、演员、导演、战士等。

第八组：社会交往能力。你善于进行人与人之间的相互交往、相互联系、相互帮助、相互作用和影响，具有协同工作或建立良好的人际关系的能力。你最适宜从事的职业有：采购员、推销员、公共关系人员、外销员、商务师、编辑、调度员、经理、服务员、房管员、导游、咨询师、银行信贷员、税务员、审计员、保险公司职员、演员、导演、教师、社会科学家、公务员、秘书、警察、律师等。

第九组：组织管理能力。你擅于组织和安排各种活动，具有协调人际关系的能力。你最适宜从事的职业有：调度员、导游、教练员、导演、教师、经理、公务员、商务师、保育员、咨询师、税务员、秘书、律师、警察等。

课后练习

1. 通过职业能力测评、成就故事，探索发现自己的职业能力。

2. 根据职业对人才能力要求的查询。结合自己的实际情况，制订自己的能力提升计划。

_____

_____

_____

3. 完成附录"我的生涯规划档案"中的职业能力的部分。

第七章

职业价值观

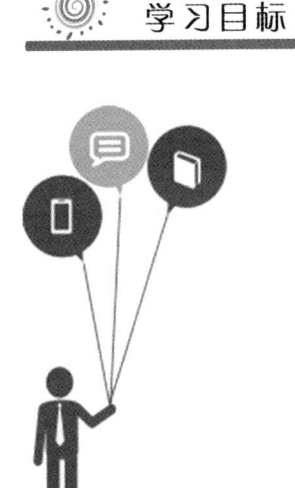

学习目标

01 掌握价值观与职业价值观的概念,掌握价值观的层次性、变化性;掌握价值观相关理论与职业价值观澄清的方法

02 能够通过正式与非正式价值观测试或探索,了解自己的职业价值观排序

03 认识到价值观的动力作用,并在澄清个人职业价值观之外,学会树立正确的社会价值观和责任感

课堂引导

叶新宇已经大三了,很快就面临毕业找工作的问题:是找一份收入一般但稳定且福利好的工作,还是找一份薪水较高但挑战很大且极不稳定的工作?

程一明是叶新宇的同学,也在考虑找工作的问题。他看到自己的表哥在一家外企工作,表面上风光无限,其实累得要命,加班到深夜两点是常有的事。他很疑惑:是否一定要找一份收入很好但很累的工作?

王雨婷是一名外语系的学生。想到大学毕业后的前途,她觉得很迷茫。一方面,她觉得做一名翻译也许挺适合自己；另一方面，她又不满足于只给别人打工，希望能有自己的天地。从小她的心气就比较高，好强的性格促使她想去拼搏一番。不过，她又觉得四年的学习很没底。究竟自己将来能做到什么程度呢？能让自己满意吗？她很困惑。

"鱼与熊掌，我要的到底是什么？或者，哪个是鱼、哪个是熊掌？""什么是好工作？什么是最适合自己的工作？""在哪项工作中，我能真正开开心心地投入实现自己的价值？"这些可能是许多人在择业时会面对的问题。

第一节 价值观与职业价值观

基础知识

一、价值观

（一）价值观的概念

价值本来是一个经济学概念，是指凝结在商品中的无差别的人类劳动或抽象的人类劳动。它是构成商品的因素之一，也是商品经济特有的范畴。延伸到社会领域，价值是指事物的正面作用。

价值观，是基于人的一定的思维感官之上而作出的认知、理解、判断或抉择，也就是人认定事物、辨定是非的一种思维或价值取向，从而体现出人、事物一定的价值或作用。价值观是人们对周边事物的一种评价或态度，是人们在一定的环境中的动机，是目的，需要与情感意志的综合表现，是我们在生活和工作中所看重的原则、标准或品质，它指向我们一生中最看重的东西，是一套自我激励机制。

有关价值观的认知主要表现在以下几个方面：首先，价值观包含认知、情感和行动的信念，它不仅支配着人们的行动、态度、信念等，还支配着人们如何认识世界以及如何认识自我、设计自我等，同时价值观也是人们活动的依据。其次，价值观是价值观念的内核，是最基本的价值观念，价值观是在价值观念的基础上生成的。人们在日常生活中，在思考实践活动的预期目的和结果时，往往要对参与实践的各种因素进行评价。这不仅对以往的实践有总结作用，对今后的实践也有指导意义。

经过反复的生活实践，人们逐渐积累起对各种事物观及各个方面的总体印象和评价，理性或感性价值认识。感性认识积累多了，经过多次体验、思考和评价，就会形成理性价值认识，使价值认识达到价值观念的层次。价值观念层次的认识相对来说比较稳定。人们经过对各种价值观念的积淀、筛选、浓缩和经验的反复证明，就产生了一种基本的立场和态度，形成了更加稳定的价值评价、价值目标和价值追求的倾向，这就是价值观。最后，价值观的主要形式是信念、信仰和理想。价值观包括价值评价、价值目标和价值追求。价值评价以价值标准为依据，蕴含着价值目标和价值追求。价值观一旦形成，就会成为一种"先入为主"的立场和态度，成为一种思维定式和行为倾向。在实际生活中，表现为人们判断某种事物好坏的基本态度和立场，即事物对于人的作用、意义、价值的基本观点。对于一个民族来说，价值观就是他们的理想、信念和精神支柱。价值观是世界观、人生观的重要组成部分。每一种世界观、人生观确立的同时，也意味着随之确立起一种价值观，不存在没有价值观的世界观和人生观。

（二）价值观的作用和属性

价值观的作用就像人生海洋上的灯塔，影响人的行为选择，决定人的自我认识以及理想、信念、生活目标和追求方向的性质，因此不同的价值观有着不同的导向作用，主要体现在以下两个方面：第一，价值观对动机有导向作用。人们行为的动机受价值观的支配和制约，在同样的客观条件下，具有不同价值观的人，其动机模式不同，产生的行为也不同，动机的目的方向受价值观的支配。第二，价值观反映人们的认知和需求状况。价值观是人们对客观世界及行为结果的评价和看法，因此，它从某个方面反映了人们的人生观，反映了人对客观世界的主观认知。

价值观一般具有以下三个方面的属性：第一，差异性。价值观通常因人而异。不同的人，由于先天条件和后天环境的不同，其价值观也必然不同，价值观的形成受个人因素的影响，因此每个人都有自己的价值观和价值观体系。在同样的客观条件下，具有不同价值观和价值观体系的人，其动机模式不同，产生的行为也不同。第二，相对稳定性。价值观是随着人们认知能力的发展，在环境与教育的影响下，逐渐培养而成的，是人们思想认识的深层基础，形成了人们的世界观和人生观。所以，人们的价值观一旦形成便具有相对的稳定性、持久性，并会对人的行为产生深远的影响。第三，可变性。由于环境的改变、经验的积累、知识的增长，人们的价值观又是有可能发生变化的。

二、职业价值观

课堂活动

有关"工作"的一分钟联想

请在纸上写下"我希望做……工作"。在一分钟的时间内尽可能多地写下你头脑中联想到的任何短语。

（一）什么是职业价值观

生涯大师舒伯（Donald E. Super）认为，职业价值观是个人追求的与工作有关的目标，即个人在从事满足自己内在需求的活动时所追求的工作特质或属性，它是个体价值观在职业问题上的反映。

职业价值观是人们衡量社会上某种职业优劣和重要性的内心尺度，是个人对待职业的一种信念，并为其进行职业选择、努力实现工作目标提供充分的依据；职业价值观决定了人们的职业期望，影响着人们对职业方向与职业目标的选择，决定着人们就业后的工作态度和劳动绩效水平，从而决定了人们的职业发展情况；职业价值观还是一种具有明确的目的性、自觉性和坚定性的职业选择的态度和行为，对一个人的职业目标和择业动机起着决定性的作用。理想、信念、价值观对于职业的影响，主要体现在职业价值观上，比如一个人如果追求的是自我价值的实现，那么他就会选择那些最能发挥其特长的职业；如果一个人只是一味地追求名和利，那么他在选择职业时，就会优先考虑目前所选职业的地位和经济收入。

美国的生涯辅导大师舒伯，总结了大部分人在工作中优先追求的13种价值：

利他主义——工作的目的和价值，在于直接为大众的幸福和利益尽一份力。

美感——工作的目的和价值，在于能不断地追求美的东西，得到美的享受。

智力刺激——工作的目的和价值，在于不断进行智力的操作，动脑思考，学习以及探索新事物，解决新问题。

成就感——工作的目的和价值，在于不断创新，不断取得成就，不断得到领导与同事的赞扬，或不断实现自己想要做的事。

独立性——工作的目的和价值，在于能充分发挥自己的独立性和自主性，按自己的方式、步调或想法去做，不受他人的干扰。

声望地位——工作的目的和价值，在于所从事的工作在人们的心中有较高的社会地位，从而使自己得到人们的重视与尊敬。

管理——工作的目的和价值，在于获得对他人或某事物的管理支配权，能指挥和调遣一定范围内的人或事物。

经济报酬——工作的目的和价值，在于获得优厚的报酬，使自己有足够的财力去获得自己想要的东西，使生活过得较为富足。

社会交往——工作的目的和价值，在于能和各种人交往，建立比较广泛的社会联系和关系，甚至能和知名人物结识。

舒适（环境）——希望能将工作作为一种消遣、休息或享受的形式，追求比较舒适、轻松、自由、优越的工作条件和环境。

安全感——不管自己能力怎样，希望在工作中有一个安稳的局面，不会因为奖金、涨工资、调动工作或领导训斥等经常提心吊胆、心烦意乱。

人际关系——希望一起工作的大多数同事和领导人品较好，一起相处感到愉快、自然，认为这就是很有价值的事情，是一种极大的满足。

追求新意——希望工作的内容经常变换，使工作和生活丰富多彩，不单调枯燥。

舒伯还研究开发了 WVI（Work Values Inventory）职业价值观量表，用于测试一个人的这 13 种职业价值观排序，同学们可以通过后面的自测，得出每种工作价值的分数，得分最高的 5 种价值就是对你来说最重要的价值。

（二）职业价值观特性

职业价值观在支配人们进行职业认知与职业选择时还具有如下四个方面的特性：

职业价值观是因人而异的，每个人都有自己的价值观和价值观体系，在同样的客观条件下，具有不同价值观和价值观体系的人，其动机模式不同，产生的行为也不同。很多人在工作中最看重的是能够有更多的培训和学习机会，有较大的发展空间；还有很多人在工作中最看重的是创造性、挑战性，这样可以使他们更具活力；也有些人最看重的是能否有更多的休闲时间，有没有假期，能不能更多地与家人待在一起；还有一些人看中的是获得更多的报酬与金钱，以便过上优越的生活等。不过不管职业价值观有何不同，如果你的价值观与你的工作相吻合，那么你就会很开心，工作起来很带劲；如果不相吻合，那么就会感到很无奈、很痛苦。而这些感受通常是金钱和威望不能弥补的，有些人虽然勉强从事着一份与自己价值观不相符的工作，但是却以损失情感、精神甚至是健康为代价。

价值观是人们思想认识的深层次基础，它形成了人们的世界观和人生观，并且随着人们认知能力的发展，在环境、教育的影响下逐步培养而成，职业价值观需要持续探索。在价值观探索活动中，有的同学可能发现了对价值的取舍和排序是一个艰难的过程，甚至活动做完了仍然不清楚自己想要的是什么。出现这种情况是正常的，因为同学们本就还处在建立和形成个人价值观的生涯探索期，尚未形成相对稳定的价值观。还需要注意的是，我们理性思考得来的重要价值，不一定是我们内心真正认同的重要价值。例如，很多人常说"健康"很重要，但在实际生活中所采取的行动却与"健康"的生活方式背道而驰，常常为了学习晚睡晚起、不注意饮食和休息等。进一步分析，对这些人来讲，学习所代表的"成就感"，或是学习成绩好所带来的"被认可"感才更为重要。所以，我们需要从多角度探索和验证自己是否真正认可这些价值观。

职业价值观是阶段性的，根据马斯洛的需求层次理论，当人低层次的需求得到满足以后，就会产生更高层次的需求。从职业人生来看，大多数人的职业价值观是阶段性的，特别是某一阶段的自身需求得到满足后，新的职业价值观也就会随之产生并确定下来。比如许多刚毕业的大学生会把赚钱当作自己的首要目标，这个阶段他们面临买房、养家等任务，有着较高的经济压力。工作十余年后，有了一定经济基础的人，开始意识到仅仅为了钱从事自己不喜欢的工作是痛苦的，所以在考虑职业选择时，薪酬就不再是排首位的价值观。寻找一个适合于自己兴趣爱好的、能够兼顾家庭的工作成为他们的目标。因此，我们需要注意当我们进入不同的生涯发展阶段时，需要主动再次审视和澄清自己该阶段的重要价值观。

职业价值观不是唯一的，择业时会有几个动机支配其选择，并且很少有工作能够完全满足一个人所有的重要价值观。在进行职业选择的时候，我们必须不断地妥协和放弃，在这种情况下只有对自己的价值观进行清晰分析和排序，才能知道如何做取舍，不然就会陷入难以抉择的困境。

(三) 职业价值观的作用

首先，职业价值观会影响人们职业选择的速度和方向。有效的职业决策与一个人对自己的价值观了解程度有关，价值观越清晰，选择的过程就越容易。这也是为什么到了毕业季，很多同学会在考研、企业求职、公务员或事业单位考试等多项选择中摇摆不定,因为这些同学不清楚自己未来到底想过什么样的生活,这就导致什么都想要,什么都难以割舍,难以下决定。而那些有明确职业价值观的同学,会早早确定自己的毕业去向,并为考研、考公务员或企业就业做针对性准备,很少会在不同的职业选择中反复纠结。

其次,职业价值观还能推动人们的职业发展。职业价值观能提供贯穿职业发展始终的动力,将我们的职业推动至事业甚至使命的高度。当然要达到这一效果需要满足一个基本前提条件,就是这份职业要能符合个人的职业价值观。除去工作带来的工资福利等外在报酬,对个人来讲,从事满足自己价值观的工作所带来的幸福感和成就感本身就是一份精神奖励,激励个人更愿意投入于工作中。

第二节 价值观理论

基础知识

一、马斯洛需要层次理论

马斯洛理论把需要分成生理需要(Physiological Needs)、安全需要(Safety Needs)、社交需求(Social Needs)、尊重需要(Esteem Need)和自我实现(Sel-actualization Needs)五类,依次由较低层次到较高层次排列。在自我需要实现之后,还有自我超越需要(Self-Transcendence Needs),但通常不作为马斯洛需要层次理论中必要的层次,大多数会将自我超越合并至自我实现需求当中。

通俗理解,假如一个人同时缺乏食物、安全、爱和尊重,通常对食物的需求是最强烈的,其他需要则显得不那么重要。此时,人的意识几乎全被饥饿所占据,所有能量都被用来获取食物。在这种极端情况下,人生的全部意义就是吃,其他什么都不重要。只有当人从生理需要的控制中解放出来时,才可能出现更高级的、社会化程度更高的需要——安全需要。

(一)第一层次:生理需要

生理需要包括:呼吸、水、食物、睡眠、生理平衡、分泌、性。

如果这些需要(除性以外)任何一项得不到满足,人类个人的生理机能就无法正常运转。换而言之，人类的生命就会因此受到威胁。从这个意义上说，生理需要是推动人们行动最首要的动力。马斯洛认为，只有这些最基本的需要满足到维持生存所必需的程度后，其他的需要才能成为新的激励因素，而到了此时，这些已相对满足的需要也就不再成为激励因素了。

（二）第二层次：安全需要

安全需要包括：人身安全、健康保障、资源所有性、财产所有性、道德保障、工作职位保障、家庭安全。

马斯洛认为，整个有机体是一个追求安全的机制，人的感受器官、效应器官、智能和其他能量主要是寻求安全的工具，甚至可以把科学和人生观都看成是满足安全需要的一部分。当然，这种需要一旦相对满足后，也就不再成为激励因素了。

（三）第三层次：社交需要

社交需要包括：友情、爱情、性亲密。

马斯洛认为，人人都希望得到相互的关系和照顾。感情上的需要比生理上的需要来得细致，它和一个人的生理特性、经历、教育、宗教信仰都有关系。

（四）第四层次：尊重需要

尊重需要包括：自我尊重、信心、成就、对他人尊重、被他人尊重。

人人都希望自己有稳定的社会地位，要求个人的能力和成就得到社会的承认。尊重需要又可分为内部尊重和外部尊重。内部尊重是指一个人希望在各种不同情境中有实力、能胜任、充满信心、能独立自主。总之，内部尊重就是人的自尊。外部尊重是指一个人希望有地位、有威信，受到别人的尊重、信赖和高度评价。马斯洛认为，尊重需要得到满足，能使人对自己充满信心，对社会满腔热情，体验到自己活着的用处价值。

（五）第五层次：自我实现需要

自我实现需要包括：道德、创造力、自觉性、解决问题的能力、公正度、接受现实的能力。

这是最高层次的需要，它是指实现个人理想、抱负，发挥个人的能力到最大程度，达到自我实现境界的人，接受自己也接受他人，解决问题的能力增强，自觉性提高，善于独立处事，要求不受打扰地独处，完成与自己的能力相称的一切事情的需要，也就是说，人必须干称职的工作，这样才会使他们感到最大的快乐。马斯洛提出为满足自我实现需要所采取的途径是因人而异的。自我实现的需要是努力实现自己的潜力，使自己越来越接近自己所期望的样子。

1954年，马斯洛在《激励与个性》一书中探讨了他早期著作中提及的另外两种需要：求知需要和审美需要。这两种需要未被列入他的需求层次排列中，他认为这两者应居于尊重需要与自我实现需要之间。

课堂活动

思考：我的需求是什么？

对照需求层次模型，想一想：

（1）你现在处在哪一级需求层次上？

（2）你最希望在工作中获得对哪个层次需求的满足？

（3）什么因素能够带给你满足感，激励你更好地学习、工作？

让学生讨论、发表想法，引导学生进行深思，然后互相讨论，全班共享。

总结：价值观对个人的行为具有导向作用，支配着人们如何表达自己的情感、态度并左右自己的行为，在宏观上决定了个体是一个什么样的人，会采用什么样的学习和生存方式。人们常问："早上唤醒你的是什么？"有同学回答："是闹钟。"有的同学回答："是梦想。"不同的人有不同的价值观念，而不同的价值观念决定了当下不同的奋斗目标，同时也决定了每个人适合从事的不同职业或岗位。如果在制订职业生涯规划、选择职业时，没有考虑自己的价值观念，选择了不适合自己的职业，就很难在这个岗位上长久工作下去，当然也就谈不上事业发展的成功。

二、施瓦茨的价值观地图

施瓦茨（Shalom H. Schwartz）指出价值观起源于人类三种普遍的基本需要：作为生物体个人的需要，社会交往合作的需要，集体生存和福利的需要。

因此施瓦茨认为存在着跨文化、跨情境的人类普遍价值观结构。施瓦茨定义了10种不同文化背景下人们的普遍价值观。这10种价值观类型分别是：精彩，自由，博爱，助人，守规则，传统，安全，影响力，成就，享乐主义。随后他在全球70多个国家的跨文化样本基础上检验了这个人类普遍价值观的结构。

10种普遍的基本价值观：

精彩：兴奋、新奇和生活中的挑战。

自由：独立的思想和行为，包括选择、创造、探索等。

博爱：理解、欣赏、包容以及保护所有人的福利以及本性。

助人：保护同时提高经常进行交际的人的福利。

守规则：克制一切可能伤害他人或者违背社会准则的行为、倾向、思想等。

传统：尊重、接受、保护文化和宗教的习俗以及思想。

安全：社会交往以及自身的安全和谐稳定。

影响力：社会地位以及威望，掌握人际和资源的优势。

成就：通过展示自身能力获得符合社会标准的个人成功。

享乐主义：喜悦以及个人感官的满足。

这10种价值观根据基本动机可以排列成如图7-1所示的圆形的价值观地图。在图中，位置相邻的价值观基本动机相近，位置相对的价值观基本动机差别大，容易产生冲突。如"成就"和"影响力"这两个价值观的底层动机比较相似，都有提升自我、强化自我、提升社会地位的成分。而"助人"更多是关注他人，"成就"则更多是关注自己。

图7-1 价值观地图

根据基本动机，这10种价值观可以被分为"开放""保守""自我提升"和"超越小我"四个类型。其中"开放"表示关注个人自由、悦纳改变，"保守"指恪守秩序、沿袭传统，"自我提升"表示强调个人利益、成功，"超越小我"指谋求社会共同福利。享乐主义既与个人利益相联系，又强调了接受改变的重要性，所以它同时存在于两个维度之中。

价值观是相对稳定存在的，主要分为个人因素和环境因素。个人因素包括年龄、性别、受教育程度和人格；环境因素和价值观之间的影响是相互的，环境为价值观提供了实现的路径，而为了适应环境，个体也可能进行适当的价值观调整。

第三节　职业价值观探索的方法

一、自我职业价值观探索

（一）正式评估：WVI 职业价值观澄清量表

WVI 职业价值观测试量表（Work Values Inventory）是美国心理学家舒伯（Super）于 1970 年编制的，用来衡量个体在工作中和工作以外的价值观以及激励人们的工作目标。量表将职业价值观分为三个维度：一是内在价值观，即与职业本身性质有关的因素；二是外在价值观，即与职业性质有关的外部因素；三是外在报酬。量表中共计 13 个因素：利他主义，美感，智力刺激，成就感，独立性，声望地位，管理，经济报酬，社会交往，舒适，安全感，人际关系和追求新意。

WVI 工作价值观量表

指导语：下面有 52 道题目，每个题目都有 5 个备选答案，请根据自己对职业的实际需求或想法，在题目后面选择对应的字母，每题只能选择一个答案。 通过测验，你可以比较准确地了解自己的职业价值观念倾向。	A 非常重要	B 比较重要	C 一般	D 比较不重要	E 很不重要
1. 你的工作必须经常解决新的问题。	A	B	C	D	E
2. 你的工作能为社会福利带来看得见的效果。	A	B	C	D	E
3. 你的工作奖金很高。	A	B	C	D	E
4. 你的工作内容经常变换。	A	B	C	D	E
5. 你能在你的工作范围内自由发挥。	A	B	C	D	E
6. 工作能使你的同学、朋友非常羡慕你。	A	B	C	D	E
7. 工作带有艺术性。	A	B	C	D	E
8. 你的工作能使人感觉到你是团体中的一分子。	A	B	C	D	E
9. 不论你怎么干，你总能和大多数人一样晋级和涨工资。	A	B	C	D	E
10. 你的工作使你有可能经常变换工作地点、场所或方式。	A	B	C	D	E
11. 在工作中你能接触到各种不同的人。	A	B	C	D	E

续表

	A 非常重要	B 比较重要	C 一般	D 比较不重要	E 很不重要
指导语：下面有 52 道题目，每个题目都有 5 个备选答案，请根据自己对职业的实际需求或想法，在题目后面选择对应的字母，每题只能选择一个答案。 通过测验，你可以比较准确地了解自己的职业价值观念倾向。					
12．你的工作上下班时间比较随便、自由。	A	B	C	D	E
13．你的工作使你不断获得成功的感觉。	A	B	C	D	E
14．你的工作赋予你高于别人的权力。	A	B	C	D	E
15．在工作中，你能试行一些自己的新想法。	A	B	C	D	E
16．在工作中你不会因为身体或能力等因素，被人瞧不起。	A	B	C	D	E
17．你能从工作的成果中，知道自己做得不错。	A	B	C	D	E
18．你的工作经常要外出．参加各种集会和活动。	A	B	C	D	E
19．只要你干上这份工作，就不会再被调到其他的单位和工种上去。	A	B	C	D	E
20．你的工作能使世界更美丽。	A	B	C	D	E
21．在你的工作中，不会有人常来打扰你。	A	B	C	D	E
22．只要努力，你的工资会高于其他同年龄的人，升职或涨工资的可能性比干其他工作大得多。	A	B	C	D	E
23．你的工作是一项对智力的挑战。	A	B	C	D	E
24．你的工作要求你把一些事物管理得井井有条。	A	B	C	D	E
25．你的工作单位有舒适的休息室、更衣室、浴室及其他设备。	A	B	C	D	E
26．你的工作有可能结识各行各业的知名人物。	A	B	C	D	E
27．在你的工作中，能和同事建立良好的关系。	A	B	C	D	E
28．在别人眼中，你的工作是很重要的。	A	B	C	D	E
29．在工作中你经常接触到新鲜的事物。	A	B	C	D	E
30．你的工作使你能常常帮助别人。	A	B	C	D	E
31．你在工作单位中，有可能经常变换工作。	A	B	C	D	E
32．你的作风使你被别人尊重。	A	B	C	D	E
33．同事和领导人品较好，相处比较随意。	A	B	C	D	E
34．你的工作会使许多人认识你。	A	B	C	D	E
35．你的工作场所很好，比如有适度的灯光，安静、清洁的工作环境，甚至恒温、恒湿等优越的条件。	A	B	C	D	E
36．在工作中，你为他人服务，使他人感到很满意，你自己也很高兴。	A	B	C	D	E
37．你的工作需要计划和组织别人的工作。	A	B	C	D	E
38．你的工作需要敏锐的思考。	A	B	C	D	E
39．你的工作可以使你获得较多的额外收入，比如，常发实物、常购买打折扣的商品、常发商品的提货券、有机会购买进口货等。	A	B	C	D	E

续表

指导语：下面有52道题目，每个题目都有5个备选答案，请根据自己对职业的实际需求或想法，在题目后面选择对应的字母，每题只能选择一个答案。 通过测验，你可以比较准确地了解自己的职业价值观念倾向。	A 非常重要	B 比较重要	C 一般	D 比较不重要	E 很不重要
40. 在工作中你是不受别人差遣的。	A	B	C	D	E
41. 你的工作结果应该是一种艺术而不是一般的产品。	A	B	C	D	E
42. 在工作中不必担心会因为所做的事情领导不满意，而受到训斥或经济惩罚。	A	B	C	D	E
43. 在你的工作中能和领导有融洽的关系。	A	B	C	D	E
44. 你可以看见你努力工作的成果。	A	B	C	D	E
45. 在工作中常常要你提出许多新的想法。	A	B	C	D	E
46. 由于你的工作，经常有许多人来感谢你。	A	B	C	D	E
47. 你的工作成果常常能得到上级、同事或社会的肯定。	A	B	C	D	E
48. 在工作中，你可能做一个负责人，虽然可能只领导很少几个人，你信奉"宁做兵头，不做将尾"的俗语。	A	B	C	D	E
49. 你从事的那种工作，经常在报刊、电视中被提到，因而在人们的心目中很有地位。	A	B	C	D	E
50. 你的工作有数量可观的夜班费、加班费、保健费或营养费。	A	B	C	D	E
51. 你的工作比较轻松，精神上也不紧张。	A	B	C	D	E
52. 你的工作需要和影视、戏剧、音乐、美术、文学等艺术打交道。	A	B	C	D	E

评分与评价：

上面的52道题分别代表十三项工作价值观。每个A得5分、B得4分、C得3分、D得2分、E得1分。请你根据下面评价表中每一项前面的题号，计算一下每一项的得分总数，并把它填在每一项的得分栏上。然后在表格下面依次列出得分最高和最低的三项。

题号	得分	价值观	说明
2, 30, 36, 46		利他主义	工作的目的和价值，在于直接为大众的幸福和利益尽一份力。
7, 20, 41, 52		美感	工作的目的和价值，在于能不断地追求美的东西，得到美感的享受。
1, 23, 38, 45		智力刺激	工作的目的和价值，在于不断进行智力的操作，动脑思考、学习以及探索新事物，解决新问题。
13, 17, 44, 47		成就感	工作的目的和价值，在于不断创新，不断取得成就，不断得到领导与同事的赞扬，或不断实现自己想要做的事。

续表

题号	得分	价值观	说明
5, 15, 21, 40		独立性	工作的目的和价值，在于能充分发挥自己的独立性和主动性，按自己的方式、步调或想法去做，不受他人的干扰。
6, 28, 32, 49		声望地位	工作的目的和价值，在于所从事的工作在人们的心目中有较高的社会地位，从而使自己得到别人的重视与尊敬。
14, 24, 37, 48		管理	工作的目的和价值，在于获得对他人或某事物的管理支配权，能指挥和调遣一定范围内的人或事物。
3, 22, 39, 50		经济报酬	工作的目的和价值，在于获得优厚的报酬，使自己有足够的财力去获得自己想要的东西，使生活过得较为富足。
11, 18, 26, 34		社会交往	工作的目的和价值，在于能和各种人交往，建立比较广泛的社会联系和关系，甚至能和知名人物结识。
12, 25, 35, 51		舒适（环境）	希望能将工作作为一种消遣、休息或享受的形式，追求比较舒适、轻松、自由、优越的工作条件和环境。
9, 16, 19, 42		安全感	不管自己能力怎样，希望在工作中有一个安稳局面，不会因为奖金、工资、调动工作或领导训斥等经常提心吊胆、心烦意乱。
8, 27, 33, 43		人际关系	希望一起工作的大多数同事和领导人品较好，在一起相处感到愉快、自然，认为这就是很有价值的事，是一种极大的满足。
4, 10, 29, 31		追求新意	希望工作的内容能够经常变换，使工作和生活显得丰富多彩，不单调枯燥。

得分最高的三项是：1. _____；2. _____；3. _____。

得分最低的三项是：1. _____；2. _____；3. _____。

从得分最高和最低的三项中，可以大致看出你的价值倾向，在选择职业时就可以加以考虑。

（二）非正式评估

1. 价值观的八选三

明确自己的价值观的非正式评估：价值观的八选三。

下面是常见的工作价值观，请仔细阅读每一个价值观并假设获得和失去这个价值观的感受是什么。仔细比较这些感受，在里面挑选你觉得工作中最重要的8个，填在后面的表格中。

第七章　职业价值观

表7-1　工作价值观词库

利他主义	美感	智力刺激	声望地位
管理	独立性	成就感	经济报酬
社会交往	人际关系	安全感	舒适
追求新意	成长感		

表7-2　你的工作价值观

备注：填写你最重要的8项工作价值观			

（1）如果发生一场变故，让你不得不失去其中两项，保留六项，你会选择失去哪两项？请在上面的表格中用笔划去。

（2）如果又发生一场变故，让你不得不失去其中两项，保留四项，你会选择失去哪两项？请在上面的表格中用笔划去。

（3）如果再发生一场变故,？让你不得不再失去其中一项，仅保留三项，你会选择失去哪一项？请在上面的表格中用笔划去。

而这剩下来的三项，就是你最核心的工作价值观。想一下，工作价值观对自己的职业选择和发展有什么影响？

2. 价值观大拍卖活动

（1）拍卖规则。假设每人（或每组）还有固定数量的剩余生命单位22000天（竞拍可用生命值，即60年），代表你可以自由投注的时间、金钱和精力。拍卖的东西如下表，每项竞拍品都有一个最低起拍价，每次加价1000天起步（约3年）。正式开始拍卖前，参与者需要明确想要购买的拍卖物顺序以及愿意出的最高价格。每个竞拍品以出价最先、最高者购得（表7-3）。

表7-3　价值观拍卖表

拍品	起拍价/天	排序	预拍及价格	
能发挥创造性的自由职业者	1000			
成为某一领域的知名专家	2000			
有三五个志同道合的知心朋友	1000			
有个幸福美满的家庭	2000			
可以环游世界，尽情享乐	1000			

续表

拍品	起拍价/天	排序	预拍及价格
不断创业直到 45 岁创业成功	3000		
成为胡润富豪榜上一员	3000		
可以解决社会现实问题的公务员	1000		
健康地活到 100 多岁	2000		
一份喜欢并可以不断成长的工作	1000		
工作能力和成果得到一致好评	1000		
有能力为家乡做贡献	1000		

叫价者必须举手经同意后站起来，然后大声报出价格，否则叫价视为无效。

若有多人同时出最高价抢拍同一物品，则启动竞争模式：速度大竞拍，石头剪刀布。

竞拍物品出价三次无他人叫价则成交，并转入下一物品；卖出货品概不退换，也不可二手转卖。

有效利用你手中的金钱，尽可能买更多的东西或者你认为最需要的东西。

金钱用完或者所剩钱不足以购买竞拍物品，则自动退出竞拍。

以个人或小组为单位，对各项目逐一进行拍卖。

（2）分享与讨论。对参与了叫价的同学进行采访，问题如下。

竞拍成功的同学：你在拍卖过程中和结束后，心情是怎样的？你拍到的物品是否是你最想要的？为什么？

没有拍到物品的同学：你在拍卖过程中和结束后，心情是怎样的？你最想拍的是哪件物品？为什么？

采访未叫价的学生为什么没叫价。

（3）教师总结。从这次"价值观拍卖会"中，同学们从自己的取舍中了解、思考和澄清自己的价值观，你们了解到了什么对自己来说是最想要的。与此同时，同学们要选择对自己来说最重要的东西，树立正确的价值观。一旦锁定目标就要紧紧抓住机会努力争取，别让最重要的东西从身边匆匆而过。

3．价值观市场

你最期待从工作和生活中获得什么？

（1）重要价值观列表。人际关系/归属感、团队合作、物质保障/高收入、稳定、安全、创造性、多样性和变化性、新鲜感、乐趣、自由独立（时间、工作任务）、被认可、受尊重、能帮助他人、能发挥自己的才能、成就感、成功、名誉、地位、自主独立、有学习/发展/成长的机会、权力（领导、影响他人）、有益于社会、挑战性、冒险性、竞争、符合自己的道德观、工作环境、工作与生活平衡、家庭、朋友、亲密关系、健康、信仰、自由……

（2）价值观市场：交换。挑选五条对你最重要的价值观进行描述。

现在，如果你不得不放弃其中的一条，你会放弃哪一条？将你准备放弃的这一条与其他人交换。

如果你不得不再次放弃剩下四条中的一条，你会放弃哪一条？请再次与其他人交换（保留刚才别人给你的，放在一边）。

继续下去，直到剩下最后一条。这是否是你无论如何也不愿放弃的？

（3）讨论。通过这个活动，你对自己的价值观有什么样的了解？

你的价值观会对你的职业选择和人生产生什么样的影响？

影响你价值观形成的因素有哪些？

二、真实价值观澄清

每个人都有自己独特的价值观，而且不论喜欢与否，生活中身边的人（如父母、同学）的价值观也常会对我们产生影响，重要的不是去评判对错，而是去判断这些价值观给自己的生活和职业发展带来的影响，并适时做出调整。同时也需要认识到很少有工作能够完全满足一个人所有的重要价值观。因此，我们总是要不断地做出妥协和放弃，这是不可避免的，也是必要的。只有对自己的价值观进行澄清和排序，才能知道如何取舍。

在对价值观的探索活动中，可能有人会发现对价值的取舍和排序是一个艰难的过程，甚至做完了这个活动，仍然不清楚自己想要的到底是什么。比如在"价值观市场"活动中，可能会有人发现留下来的最后一条价值观也不见得是对自己真正重要的。出现这样的情况是正常的，因为大学生还处在建立和形成个人价值观的生涯探索期，有一些混乱是必然的。重要的是对自己的职业和生活进行不断地思考和探索。价值观的澄清也不是一劳永逸的过程。因此，有必要进行进一步地探索，并在今后的生活中不断反思。

拉斯（Raths）等学者指出，真实的"价值"形成需要经过三个阶段七个步骤。

（一）选择

1. 自由选择

只有在自由的选择中，才能根据自己的价值观行事，被迫的选择是无法将这种价值整合到价值体系中的。

2. 从多种可能中选择

提供多种可能让学生选择，有利于学生对选择进行分析思考。

3. 对结果深思熟虑的选择

即对各种选择都做出理论的因果分析、反复衡量利弊后的选择。在此过程中，个人在意志、情感以及社会责任等方面都受到考验。

（二）珍视

1. 珍视与爱护

珍惜自己的选择，并为自己能有这种理性选择而自豪，看作是自己内在能力的表现和自己生活的一部分。

2. 确认

即以充分的理由再次肯定这种选择，并乐意公开与别人分享而不会因这种选择而感到羞愧。

（三）行动

1. 依据选择行动

即鼓励个体把信奉的价值观付诸行动，指导行动，使行动反映出所选择的价值取向。

2. 反复地行动

即鼓励个体反复坚定地把价值观付诸行动，使之成为某种生活方式或行为模式。

课堂活动

价值观的7步澄清法

下列关于价值观的7个思考，有助于你进一步了解和澄清自己的价值观。你也许会发现，一些价值观并没有你认为的那么重要，也有可能找到自己长期忽略的很重要的一些价值观。

1. 它是你的自由选择，没有来自任何人的压力？

思考：_____

2. 它是从一个完整价值观系统里面挑选出来的吗？

思考：_____

3. 它是经过你思考、体验后的选择结果吗？

思考：_____

4. 它是你很珍视的价值观吗？或者你为你的选择感到高兴？

思考：_____

5. 你愿意在公开场合向他人陈述、主张你的价值观吗？

思考：_____

6. 你能够按照你的价值观行动吗？

思考：_____

7. 在较长时间内，有多次行动，都证明你有一贯的价值观吗？

思考：_____

对于某件事情，如果你能对上述所有问题都给出肯定的答复，那么，这说明你确实认为它有价值。如果对其中一些问题的回答是否定的，那么你需要思考一下，自己看重的、想要得到的到底是什么。例如，有很多人常说"健康"很重要，但在实际生活中所采取的行动却往往与"健康"的生活方式背道而驰，常常为了学习晚睡晚起、不注意饮食和休息等。如果进一步分析，我们会发现，对于这样的人，学习所代表的"成就感"，或是学习成绩好所带来的"被认可"的感觉是更为重要的。

第四节 大学生与社会主义核心价值观

一、当代大学生价值观现状

职业价值观作为一种价值取向，对个人职业选择、从业态度以及社会整体就业环境都有着不可忽视的影响，下面从三个方面讨论和分析当前大学生职业价值观的现状。

（一）大学生职业价值观模式由依赖向主动转变

过去，我国大学生就业采取的是国家分配方式，升入大学就意味着拥有一份体面、稳定的工作，个人无须解决自己的就业问题。大学生进入各行各业后一般也"各守其业，各安其分"。大学生们无论在职业选择还是职业活动中，都带有较强的依赖性。20世纪80年代末，随着经济的发展，我国逐渐推行了用人单位和大学生"双向选择"的就业分配形式。自从大学生就业实行"双向选择"之后，人们传统就业价值观发生了极大变化，上大学不等于进了就业保险箱，一切都要自己解决，生存的需要成为大学生最迫切最直接的需要。今天的大学生在面临就业问题时已自觉地将就业和自己的生存、发展紧密联系起来，职业成为个人实现自我的重要途径，自我价值观的实现和个人目标的追求开始主导毕业生的就业选择行为，自主就业的观念已深入人心。

（二）大学生职业自我实现中对自我的认识不足

当前大学生的职业价值观虽然表现出积极寻求自我实现的一面，但其自我实现仍然缺乏深层次内容，主要表现在以下几点。

第一，很多大学生还没有完全找准自己的社会定位。受传统观念影响，在对未来的职业描述中，部分大学生依然热衷于片面追求"高收入""大城市""大单位"等体面舒适的工作，就业理念仍然同现实要求有一定的差距。他们对社会发展的现实要求存在着理念上的滞后，在接受现实社会的实际情况时依然带有某种不情愿的情绪，对"天之骄子"这一称呼还有点恋恋不舍。这种定位不准使得大学生难以对就业问题做出正确的分析，难以在职业活动中做到真正意义上的自我实现。

第二，职业选择、从业过程中具有盲目性。很多大学生的职业价值观缺乏成熟的理性分析，更多的是一种盲目追求时尚、体面、满足个人一时物质欲望的非理性选择。许多大学生在就业之际依然不知道自己的优势和劣势，对自己适合做什么、不适合做什么、自己潜能有多大一概不知，导致面临就业抉择时较为盲目，存在就业恐慌表现。

第三，职业价值观模糊，对职业生涯准备不足。当前部分大学生在选择职业时更多考虑的还是谋生，而很少从人生发展的意义上去思考、规划。由于他们没有明晰的自我概念，缺少对社会、对职业的理性认识，缺乏良好的职业自我概念和职业社会价值观。这种不良的职业价值观直接导致他们既不能很好地认识自己，也不能很好地认识职业和社会，因此就无法从职业生涯的高度上来选择，规划自己的职业，同时也制约着个人在职业上的自我实现。

（三）大学生职业价值观中多个人主义，缺乏必要的社会价值观

当前大学生在择业时敢于积极追求个人价值、尊严和利益，自我意识、成就欲望明显增强，但同时，相当一部分大学生择业时的社会责任感较为薄弱，在择业时更多地关注个人利益和需要，关注个人奋斗和自我营造，甚至为了满足自己的择业意愿，不惜一切手段，滋生了严重的个人主义。在他们的职业价值观中，对理应包含于其中的社会价值观关注不够。然而，任何个人都只能在特定社会历史条件下从事自己的职业活动，同时，每一种职业也有它所独有的对从业人员的特殊要求。个人在职业活动中必须充分考虑当时的社会历史条件和职业特点，以实现个人→职业→社会的成功匹配，达到人与职业、人与社会的和谐发展。当前大学生在就业过程中显然对这些方面关注不够，因而很难把个人特质同社会的需要、职业的需求相匹配，找到人与社会的结合点。所以，企业人士认为，解决这个问题的最佳办法就是大学生们调整就业心态，不仅仅从自己的角度，同时也从社会的角度来考虑、关注自己的就业问题，将自己的职业生涯和社会的整体发展结合起来，在追求整体和谐的基础上规划自己的职业生涯。

二、培育社会主义核心价值观文化认同

文化认同的核心是价值认同，价值观教育本质上也是文化认同教育，体现着深厚的文化意蕴和内涵。价值认同必须以实现文化认同为基础。因此，从文化认同的角度深入理解社会主义核心价值观的内容、从文化认同的方向探寻培育与践行社会主义核心价值观的方法与途径至关重要。

培育社会主义核心价值观文化认同是一个渐次内化过程，最终形成由价值观念向自觉行为发展的文化氛围，其本质要求是使社会主义核心价值观内化于心、外化于行、固化以制，以恰当的认同方式承载文化涵养心灵的机制建构。

强化并创新社会主义核心价值观理论教育。教育是培育社会主义核心价值观文化认同的必经之路，也是党和国家以制度安排的形式向认同主体系统灌输主流文化的主导路径。因而，教育在认同主体对社会主义核心价值观的认同过程中具有举足轻重的作用。社会主义核心价值观认同主体的立场、态度以及知识结构如何，认同

兴趣何在，认同过程存在什么问题和困难，这些都要求社会主义核心价值观教育培育主体，强化教育接受者的主体意识，树立人本观念，关注个体差异，尤其要尊重个体人格和心理差异，实施个性化教育，做到因人施教，主动关心认同主体的思想状况，从认同主体的立场和诉求出发。

所以，必须坚持以人为本，提高主体意识，考虑个体差异，重视社会主义核心价值观，认同主体面临的问题与诉求，改变被动灌输、消极接受的教育模式。因为，理念教育的过程，也是对学生的思想进行及时有效的引导，解决大众面临的困顿之处和现实问题的过程。

营造社会主义核心价值观文化认同的浓厚氛围。舆论引导是培育主体充分发挥社会主义核心价值观，对认同主体进行思想教育和文化引导的社会性手段。社会舆论是社会精神文化生活的重要组成部分，也是党和国家传播施政方针和阐述政策主张的重要渠道。而随着移动互联网技术的应用和普及，社会舆论呈现出复杂化、多元化的发展趋势。新媒体时代，信息渠道不断扩展和丰富对传统的舆论认同模式造成了激烈冲击，一方面获取信息的方式愈加多元化，另一方面信息良莠不齐、真伪难辨，这就要求培育主体充分发挥社会主义核心价值观的文化引领和思想引导作用，通过倡导和宣传充满正能量的主流文化舆论，逐步引导认同主体普遍关注和广泛参与社会主流文化舆论，提升思想觉悟，增强政治素养，深化对社会主义核心价值观的自觉认同。

舆论引导是人们通过认同社会主义核心价值观，进而实现关心社会发展，关注国家大事，积极参与社会公益活动的基本切入点，其作为一种社会主义核心价值观日常性的认同方式，体现在认同的环境、过程、成效等方面。认同环境的变化，要求我们不断创新文化舆论引导方式，变理性的宏大叙事为感性的生活叙事，实现社会主义核心价值观在社会感性层面的恰当融合。主流媒体在舆论引导过程中要积极推进共享理念，在唱响主旋律的同时也正视认同过程中存在的问题，以坦诚的姿态和包容的精神进行平等对话，在文化多样性的碰撞中善于解疑释惑，以理服人，从而实现真正的融合，将自我成长融入时代发展中，从而将对社会主义核心价值观的文化认同"变成日常的行为准则，进而形成自觉奉行的信念理念"，最终为社会主义核心价值观文化认同的内化过程创造社会心理条件。

培育社会主义核心价值观文化认同的关键环节。实践体验是一种与社会实践紧密相关的认同方式，主要是通过认同主体个人的亲身经历或对家庭、社会经历的直观感受而获得的对社会主义核心价值观的认知、接受和认同。因此，培育社会主义核心价值观的文化认同必须根植于认同主体的现实生活，这既是人们树立正确的世界观、人生观和价值观的需要，也是培育社会主义核心价值观的内在要求。同时，通过实践体验寻求文化认同首先要考虑的问题是如何切入当前中国实际，真正实现文化落地。

实践体验作为一种具有主体实践倾向的认同方式，不仅是认同主体的认知选择、态度倾向，还是基于心灵深处自觉的实践行为。由此可见，文化认同实际上就是文化实践行为本身，换句话说，只有实现对社会主义核心价值观的普遍文化认同，才能转化为每一个认同主体的自觉实践。只有不断丰富认同主体自身的人生阅历和实践体验，对社会主义核心价值观的文化认同才能自觉生成并不断深化发展。因而，要把培育社会主义核心价值观文化认同贯穿到整个社会实践活动中，融入认同主体的学习、工作和生活之中。但在实践体验的具体过程中，应确保选取的实践体验元素在认同主体实际生活中拥有现实的落脚点，通过鼓励认同主体自觉参与社会实践活动，唤醒体验共鸣，实现文化认同。

培育社会主义核心价值观文化认同的文化基础。文化滋养是一种与传统文化相联系的认同方式，是培育社会主义核心价值观文化认同的重要保障。习近平总书记高度重视中华优秀传统文化，强调培育和践行社会主义核心价值观必须立足中华优秀传统文化，使中华优秀传统文化成为培育社会主义核心价值观的重要源泉。因而，挖掘传统文化资源，拓展社会主义核心价值观的文化认同空间，是培育社会主义核心价值观文化认同的必然要求。

立足中华优秀传统文化，丰富社会主义核心价值观教育资源，是从文化根源寻找应对时代问题的重要策略，并在培育社会主义核心价值观中突出有代表性的传统文化符号与传统文化价值观，以此表现中国特色社会主义先进文化等主流意识形态文化的民族性、包容性、历史性与传统性。社会主义核心价值观与传统文化象征符号之间存在互通互补空间，深入挖掘中华历史传统的资源精髓以及优秀传统文化的滋养载体，既是对社会主义核心价值观内涵的拓展，也增强了社会主义核心价值观进入大众文化认同空间的能力。就社会主义核心价值观文化认同机制的建构而言，我们既要在理顺体制和完善机制上下大力气，构建制度新优势，也不能忽视道德空间中文化认同所蕴含的巨大精神力量。

总之，新时代培育社会主义核心价值观是一项系统工程，不仅需要以科学的理论为指导，而且在培育过程中还要保持创新。社会主义核心价值观能够从优秀传统文化的民族性和历史性意蕴中获得一种标志性的文化认同，因而增加社会主义核心价值观文化传播过程中的传统文化色彩，是培育文化认同的点睛之笔，并在现实互动中推动认同主体与社会主义核心价值观的真正融合，势必极大提高培育社会主义核心价值观的实效性。

延伸阅读

钟南山在香港中文大学（深圳）2020本科生毕业典礼的讲话

尊敬的徐扬生校长、香港中文大学（深圳）第三届的全体本科毕业生以及在座的嘉宾们：

你们好！非常高兴，今天迎来了香港中文大学（深圳）第三届本科生毕业典礼。

首先，我向全体的毕业生问好。今天的毕业典礼是在一个非常特殊的时期举行的，人类正处在一个非常特殊的时代。

在过去的4个多月里，大家都经历了一段特殊的时期，全球正面临着一场和COVID-19 Pandemic的斗争。

我想对于大家来说，这都是人生中一段罕见的经历。

这次疫情的发作，几乎可以跟1918年的大流感相比。但是在这场大的斗争中，我们每个人都经受了考验，每个人在面对这次考验的时候都显示出了不同的态度。

这一次中国，包括中国内地以及香港地区，在第一次战役里边都取得了很大的胜利。当然现在还面临着第二个大的战役，我们继续在奋斗。

我自己一直在思考，这么大的防控战斗，实际上对人生提出了两个很大的问题，也就是说一个人怎么来对待这样一个突如其来的重大灾害和事故。

我想我们在中国内地以及香港的市民老百姓们、社会上的各界人士，包括即将继续深造或踏入社会的毕业生们，都面临着这样两个问题。

第一个是"如何处理小我和大我的问题"。

我们都知道，这场疫情席卷了全球，每个人、每个家庭都牵涉其中，也包括了你和你的亲友。

那么这个时候，我们应该如何正确地对待小我和大我的关系。

我们知道国家的安全、世界的安全是一个大我，是大家安居乐业最重要的前提，而在这里面，每一个个体、每一个人，就是一个小我，你要怎么样通过自己的力量来为这个世界、这个大我，为它的安全、安定做出一些贡献呢？这是我们每个人都要面对的问题。

比如说这几个月以来，很多国家和地区都有一个 Lockdown（封城）的限制，禁止了民众在户外的很多活动，要求待在家里、不要随意外出、日常戴口罩等，这对个人来说实际上是个约束。

但是，民众是想要自由的生活状态的，想要比较开放的生活空间，希望自己想做什么就能够做什么。

这些要求虽然看起来很简单，但其中就包含了一个我们应该思考的"小我和大我"的问题，也就是说，为了国家的安全，为了整个社会的安定，我们每个人是要受一些限制和约束的，这是会给我们的生活带来一些不方便的。

同时，大家在经济上也有很多牺牲，有很多家庭，甚至是你的爸爸妈妈，可能他们的工作也受到了影响。经济发展受到影响，生活也受到影响，但是为了整个国家的安定，我们的取舍是非常重要的。

我们很多的同学在这个阶段被要求居家，减少了户外的活动，也受到了很多限制，但是这么做是为了整个国家的安定，为了减少整个国家的疫情发作，能够让政府很好地控制疫情。

正因为这样，在社会绝大多数的人的支持下，在中国内地以及在香港地区，我们在第一个阶段取得了一些阶段性的胜利，使得我们患病的人数以及死亡的人数，在世界上，特别是大国里面是最少的，这是很难得来的一个成绩，这就真正体现了我们在生活之中要以大我为重。

……

第二个问题，实际上也涉及一个最基本的人生观和价值观的问题，那就是在社会中，我们应该"如何看待奉献和索取的关系"。

社会在进步、国家在发展、物质文明不断在进步，我们每个人也都希望能够获得一个比较好的待遇、比较好的生活、比较好的环境和住所，但是，我们首先要明白，要想获得这些的话，必须对这个社会做出一定的奉献，这是我们一定要思考的问题。

只有当我们的奉献使这个社会变得更加稳定，物质更加丰富的时候，我们才会有更多的回报。

可以举一个例子，这次武汉的疫情比较严重，由于医疗物资的紧缺、医生的病倒以及病房的缺乏，武汉地区病毒的感染人数不断增加。

在这个危急的时刻，全国很多的医护人员报名支援武汉，整体算起来，一共有45000多名医务人员奔赴武汉，到各个医院去支援，还帮助建立了方舱医院，将染病的人和其他人分开，从上游根本杜绝了人传人的趋势，才使武汉的病情在短短的一个多月之内就得到很快的控制。

正如大家现在所看到的，目前武汉的疫情就控制在了一个非常低的状态。

武汉得到了控制，全国也就得到了控制。这些医务人员从全国各地驰援武汉，他们首先想到的不是索取，而是奉献。

还可以举一个例子，我的一个学生，是一所医院ICU的年轻的主任，一直在西藏进行支援工作。

他是一名非常优秀的ICU的医生，对ECMO（体外膜肺氧合）非常熟悉，疫情发生以后，由于防控工作的需要，他就调回了广州，一直在进行这方面的抢救工作。

后来，当全世界的疫情日趋严重时，他就马上报名，参加了伊拉克的医疗救援工作。我记得他向我提及，他到伊拉克的时候，一下飞机就要穿着防弹衣，冒着生命的危险，和几位医生一起建立检测室，建立CT室，而且协助当地建立了一些必要的防控防治的制度。

经过他们两个多月的努力，现在伊拉克的疫情比起邻国有了很大的进步，因为我们的医生找到了问题的关键点，从上游控制住了疫情。

那么对我的这个学生来说，他虽然还是一个年轻的医生，但他为当地的疫情防控做出了很大的奉献，他是不是希望得到回报呢？

那么，我们医护人员的奉献是不是希望得到回报呢？

我们是要一些回报的。

我们的回报是什么？

我们的回报主要不是物质上的，而是赢得了社会的尊重，我们抢救了病人，挽救了病人的生命，得到了群众的信任，这对我们来说就是最大的回报。

……

我的父亲是一位不善言辞的儿科教授，还记得在我小的时候，他曾经讲过一句话，他说一个人活在世界上，只要他能为这个世界留下一点什么有价值的东西，他就算没有白活。

我觉得，我现在才对这句话有了深刻的体会。

同学们，你们将走向人生中一个新的阶段，我很高兴能够见证同学们的成长。

……

最后我祝我们的同学们锦绣前程、天天向上！

谢谢大家。

[资料来源：钟南山在香港中文大学（深圳）2020本科生毕业典礼的讲话]

课堂活动

无领导小组讨论

无领导小组讨论是常用的面试方式，采用情景模拟的方式对考生进行集体面试。

（一）活动说明

1. 准备阶段

时间控制在两分钟以内，主持者或评委介绍讨论要求，宣读讨论题目。

指导语：大家好！欢迎大家参加面试，本次面试是采取开座谈会的形式，就一个主题展开讨论。希望大家在讨论中就自己的看法积极发言。考官将根据你们在讨论中的表现，对你们进行评价。在讨论过程中，考官只作为旁观者，不参与讨论，不发表任何意见，完全由你们自主进行。注意在讨论开始后，请不要再向考官询问任何问题。讨论时间为40分钟。

2. 自由发言阶段

时间控制在10分钟内，考生准备轮流发言，阐明各自的观点。发言的顺序可以是随机的，以保证每个人都有机会发言。评委会根据考生的发言，记录发言的观点。

3. 讨论辩驳阶段

时间控制在30分钟，考生发言结束后，小组成员的讨论辩驳开始。这个阶段是最重要的阶段，考生必须充分展示自己的聪明和才智。表现优秀的人往往在这个阶段脱颖而出，成为小组的核心人物。同时考生的优点和缺点也一清二楚。尤其是人际沟通能力、决策能力、应变能力和组织领导能力会充分展露出来。

4. 总结成词阶段

时间控制在 3~5 分钟，讨论结束后，小组成员推荐一名代表，对所讨论的问题进行总结性的发言。这时候考官会写份评定报告，内容包括此次讨论的整体情况、所问的问题以及每个人的表现和录用建议等。

（二）活动要求

请以题目"某公司为提高员工的思想道德素质，大力弘扬'忠、孝、仁、义、礼、智、信'传统文化。你认为哪三项最重要？"为主题，进行无领导小组讨论。

思考与解答

1. 面对两家大公司的 offer，我不知该如何选择。人们常说"鱼与熊掌不可兼得"，但在现实生活中，哪个是"鱼"，哪个是"熊掌"？什么样的工作才是"好工作"，或者说是最适合自己的工作？

答：什么样的工作才是"好工作"，这个问题没有绝对的标准答案。就像人们常说的"萝卜青菜，各有所爱"，对不同的人而言，"好"的意义是不同的。因此，重要的是弄清楚对你而言什么才是"好"的、适合你的。而你的"好"的标准，就是你的价值观。价值观是高度个人化的，因此你需要花时间去探索、澄清。只有当你清楚了解你想要的、喜欢的是什么，什么东西对你最重要，你才有了选择的标准，才能在不同的选择中有所取舍。你越清楚自己的需求，取舍起来就越容易。需要注意的是：要接受"二者不可得兼"的现实，学会放弃"好"的，选择"最好"的。放弃也是一种必要，一种能力。

另外，要注意到不同的组织机构有着不同的价值观，也就是我们通常所说的企业文化，它反映出一个企业所追求的目标与重视的价值。当我们选择工作时，同样需要考虑到个人价值观与企业文化的适配度。因为同一行业的机构，彼此之间所重视的价值可能会有很大的不同，例如：可能一家公司非常重视员工的独立与创新，而另一家公司却更提倡合作与互助，那么一位野心勃勃、独立而进取的销售人员也许就更适合于在第一家公司的环境中工作。我们可以通过公司的网站、文字介绍以及人物访谈等途径了解组织机构的价值观。

2. 我想做我喜欢的事，可是我的父母坚持认为我应该从事更有"钱"途的工作，他们让我考研的专业我一点都不喜欢。怎么办？

答：他人的价值观会对我们造成影响。之所以会如此，其实同样是自己的一种选择。也就是说，面对他人的价值观，我们其实可以选择不同的态度与回应，我们可以非常抗拒，可以一味顺从，可以不理不睬，也可以带着开放的态度去了解并判断它是否适合自己。那么对于父母的意见，我们为什么常常感到难以违抗却又心不甘情不愿呢？其实，这背后往往潜藏着我们的另一项重要价值观：就是想与父母有一个良好的关系，想要被他们认可、喜爱。如果认识到这一点，那我们就可以把这个困境看作是两种价值观之间的冲突：一方面，我们想做自己喜欢的事情；另一方面，我们想得到父母的赞许。那么，你就可以考虑：如果我必须在二者中间作出选择，哪一样是对我更重要的呢？事实上，妥协和放弃也是一种能力。现实生活中的确常常出现"鱼与熊掌不可兼得"的状况。如果父母的赞许对你而言是更重要的，那么起码在你按照他们的意见生活的时候，可以不必怨天尤人，而能够接受说"这是我的价值选择"。此外，我们还可以思考一下目标和手段的问题：得到父母的赞许，是否就一定意味着要听从他们考研的建议呢？与他们心平气和地沟通交流，是否也有可能帮助双方消除分歧、维护一个良好的关系呢？

3. 我很清楚我想要什么，可我对于如何去实现却没有把握。我想要的生活方式和职位似乎超出了我的能力所及，我感到很迷茫。

答：这是一个价值观与能力不匹配的问题。首先，你需要探究一下你的价值观是如何形成的，你现在的价值观是你真正想要的，还是实现你真实价值观的手段。比如，有的人在做价值观探索活动时，选择了"地位"作为自己最重要的价值观，但经过思考，他发现自己实际上想要的是"尊重"，却误认为只有达到一个很高的地位，才能获得别人对自己的尊重。

其次，你需要更多地了解和发展自己的能力。在发现自己已经具备的能力的同时，也要考虑该如何去培养那些尚未具备的能力。你可以把理想的生活方式当作一个长远的目标，一步步地接近和实现。

总之，当价值观与你的能力或兴趣等发生冲突的时候，你需要分别对它们进行探索、澄清，并确定你是要保持你的价值观、努力发展自己的能力或兴趣与之协调，还是要调整自己的价值观来顺应自己的兴趣与能力。

课后练习

1. 完成一个职业兴趣测评,确认自己的职业价值观。
2. 完成附录"我的生涯规划档案"中的职业价值观的部分。